圆通制·工作标准系列

FINANCIAL CONTROLLER WORKING STANDARD

财务总监岗位工作标准

中国工作标准研究院 组编
王民权 张友棠 编著

中国财政经济出版社

图书在版编目（CIP）数据

财务总监岗位工作标准/王民权，张友棠编著．—北京：中国财政经济出版社，2011.12
（圆通制·工作标准系列）
ISBN 978-7-5095-3305-5

Ⅰ.①财… Ⅱ.①王…②张… Ⅲ.①企业管理：财务管理：标准化管理 Ⅳ.①F275-65

中国版本图书馆CIP数据核字（2011）第255855号

责任编辑：樊清玉　　责任校对：杨瑞琦
封面设计：耕　者　　版式设计：耕　者

中国财政经济出版社出版
URL：http：//ckfz.cfeph.cn
E-mail：ckfz@cfeph.cn

社址：北京市海淀区阜成路甲28号　邮政编码：100142
营销中心电话：88190406　北京财经书店电话：64033436　84041336
北京富生印刷厂印刷　各地新华书店经销
787×1092毫米　16开　18印张　280 000字
2012年7月第1版　2012年7月北京第1次印刷
印数：1—4 060　定价：43.00元
ISBN 978-7-5095-3305-5/F·2798
（图书出现印装问题，本社负责调换）
本社质量投诉电话：010-88190744

圆通制·工作标准系列丛书
《财务总监岗位工作标准》编委会

本书由中国总会计师协会审定

ORDER

序一

工作标准化是实现科学管理的良策

提高工作效率，保证工作质量，实现科学工作的前提是什么？

首先，需要让工作人员了解什么是科学工作。科学工作就是通过制定工作标准，在工作过程中或工作结束之后，才能结合工作标准评价工作偏差的科学性。

其次，我国全面推行内部控制制度，“控制”有约束、限制之意，那么在控制之前，应当让工作者明白遵循的工作标准，如果没有工作标准，内部控制就无从谈起。

最后，由于工作组织者知识范围、能力水平存在很大差距，不同工作者对一项工作任务的理解程度必然存在差距，如果缺乏工作标准指导与引导，或者说工作者根本就不知已经存在的工作标准，所谓工作，就无法用“科学”这个词汇去衡量了。

工作标准是工作人员严格遵循法律法规等技术标准的规定，在管理标准规定的时间范围内，将需要完成的工作，通过科学的归纳、整合、分解、排序和加工处理，形成最佳结果的描述文件。

脑力劳动如何工作标准化？王民权先生创立了“圆通制”，圆通制系统阐述科学工作的原理和方法，有效解决了脑力劳动标准化这一问题。因此，工作标准化研究，是基于圆通制科学工作原理和方法之上的。

从研究角度来看，工作标准化具有将工作的各个要素、各个环节、各部门有机地结合起来，构成一个新的有机整体的能力。综合的过程对于准确认识工作之间的内在联系、从整体上考察客观工作项目具有重要的作用。这种标准化已经不再是简单的大拼盘，制度的堆积，而是在以人为本的基础上各学科、各要素之间的有机渗透、交叉和融合，既有多个学科制度的交叉，也有多个学科制度的渗透，不是简单的专业学科机械相加，而是紧紧抓住各个要素之间的内在联系，紧紧抓住对各部分的制度要求之间的内在联系，从中把握事物整体的本质和运动规律，得出一个全新的整体性的认识和要求，从而进行科学加工的过程。

工作标准把科学工作的理念转化为科学工作的正确思路。不同地区、不同系统、不同单位、不同岗位虽然工作基础不一样、条件不相同，有的甚至存在很大差异，但他们都必然将需要解决的发展问题、民生问题、社会问题、单位问题转化为每一个具体岗位的具体工作。完成这些工作虽然需要创造性，但大多数人的工作都需要首先在遵守相同规则（继承前人经验和成就）的基础上认真完成。相同的行业、相同的部门、相同的工作岗位、相同的工作内容，必然决定完成工作问题具有很多相同之处，决定了工作人员必须善于把科学的工作标准理念应用到本地区、本部门、本单位实际的工作思路。工作人员只有学习工作标准，执行工作标准，才能向建立标准、超越标准这种境界转化，只有了解和掌握了标准，才有创新的基础。

我国企事业单位最科学的内部控制制度就是在实际工作中将所有的制度要求都能落到实处。而我国目前的技术标准和管理标准，普遍表现形式是条文，如何在一个单位中、一个体系中、一个项目中、一个事件中或者一项工作中完整地表现各种制度要求，做得科学彻底、经典，就不能简单地依靠个人经验积累。需要通过科学的归纳和整理，把完成工作任务技术标准要求的各个工作要素结合起来，组成一个整体，再对这个整体根据管理标准要求进行分解、排序，通过工作者的科学加工处理过程进行总结，形成工作标准。其他工作人员通过对这一工作标准的学习和掌握，起到经验传授与继承的作用。内部控制的核心目标是杜绝各种违反制度的情况发生，只有将各种制度控制点明确在每一具体工作环节之中，内部控制才能够见到实际效果。

根据国家标准委统计资料显示，我国改革开放 30 多年来，制、修订各种标准大约有 25000 多项，这些标准基本属于技术标准或管理标准，对于如何将各种技术标准与管理标准科学有效结合，获得最佳效果的工作标准，相对较少，我院希望藉由组织研究编写出版《圆通制·工作标准系列丛书》，开创工作标准研究新局面，为科学提高全国各行业工作者的工作水平作出贡献。

中国工作标准研究院

2011年8月

序二

推广工作标准 提升管理水平

如何在经营管理活动中全面、认真并科学地贯彻执行《中华人民共和国会计法》、《中华人民共和国税收征管法》、《中华人民共和国审计法》、《中华人民共和国银行法》、《中华人民共和国保险法》、《企业财务会计报告条例》、《企业会计制度》、《企业财务通则》、《企业会计准则》、《总会计师条例》等一系列财经法律法规和相关财经政策和制度，规范企业财会工作，加强企业财务管理，提高会计信息质量？

中国工作标准研究院王民权院长及其团队通过研究形成圆通制科学工作原理和方法，并将这种科学工作方法应用到企业管理工作中，形成以贯彻执行各项制度为核心的工作标准，通过工作标准将财会工作专家经验提供给企业会计制度执行者和使用者，让财会人员和担当总会计师（财务总监）之职的企业领导者能够“简单、易学、照着做”，它是了解熟悉财会工作的“说明书”，做好财会工作的“操作工具”，为完成工作提供了有章可循、有据可依、有例可参的“样板间”，形成了章法有度、责任明确、运转高效、反应灵敏、评价有尺的“工作范式”，是一项重要创新。

中国总会计师协会将《总会计师工作标准体系建设》这一重大课题通过陕西总会计师协会由王民权同志主持研究，他们总结多年研究成果，以符合财会工作特点的标准描述格式，系统建立起总会计师工作标准体系，协会专门两次组织专家在西安进行研讨补充和完善，课题报告获得中国总会计师协会课题研究一等奖，《财务总监岗位工作标准》（以下简称《工作标准》）根据《总会计师工作标准体系建设》课题研究成果报告并选择部分工作标准形成教材出版，给我们很多惊喜：

对新上岗财务总监熟悉岗位工作起到咨询帮助作用。新任财务总监由于对新岗位很陌生，通过阅读使用《工作标准》，可以较快全方位地了解工作岗位、工作内容、工作目标、工作规则、工作流程和掌握其工作结果。

对处理不经常发生的会计事项，《工作标准》将会起到咨询帮助作用。如果一项工作事项突然发生时，财务总监往往感到很多工作细节、涉及范围及工作流程不清晰，需要翻阅大量资料文件进行研究，《工作标准》能够及时科学帮助解决这类问题。

对财务总监轮岗科学交接工作、快速熟悉新工作岗位，《工作标准》起到积极作用。财务总监经常轮岗，这种制度除了优点之外，缺点就是将熟悉的工作岗位内容变得不熟悉了，轮岗者要经过很长时间辛勤努力才能熟悉新岗位工作，使用《工作标准》，不仅起到细化规范交接的作用，还能使财务总监快速了解掌握新岗位工作标准，快速胜任新角色的工作需要。

对领导准确处理财会业务，《工作标准》将起到咨询帮助作用。企业各级管理者由于分工的不同，对下级工作如何制定工作方案、工作计划不是很清楚，通过使用《工作标准》，及时熟悉和了解，并且可以使用《工作标准》考察下级是否工作到位，成为管理者领导力、决策力与工作人员执行力的核心支撑工具，因此，《工作标准》将时刻伴随着企业财务领导者为其指引、助力。

当今信息化时代，企业会计电算化不断推进、极大地提升了财会人员及其财务领导者的职业能力；圆通制工作标准的普遍推广，将会显著地降低财会人员脑力劳动的强度，快速提高工作质量和效率。我们相信，本书的出版发行必将对我国企事业单位财会人员、财务经理、财务总监、总会计师以及企业管理者，熟悉和做好财会工作带来积极而有效的帮助。

中国总会计师协会常务副会长 董锋

2012 年元月

目 录

Standardization organs

第 1 章　财务总监岗位

企业要追求利润目标最大化，就要使收入最大化，成本最小化，不断地经营运转，便产生了无穷无尽的财经事务。经营者还要不断地在产品与市场、投入与产出、开拓与守业间决择，这些问题，需要有能力的财务总监帮助解决。

财务总监在西方国家被尊奉为企业未来的架构师！

1.1 财务总监岗位概述

在中国，财务总监面对复杂的市场环境，在企业内部管理中，需要他做好企业管家；在企业资金短缺时，需要他成为融资高手；当企业面对税务问题时，需要他是税务专家；当企业接受审计时，需要他快速成为审计问题处理专家；当企业需要分立、重组时，需要他是一名优秀的管理专家；他既要兢兢业业，又要严谨周全；既要做好会计核算，又要进行科学财务分析；既要严格财务控制，又要有效资金运作；既要精于内部管理，又要善于外部联络……看来财务总监承载着企业太多的期望！

1.1.1 企业需要优秀的财务总监

企业寻找理想的财务总监，却像大海捞针一样困难。因为每个企业都在寻找优秀的财务总监，数千万户企业就需要数千万名优秀的财务总监，这样也就不难理解企业对优秀财务总监的期盼心理。

那么，具备什么样条件的人员才是卓越的财务总监？这集中表现在完成企业财务工作或解决企业财务问题的水平上。如果一名财务总监，不具备发现与解决企业财务问题的能力，就不能称为优秀，更何谈卓越。

大量事实证明，优秀的财务总监一定要具有科学解决企业融资问题的能力、完善税收成本管理的能力、取得财政补贴的能力、协调处理审计监督的能力、保全企业财产的能力、会计核算分析能力以及资金管理运用能力等多个方面。准确地说，掌握财务总监工作标准体系的财务总监，才是卓越的经理人！

不做假账！这是朱镕基总理对财会人员的忠告。

主观上不做假账，需要会计人员具有过硬的业务能力和准确掌握政策与业务发生本质的能力。如果会计业务水平不足，将会计业务做错了，又在一个阶段没有主动及时更正，以后无论被审计机关、税务机关还是检察机关检查发现，只有一个结论：假账。而在会计行业，这一并非主观故意的错误比例，占企业假账比率的95%以上，我们不能对所有做错的会计业务均以假账论处，问题是我们如何大幅度减少会计主观错误的发生，解决这一问题的实质内容，是大幅度提高财务人员的能力水平。能力水平提高了，会计信息质量就会大幅度提升，这是相符相成的事。

对财务总监来讲，一般都了解日常工作经常涉及的业务，但要系统规范地描述财务工作、处理突发财务事件，就有很大困难。为什么，因为财务工作具有很强的法规约束标准和习惯约束，没有经历的事，没有记忆的事，能力就显得不足。我们思路导图充分运用科学研究发现的人的左右脑的机能，在科学与艺术、逻辑与想象之间平衡发展，大量降低所需耗费的记忆时间，对于绩效的提升，产生令人无法忽视的功效。

如果我们立足于财务总监这个工作点，将财务业务、财务知识、财务政策、财务问题、财务工作等等进行通俗化、事件化、项目化、系统化、标准化，明确目标，研究财务总监遇到什么问题，需要解决什么问题。

如果清晰了要解决的问题，不管目标多么艰巨，问题多么严重，每一种进入大脑的资料，不论是感觉、记忆或是想法——包括文字、数字、法律、常识、表格、意象、节奏、情景、票据等，都可以成为一个思考中心，就有可能将需要解决的目标问题进行分析，由大问题、大目标渐次细分，一层一层缩小，将要解决的问题事件化、项目化，这个分析分解的过程，就是财务总监脑力劳动的核心过程。

如果将“能力”这一直以来被认为无法显化、量化的概念活生生地展现出来，使得财务总监自身创造性的爆发成为可能，将会唤醒财务总监蕴藏的无限活力与动力。

1.1.2 财务总监岗位与企业其他财会工作岗位关系

企事业单位依据自身规模、性质的不同，对财务总监角色的定位、职责划分有所不同，大型企事业单位内部分工更细，岗位设置更齐全，中小型企事业单位对财务管理岗位设置则粗放、简单一些，我们为了更科学地总结财务问题和财务工作标准，以财务总监通称诸如总会计师、财务总监、财务经理等等不同的岗位。企业财会工作岗位分类和设置如图 1 -1 和图 1 -2。

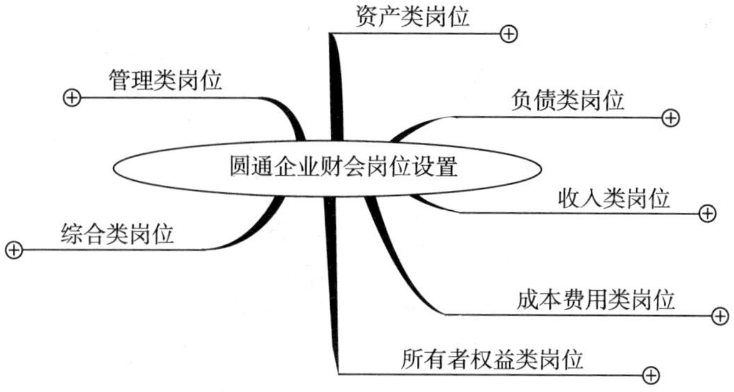

图 1－1 圆通企业财会工作岗位分类

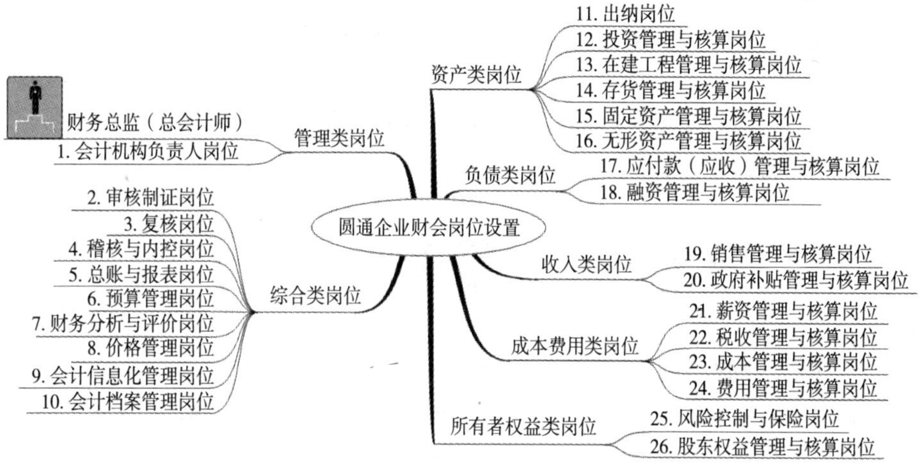

图 1－2 圆通企业财会工作岗位设置

财务总监在企业内部财务部门与每个部门的关系都很密切，在企业经营中财务工作具有显著作用，经济信息的 70% 以上都来自于财务部门。而财政、税务、审计、金融等部门与企业的联系，更集中在与企业财务部门的联系之中，因此财务部门在企业与社会生活中均起到突出的桥梁作用。如图 1－3。

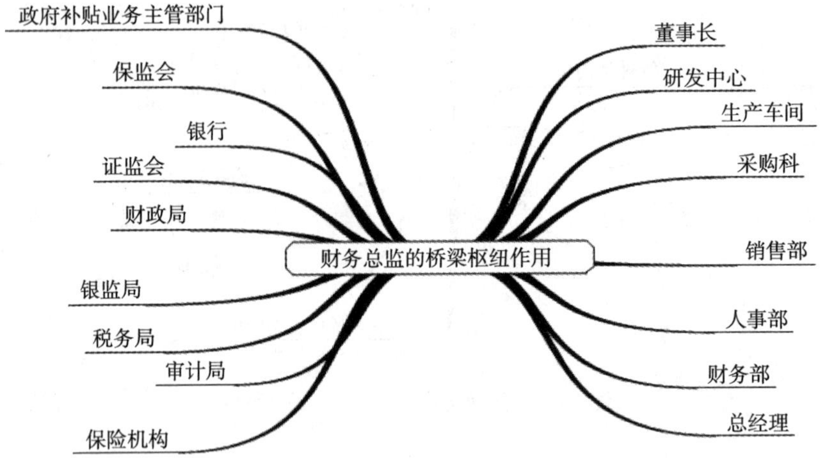

图 1－3　财务总监的桥梁枢纽作用

明确了财务总监与不同岗位的职能与财务总监岗位需要的工作能力，就可以对财务总监进行合理科学的评价。

1.2　财务总监岗位职能定位

在现代企业管理制度下，财务总监主要负责与财务有关的对外及对内政策，制定带有全局性、战略性的长远财务方针和发展计划。财务总监既在公司治理中扮演重要角色，又在公司管理中发挥重要作用。

财务总监具有会计基础、财务管理、企业内控、重大事项、战略管理、资本运营、风险管理、信息管理、价值管理、绩效评价、企业架构、流程管理、资源管理、出资者监督等十四项主要职能；在公司治理层面承担出资者监督职能；在公司管理层面承担会计基础建设职能、价值管理职能和完善管理控制系统职能。其中出资者监督职能从属于公司治理层面，保障股东利益最大化；后三项职能从属于公司管理职能，保障公司价值最大化。无论是公司治理层面的职能还是公司管理层面的职能，最终目的都是为了企业资本的保值和增值。

1.2.1 会计基础建设职能

会计基础建设是现代企业管理的基础，财务总监在会计基础建设方面的主要职能有：

（1）贯彻执行国家财经方针、政策、法规，维护财经纪律，使本单位的财会工作逐步走上规范化、科学化、现代化的轨道；

（2）财务总监负责企业会计核算和财务管理体制的建立和完善，根据企业的性质、类型、结构等，确定采用会计核算方法，确定母子（分）公司及内部核算方式，确定财务管理体系，制定建立、完善内部财务制度和管理办法，加强制度建设，实行完善的内部核算办法和控制制度；

（3）加强成本费用的核算与管理工作，组织成本费用的预测、计划、控制、分析、监督、考核工作，负责增收节支，减少浪费，加强成本费用的日常管理工作，并组织进行经济活动分析，提出加强和改进管理的措施，促进经济效益的提高；

（4）负责企业内部财会机构和人员的管理，对企业财会机构的设置、人员的配备、财会人员管理方式等提出方案，负责对会计专业职务的设置和聘任提出方案，组织会计人员业务培训和考核；

（5）领导企业的内部审计机构，组织开展离任审计、经济责任审计、效益审计等审计活动；

（6）运用现代管理方法，组织会计工作改革，开拓本单位财会工作新局面；

（7）组织单位诚信建设，建立健全单位内部会计控制体系，确保会计信息的真实性，依法组织编制财务报告，及时提供真实、完整的财务报告。

1.2.2 价值管理职能

价值管理是财务管理的核心。财务总监应该是价值管理的大师，财务总监负有重要的价值创造功能。从价值驱动因素角度出发，公司价值取决于公司所创造现金流的折现价值，包括公司现有业务创造的价值和未来成长性业务创造的价值。主要职能有：

（1）组织编制和执行单位预算、财务收支计划、信贷计划，实施全面预算管理；

（2）组织建立多层次的监督体制，对本单位经济活动的全过程进行控制；

（3）组织领导企业的资金运营工作，组织资金的等集、资金的回收、资金的使用、资金的监督分析，根据企业的经营目标，组织编制财务预算、预测企业的收支和资金的流量，提出目标利润和管理措施，统筹企业的经营活动，合理使用资金，提高资金的使用效益；

（4）参与单位技术改造、投资项目的经济效益分析和可行性论证，参与新产品开发、科技研究、商品（劳务）价格和工资奖金等方案的制定，参与重大经济合同和经济协议的研究、审查；

（5）参与本单位经营活动决策，协助单位负责人制定经营目标，并组织落实；

（6）善于利用财务杠杆和资本运营手段，创造更高的股东价值。

1.2.3 完善企业内控体系职能

在现代企业制度下，公司营运在客观上存在着一个管理控制系统，这个系统以企业资源和环境管理为起点，依次历经战略管理、业务规划、经营计划、预算管理、偏差管理、绩效计量、薪筹激励等诸环节，形成一个开放式的循环。伴随着公司管理中职能交叉的趋势，财务总监参与的管理领域将会拓展。财务总监将公司战略和财务责任融为一体，并将其职能从财务管理与会计控制领域向人力资源等领域渗透。因此，按照市场规律要求，完善公司的管理控制系统，是财务总监的必然职能。主要有：

（1）负责会计核算和财务管理体制的建立和完善，加强制度建设，建立、完善内部核算办法和内部控制制度；

（2）建立、健全经济核算制度，利用财务会计资料进行经济活动分析；

（3）组织所属企业的业绩评价和管理绩效考核；

（4）组织制定本企业财务管理、会计核算等规章制度和设计内部会计核算组织形式，建立健全内部控制体系；

（5）以提高经济效益为中心，组织建立科学、完善的内部经济核算体系和经济责任制，利用各种信息对本单位的经营活动进行指导、调节；

（6）组织制定本单位财务管理、会计核算等规章制度，编制单位财务管理和会计信息现代化规划并认真组织实施。

1.2.4　出资者监督职能

作为出资者利益代表，财务总监主要对公司财务活动的事前、事中、事后履行监督，涉及公司财务活动的制度方面、资金方面和人员方面的控制。财务总监的监督职能主要有：

（1）审核财务报表和报告，并与总经理共同签署和上报；

（2）参与审定公司的财务管理规定及其他经济管理制度，监督检查集团子公司财务运作和资金收支情况；

（3）与总经理联签批准各项财务支出及担保贷款事项；

（4）参与审定公司重大财务决策，包括审定公司财务预、决算方案，审定公司重大经营性、投资性、融资性的计划和合同以及资产重组和债务重组方案，参与拟订公司的利润分配方案和弥补亏损方案；

（5）审核公司新项目投资的可行性方案；

（6）接受监事会指导，组织公司各项审计工作，包括对公司及各子公司的内部审计和年度报表审计工作；

（7）定期向出资人监管机构和相关部门报告企业资产和经济效益变化情况，及时报告重大事件；

（8）负责协调并保持与战略投资者及金融机构、工商税务等单位的沟通与联系。

在现代企业制度中，总经理和财务总监是承担公司价值的最重要的两个角色。财务总监在计划和预算管理系统中起主导作用，但在战略与业务规划系统、绩效和薪筹系统中，总经理承担主导角色，财务总监相应地承担支持性和参与性职能。

1.3　财务总监重点关注领域

企业经营管理的大量事实证明，尽管财务总监承担企业很多重要工作，但是优秀的财务总监一定要具有科学解决企业融资问题的能力、取得政府补贴的能力、完善税收成本管理的能力、协调处理审计监督的能力、保全企业财产的能力、实现内部控制的能力等多个方面。在这些方面工作能力突出，是企业各方对财务总监工作成就进行评价的重点。

1.3.1 政府补贴

财政经费与企业没有什么太大关系，这是一个很大的误区。

国家每年拿出上千亿元财政经费，无偿转移支付补贴给受益者，使受益者收入增加。这些受益者，以企事业单位居多。需要明白的是，企业财务总监如何充分发挥自身优势，通过研究国家补贴政策，获得合法财政补贴，增加企业效益?

一个大家庭，父母有四个子女，老大老二比较宽裕，平日里总给老人买米买面，逢年过节，还会送些孝敬钱。老三和老四却经济拮据，不仅无力赡养老人，而且连孩子上学也供不起。老人看在眼里，疼在心头，于是拿出部分私房钱，贴补老三和老四。父母这种舔犊之举，拿到政府来说，就是财政补贴。

政府补贴按照财政学划分，包括财政价格补贴、企业亏损补贴、财政贴息、税收补贴、进出口补贴、新技术研发补贴、新材料项目补贴等。按补贴的主体不同划分为中央财政补贴和地方财政补贴。

政府补贴一方面是国家调节国民经济和社会生活的重要杠杆。另一方面补贴范围过广，项目过多也会扭曲补贴关系，财务总监应当积极学习政策，发挥工作优势，充分利用熟悉国家补贴政策的各个环节、细节情况，安排专人专门获取国家财政补贴，并为申请财政补贴项目提供最大支持和技术指导，达到提高能力、增加企业收益的目的。

通过思路导图对企业申请获得财政补贴的基本工作思路进行分析，由此体会圆通工作标准软件分析问题、解决问题的方法与特点。如图 1－4。

1.3.2 税收筹划

一名优秀的财务总监，简单地带领财务人员完成税款申报是不够的，科学完成每项税务工作，就是最佳的税务筹划，只有非常熟悉国家税务机关对每一涉税事项的工作流程、工作要求、工作内容、工作方法，才能确定最优纳税方案，在完成企业科学管理过程中，正确履行企业的社会责任。

从税务机关角度来看，税务干部除了研究税法，还要科学研究企业经营、研究企业财务工作流程，理解纳税人，指导企业依法纳税，减少处罚与对抗，

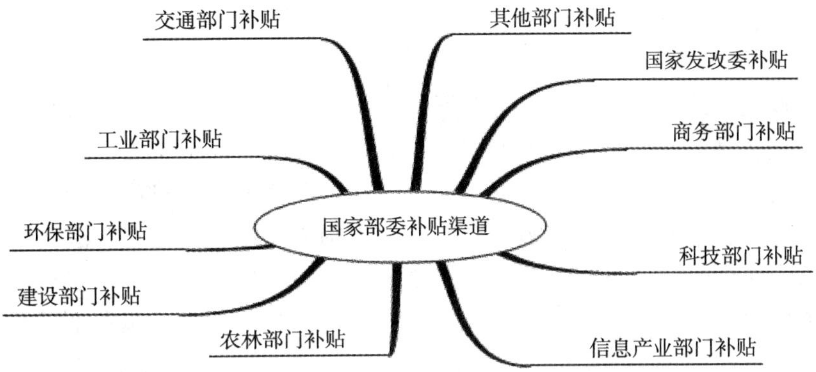

图 1－4

建立和谐环境，实现国家税收良性发展。

我们国家的税收法律，是建立在条文法的基础上，与美国案例法形成对比的是，在浩如烟海的税法条文中，哪一条是对企业有益的？在众多纷繁的涉税事务中，应用哪一条税法应对才是最佳的？财会总监应当通过企业的涉税事项研究税务工作标准，既便于记忆运用，又能充分运用税收优惠，将企业的税收成本降到最低。图 1－5 的思路基本表现了这一思想。

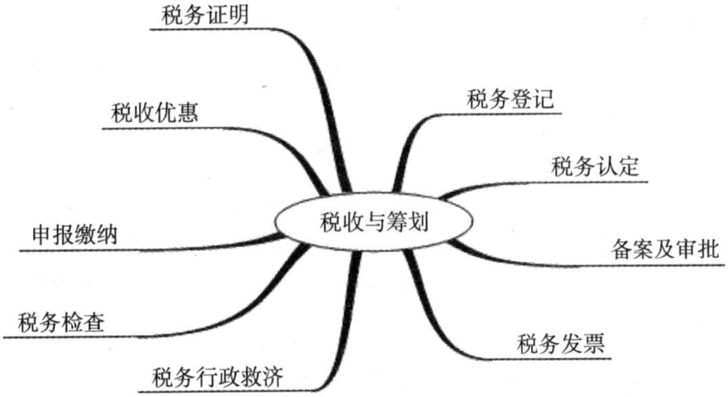

图 1－5

1.3.3 审计监督

市场经济最大限度地激活了金钱的作用。做为社会交换的核心载体，人们期望获得最大量的金钱。为了规范人们获得经济利益的行为，政府又设置了众多的监管部门，如果一名财务总监，在企业金钱管理过程中，能够做到在企业内部货币流通中没有哪位经理或员工构成贪污罪，能够合法获得其最大收入，在企业对外经营活动中使用企业资金而不构成行贿罪，就不愧为一名优秀的财务管理者。尽管这种要求有些狭隘，能做到也是非常难得的财务总监人才！

为了加强监督与管理，据统计约有十多个政府机构具有对企业财务的审计监督权利，尽管它们侧重点不同、渠道模式不同，但起到的作用一致，就是企业要在规范的守法的环境下运营。从企业经营者的角度看，在纷繁复杂的市场经济中安全经营已是其迫切的需要。

面对社会诸多监督管理机构，要了解他们是如何监督管理企业的，只有熟悉监管机构的运作模式和工作流程，才能实现有效应对和科学应对。

站在企业所有者的角度，内部也有诸多审计需求与管理目标，如何来有效实现内部控制与内部审计？

财务总监清晰地了解他们需要达到的一个共同目标：会计信息的真实性。

这种真实性的提高，首先需要普遍提高信息生产者的能力与水平，无论是大幅度培训还是新工具软件的采用，无论是刑法的加重还是奖金的提高。其次才是降低信息生产者提供虚假信息的冲动，不能将虚假信息的产生简单归结为信息生产者的政治素质或道德品质的高低。

由于同一虚假信息对不同的使用者会得到不同的结果，即获得的利益不同，因此，也有监管机构的不同，对每一个处于工作状态或某一特定经济组织中的工作人员，都需要了解这一规则，尽可能不去触犯那些监督者的红线。如图 1－6。

从这三大监管思路来看，其实他们不仅仅是针对财务总监这一群体的，应当还包括管理者和所有工作人员，如图 1－7 至图 1－9。

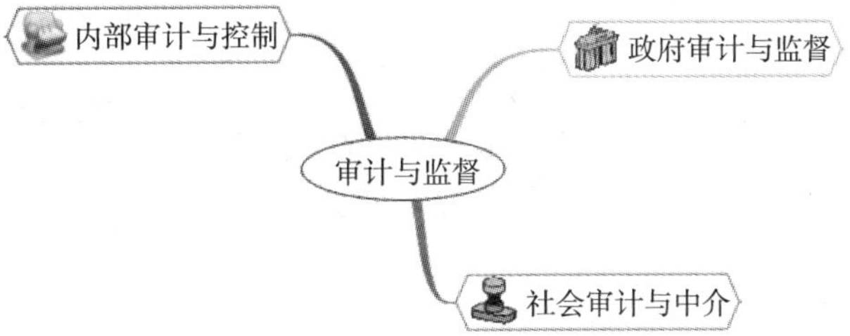

图1－6　三大监管思路

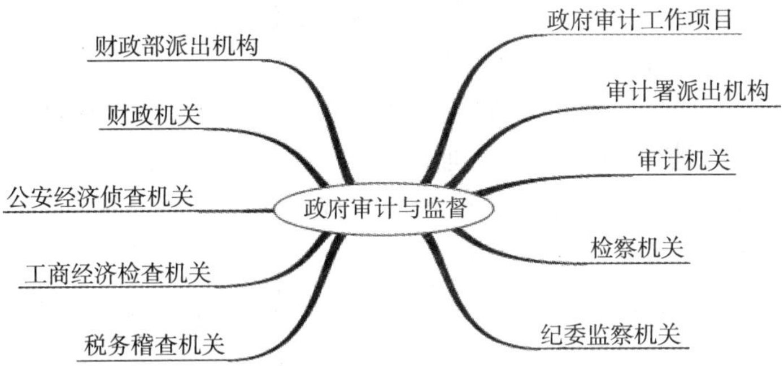

图1－7　政府权利机关

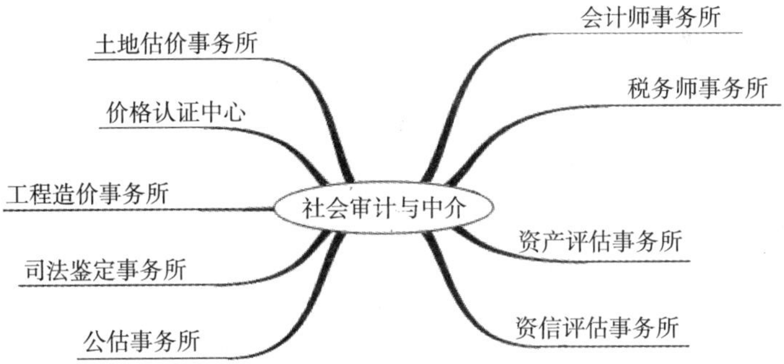

图1－8　社会中介机构

1.3.4　融资与资金保障

企业运营中，最核心的问题就是对资金的保证。

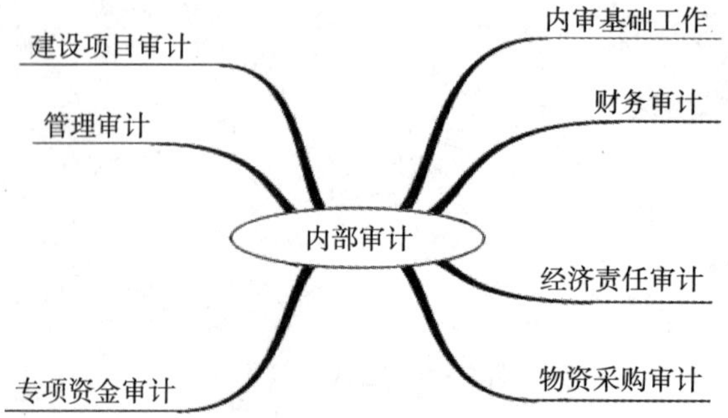

图 1－9　企业内部监管

解决融资问题，是总经理应解决的问题。据调查，尽管这是 70% 的财务总监的意见，但也有 90% 的总经理对财务总监融资能力不满。

可以说融资是一个企业的资金筹集的行为与过程。也就是公司根据自身的生产经营状况、资金拥有的状况，以及公司未来经营发展的需要，通过科学的预测和决策，采用一定的方式，从一定的渠道向公司的投资者和债权人筹集资金，组织资金的供应，以保证公司正常生产需要和经营管理活动需要。如图 1－10。

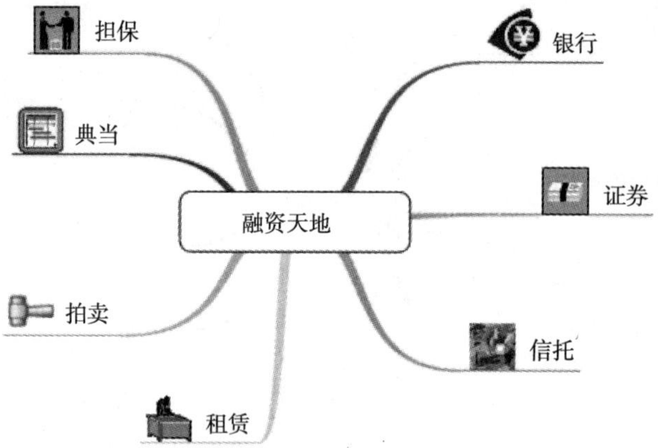

图 1－10　融资渠道

企业要扩张、企业要还债，问题是：你有融资渠道吗，你有好的融资经理吗？

有人将资金比喻为企业的血脉。

我们希望财务总监的价值，从保证企业血脉畅通中得到升华！

1.3.5 会计核算

不做假账！这是朱镕基先生的谆谆叮咛。

客观上不做假账，需要会计人员具有过硬的业务能力和准确掌握政策与业务发生本质的能力。

会计业务研究中最为重要的问题是理清财务制度与会计制度的关系。我们一般的认识是财务制度管钱，会计制度管账。

我们不能给广大财务总监奉送更多财务会计理论性的东西，因为这些理论，一直充斥我们的视野；我们要做的，还是解决日常企业财会工作和解决日常企业财务管理工作的问题，就是我们在企业管理中，如何充分利用财务制度解决钱怎么投、投了以后怎么控、赚了钱以后怎么分的问题；同时又如何充分利用会计制度解决钱投了以后入什么账、用了以后资产是不是还值那么多钱、到底赚了多少钱这样一些日常工作问题。

当然，如果我们能通过建立财会工作标准、运用财会工作标准，简单透彻地解释这些会计基础性工作，还有谁能怀疑我们的专业水准——一名优秀的财务总监的会计理论功底。如图 1－11。

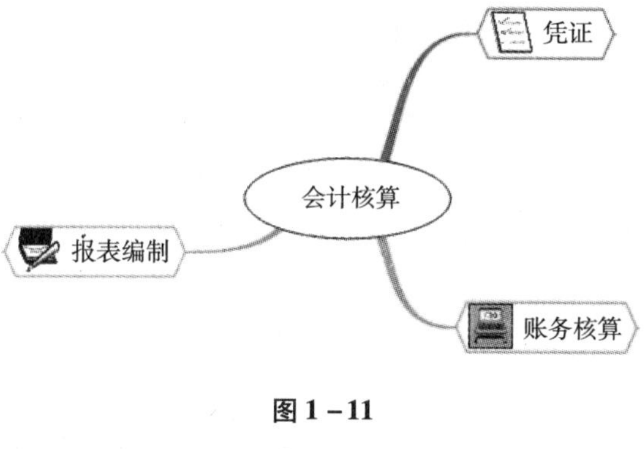

图 1－11

1.3.6 财务管理

财务总监工作特性中的谨慎性原则造就了财务总监严谨、务实、认真、保密、负责的形象特征；其不善言辞、缺乏沟通、性格内向的传统职业缺陷，本不应是财务总监的特征。

怎样在不同的成长时期，有效调整会计人的知识结构？如何使一名会计学人成长为一名优秀的 CFO？如何理解国外 70% 的企业家来自于会计行业。如何使 CEO 对财务总监的能力给予充分肯定？

做一个现代的财务总监，必须掌握更加全面的知识，这些知识构筑出一个优秀的财务总监的能力结构：基本的融资能力、核算能力、理财能力、沟通能力、领导能力、决策能力、协作能力、时间管理能力、创新能力、学习总结能力。

做一个现代的财务总监，更必须擅长财务组织建设能力、企业内控建设能力、筹措资金能力、投资分析决策能力、税务筹划能力、财务预算能力、成本费用控制能力、分析能力、财务外事能力、财务预警能力和社会资源整合能力。如图 1－12。

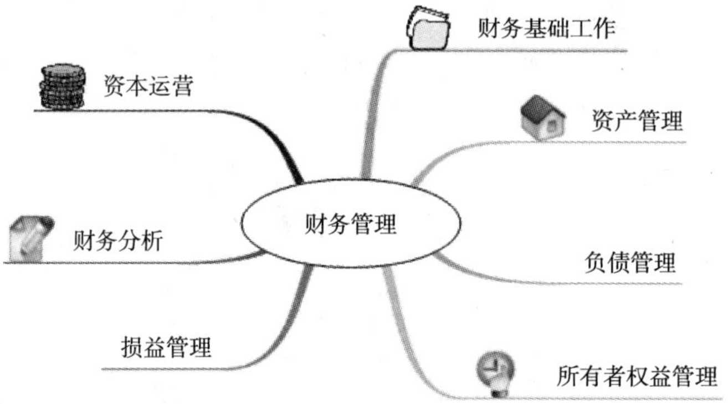

图 1－12

为实现良好的经济效益，财务总监在组织企业的财务活动、处理财务关系过程中所进行的科学预测、决策、计划、控制、协调、核算、分析和考核等一系列企业经济活动过程中的管理工作，全部可归结为财务管理。它是对企业生产和再生产过程中的价值运动进行的管理，是一项综合性很强的管理工作。

1.3.7　风险控制

买保险，就是买心安，因为保险公司只赔钱不赔命。

尽管如此，当风险发生时，人们依然希望风险造成的损失能够最小。

中国改革开放30多年，市场经济造就了无数的百万富翁和无数的私营企业。因为资本的特性，又使得富翁的资产主要表现为企业的资产。

作为一个国家，举国之力发射火箭，也投巨额保险，为的是意外发生时能够最小化损失。何况一个民营企业，能够抵御多大风浪？

我国企业已经开始重视保险，国内每年20%的保费增长率能够充分说明这一点。财产所有者如何面对自己财产的安全保障，过去更多的是面向国家宪法及法律对私人财产保护的争论，疏忽的是对企业财产个体安全保护的探讨。

应当肩负起保护责任的，首先是企业资产管理的重要代表人物——财务总监。据我们调查，财务总监能够从职业角度主动对企业财产所有人提出企业财产保护方案的，在被调查的财务总监人群中，所占比率不足5%。在所调查拥有企业财产的股东中，96%被调查的股东认为会善意理解财务总监提出的财产保护方案和风险防范方案。

财务总监能够不断完善自身执业过程中的思维模式，想股东之所想，急股东之所急，其个人价值与职业能力，自会不断获得企业董事会、股东会的认可与尊重。

如果有一个优秀的贴身顾问，悄悄地为财务总监做好一个参谋，使每一个财务总监都能获得所在企业的认可与尊敬，那该是何等美妙的事。而今，工作标准就可担当这一重要使命。

财产的保障，核心是企业的人员、财产和信誉，如图1-13。有了思路，再加上丰富生动的案例，提高能力，就唾手可得。

一个优秀的财务总监，如何带领自己的财经管理团队，规避不必要的经济风险和法律风险，本书就是最好的良师益友。

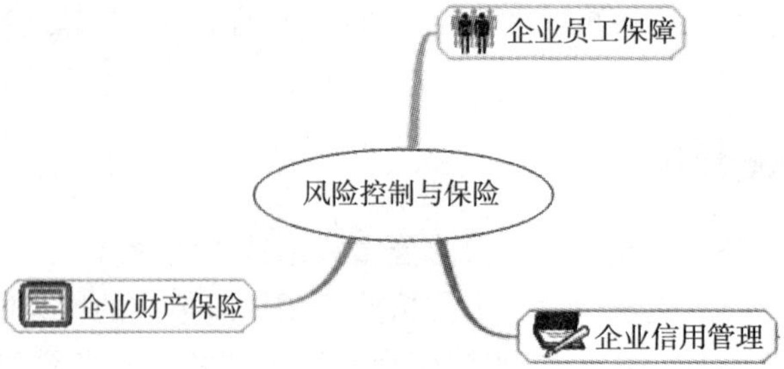

图 1－13　三大保障思路

1.4　财务总监岗位主要权利

以财务总监岗位职能定位为指导，财务总监职权表现为参与权、组织权和决策权。

1.4.1　财务总监的参与权

财务总监的参与权，主要体现在企业非财务工作体系的重要工作决策、论证、执行工作流程中，应有财务总监参加的环节。

（1）参与业务整合、结构调整、资源优化配置方案的论证分析工作；

（2）参与单位技术改造、投资项目的经济效益分析和可行性论证；

（3）参与新产品开发、科技研究、商品（劳务）价格和工资奖金等方案的制定；

（4）参与企业重大资本运营效益和风险的论证和分析工作，跟踪评价资本运作情况；

（5）参与总部和所属单位主要管理人员的考察和任免事项的审查和研究；

（6）参与重大经济合同和经济协议的研究、审查。

1.4.2　财务总监的组织权

财务总监的组织权主要体现在企业财务工作体系的重要工作决策、论证、执行工作流程中，财务总监具有发起、引导、终止的权力。

（1）组织本单位贯彻执行国家财经方针、政策、法规，维护财经纪律；

（2）组织制定本单位财务管理、会计核算等规章制度和设计内部会计核算组织形式；

（3）组织编制和执行单位预算、财务收支计划、信贷计划，拟订资金筹措和使用方案，开辟财源，有效地使用资金；

（4）组织单位诚信建设，建立健全单位内部会计控制体系，确保会计信息的真实性；

（5）组织本单位进行成本费用预测、计划、控制、核算、分析和考核，督促本企业有关单位和部门降低消耗、节约费用、提高经济效益；

（6）负责对本单位财会机构的设置和会计人员的配备、会计专业职务的设置和聘任提出方案，组织会计人员的业务培训和考核，指导会计人员的学术研究活动，支持会计人员依法行使职权，使本单位的财会工作逐步走上规范化、科学化、现代化的轨道；

（7）运用现代管理方法，组织会计工作改革，开拓本单位财会工作新局面。

1.4.3 财务总监的决策权

财务总监的决策权主要体现在企业财务工作体系的重要工作决策、论证、执行工作流程中，财务总监具有同意或不同意、批准或不批准、增加或减少额度的权力。

（1）对本单位财务收支的审批签署权，对本单位的重大财务收支、预算、资金调配行使审批签署权；

（2）对本单位财务成本计划、调价计划、信贷计划、财务专题报告、会计报表等有审核、签署权；

（3）对涉及本单位财务收支的业务计划、生产经营、发展、科研技改方案、经济合同、经济协议、可行性研究报告等有参与制定、审查和会签权；

（4）对上报董事会的年度预、决算方案、资金使用和调度计划、费用开支计划、筹资融资计划、利润分配方案、弥补亏损方案等重大经营计划和方案，必须有财务总监独立的财务意见，财务总监享有一票否决权；

（5）对公司资金使用和调度、贷款担保、对外投资、产权转让、资产重组等重大决策活动，必须有财务总监独立的财务意见，财务总监享有一票否决权；

（6）对二级单位财务总监（或委派财务负责人）的任免，财务总监享有一票否决权。

1.5 财务总监工作能力速成模式

千百年来，我国技艺传授主要有师傅教徒弟、老人教孩子、上级指导下级三种方式，符合我国人民以农业为特点的自给自足生活。解放后特别是改革开放以来，现实社会物质生活与精神生活、思想方法发生巨变，师徒传承与现代社会工业化、信息化、企业化、科学化工作能力培养有天壤之别。

一位优秀的财务总监，与一位刚刚走出大学校门、进入财会工作岗位的大学毕业生之间有什么差距？大学生与这位优秀的财务总监相比少了什么？或者说这位优秀的财务总监与大学生相比多了什么？

大学生刚刚上班，不知工作岗位上有什么事要干，领导安排一项工作；也不知怎么干；而这位优秀的财务总监，则感到有做不完的事。最简单的差别就是：优秀的财务总监比大学生更富有工作能力或者说是工作经验。

那么“工作经验”是什么？通过研究经验、解剖经验、分析经验，我们发现“经验”具有其科学的组成内容和科学的结构。进一步对组成经验内容的科学研究与总结，形成科学的工作理论体系“圆通制”。①

圆通制是系统阐述科学工作的原理和方法，是构成工作能力或工作经验的核心内容，主要包括工作成功律、工作标准体系、工作标准律、工作突发律、工作主观律等五部分。我们通过对财务总监岗位应用圆通制，了解财务总监工作能力的速成模式。

1.5.1 工作成功律

一位优秀的财务总监，上班知道解决什么工作问题，了解解决工作问题的思路，掌握解决工作问题的方法，具有解决工作问题的措施，最终都能达到工作问题的良好解决。无论人们从事什么工作岗位，做任何事情，都符合这一规律，因此，这是财务总监工作成功的基本规律。一项工作一项工作地

---

① 参见《圆通制——科学工作原理》，陕西人民出版社 2011 年版。

成功积累，构成他们一个阶段的人生成功。

1.5.2　工作标准体系

优秀的财务总监在财经行业、地区或岗位上工作了很多年，与大学生最重要的一项差别，就是对构成行业、地区、岗位等工作体系的熟悉，对这个行业、地区或岗位相关事务的熟悉和了解，一个事件发生后，他们能够清晰地说明事件的管理单位、有关人员、相关地点、所需资源等等，这是构成优秀的财务总监“经验”的重要组成部分。

优秀的财务总监工作标准体系是以需要完成的工作目标为基础，建立明确的岗位工作目录，指导部门设置，科学成立机构，进而建立科学量化考评机制。反过来看，更容易理解一些：科学成立财经管理机构，指导财会岗位设置，明确岗位工作目录，建立工作标准，形成科学量化考评机制。

优秀的财务总监岗位的工作标准体系是由一项一项工作标准构成的。

1.5.3　工作标准律

就单一工作项目而言，我们跳出一个企业或者一个单位来看，若非特例，应当在社会生活中发生过若干次。我们会从中发现财务总监能够被重复的、被借鉴的优秀成分，这些被提炼的成分包括工作标准名称定义、工作标准基本内容、工作标准所需资料、工作分解流程图和相关工作标准等，构成了财务总监处理工作的基本规范，简称工作标准律，是圆通制的核心内容，也是财务总监的核心工作经验。一项一项工作标准构成了优秀财务总监的工作能力体系。

1.5.4　工作突发律

突然遇到一个新问题，大学生束手无策，感到老虎吃天没地方下爪。即使这个问题财务总监也是第一次遇到，他稍加思考就能有条不紊地处理工作，这是他们之间的重要差别，因为财务总监能够系统思考问题，准确抓住问题本质，拟定问题综合解决方案，准确提出解决问题核心流程，有效提供解决问题所需资料，解决核心问题时能够对相关问题统筹安排，是科学应对工作中突发问题的基本思考规范，简称工作突发律，是构成财务总监“经验”的重要内容。

1.5.5 工作主观律

一项工作从什么地方开始，到什么地方结束，中间都经历哪些环节，有没有规律可循？人的主观意志与情感是如何在工作过程中发挥作用的？假定一个大学生具有“一不怕苦、二不怕死”的工作精神和认真态度，那么他与优秀的财务总监之间的区别是什么？这是构成工作经验的又一核心内容，也是评价其工作能力的重要标准，包括接受工作、解释工作、准备工作、安排工作、请示工作、跟踪工作、汇报工作、评价工作等。

财务总监掌握工作主观律，该请示时就请示，该汇报时就汇报，工作主动热情，表现出科学的工作能力，都会得到股东会、董事会、经理层和群众的肯定。

附录　财务总监岗位拓展知识

中国总会计师岗位职能与地位演变过程，就是总会计师工作标准体系的演变发展过程，也与新中国发展的历史是一致的。而对总会计师职能定位与作用的研究，在不同历史时期总会计师职能的定位和作用有所不同，在改革开放以来尤其是近十多年，总会计师工作全面推进。我们知道改革具有继承性，是在前人成果基础上的发展过程，随着我国经济社会发展进程的不断加快，总会计师职能还将进一步拓展，我们通过研究总会计师发展历史，能够更准确地把握总会计师工作标准体系研究的方向，更好地为总会计师提供专业服务支持和工作能力支撑。

1. 第一阶段：1949 年 10 月至 1961 年 9 月

20 世纪 50 年代初，中国与苏联及东欧各社会主义国家签订一系列友好互助合作协定，苏联政府决定帮助中国新建、改建重点工程 156 项，企业管理也借鉴原苏联管理模式，在企业中设置了总会计师、总工程师、总机械师的职位，即“三师”。基于公有制体制，总会计师基本相当于西方企业中的主计长，主要负责财务预算、财务控制和财务报告，起加强企业会计经济核算、发挥会计职能作用。

2. 第二阶段：1961 年 9 月至 1966 年 5 月

1961 年 9 月 16 日，中共中央就工业企业的整顿问题发表了著名的《工业七十条》，第一次提出要在企业中建立总会计师制度。

1963 年 10 月，国务院批准了国家经委、财政部《关于国营工业交通企业设置总会计师的几项规定（草案)》，具体地勾画了总会计师制度的大体框架，总会计师的职责和地位也得到了初步明确。为我国总会计师制度的建立和巩固打下了良好的基础。

3. 第三阶段：1966 年 5 月至 1978 年 9 月

“文化大革命”期间总会计师制度基本处于搁置状态，企业管理主要由革委会管理。

4. 第四阶段：1978 年 9 月至 1990 年 12 月

1978 年 9 月 12 日，国务院颁布《会计人员职权条例》，专设一章明确规定总会计师制度，该条例专门将总会计师扩大到所有企业，是总会计师设置最为广泛的制度。

1985 年《会计法》颁布实施，首次以法律的形式明确要求设置总会计师。

1990 年 5 月 26 日，中国总会计师研究会的成立，使中国总会计师群体有了自身的组织体系，也为中国总会计师事业的进一步发展和壮大提供了良好的平台。

1990 年 12 月，国务院发布《总会计师条例》，是我国历史上第一个对总会计师制度作出具体规范的行政法规，推动我国总会计师制度进入了一个全新的发展时期。

5. 第五阶段：1991 年至 2000 年

1991 年，民政部批准中国总会计师研究会为全国性一级组织，再次明确总会计师在企业管理和发展中的重要地位。

1993 年《会计法》修订，明确规定总会计师专业技术任职资格。

1999 年《会计法》修改，规定国有的和国有资产占控股地位或者主导地位的大、中型企业必须设置总会计师。总会计师的任职资格、任免程序、职责权限由国务院规定。这一政策对提高中国总会计师的地位产生了重大影响。

6. 第六阶段：2001 年至今

2006 年，国务院国资委发布《中央企业总会计师工作职责管理暂行办法》，细化明确了总会计师职责和考评制度，对于推动总会计师制度在中央企业有效实施具有重要意义。

2009 年以后，随着全面深入地研究、建立我国总会计师工作标准体系，总会计师制度建设和普遍有效的实施进入一个新的发展阶段。

第 2 章　财务总监岗位工作标准体系

财务总监岗位工作标准体系，全面科学地反映财务总监工作职能和权限，并科学地加以量化规定，规避无谓的争议和推诿，主管机关通过持续地对财务总监工作标准体系加以修正和改进，定期公布财务总监工作标准目录，指导全国财务总监工作。

2.1　工作标准化基础

世界通行一种传播最优经验的做法，叫标准。标准是在一定的范围内获得最佳秩序，对活动或其结果规定共同的和重复使用的最佳规则，以科学、技术和经验的综合成果为基础，以促进最佳社会效益为目的而制定的文件。主要有国家标准、行业（地区标准）和企业标准。

2.1.1　工作标准

工作标准是工作人员严格遵循技术标准的规定，在管理标准规定的时间范围内，将需要完成的工作，通过科学的归纳、整合、分解、排序和加工处理，形成最佳工作结果的科学规范，是基于圆通制形成的。其中技术标准是对需要协调统一的技术事项所制定的标准，是对构成要素的客观物质条件件的规范描述。管理标准是以管理领域中需要协调统一的重复性事物为对象而开展的有组织制定、发布和实施标准的活动，其核心是以时间数量为特征。

全国人大及国务院颁发的法律属于国家标准；财政部、国家税务总局等国务院业务主管部门和各省（市、区）颁发的法规属于行业或地区标准；企业颁发执行的制度属于企业标准。

据国家标准委统计资料，我国改革开放30多年来，制修订各种标准大约有25 000多项，这些标准基本属于技术标准或管理标准，对于如何将各种技术标准与管理标准科学有效结合，获得最佳效果的工作标准，则是凤毛麟角，这是我国标准研究中的最大缺失。

2.1.2　工作标准与内部控制制度

工作标准化从研究角度来看，具有将工作的各个要素、各个环节、各个部门有机地结合起来，构成一个新的有机整体的能力。综合的过程对于准确认识工作之间的内在联系、从整体上考察客观工作项目具有重要的作用。这种标准化，已经不再是简单的大拼盘，制度的堆积，而是在以人为本的基础上各学科、各要素之间的有机渗透、交叉和融合，既有多个学科制度的交叉，也有多个学科制度的渗透，不是简单的专业学科机械相加，而是紧紧抓住各个要素之间的内在联系，紧紧抓住对各部分的制度要求之间的内在联系，从中把握事物整体的本质和运动规律，得出一个全新的整体性的认识和要求，从而进行科学加工的过程。

工作标准把科学工作的理念转化为科学工作的正确思路。不同地区、不同系统、不同单位、不同岗位虽然工作基础不一样、条件不相同，有的甚至存在很大差异，但他们都必然将需要解决的发展问题、民生问题、社会问题、单位问题转化为每一个具体岗位的具体工作。完成这些工作虽然需要创造性，但大多数人的工作都需要首先在遵守相同规则（继承前人经验和成就）的基础上认真完成。相同的行业、相同的部门、相同的工作岗位、相同的工作内容，必然决定完成工作问题具有很多相同之处，决定了工作人员必须善于把科学的工作标准理念应用到本地区、本部门、本单位实际的工作思路。工作人员只有学习工作标准，执行工作标准，才能向建立行业标准、超越标准这种境界转化，只有了解和掌握了标准，才有创新的基础。

最科学的内部控制制度就是在实际工作中将所有的制度要求都能落到实处。我国目前的技术标准和管理标准（国家法律法规），普遍表现形式是条文，内容浩如烟海，财务总监贯彻执行的法律法规已经不仅仅是会计法，例如还有全国人大和国务院已经颁布的金融法律与法规（根据相关统计资料：截止到2009年年底，由全国人大颁布的金融法律有1部，即中国人民银行法。由全国人大常委会颁布的金融法律8部，包括商业银行法、证券法、保险法、票据法、担保法等。由国务院颁布的金融法规142部。由国务院各机构颁布的金融类规章3 523部。由最高人民法院制定的金融类司法解释39部，最高人民检察院的8部。上述总计3 721部）。还有税法、审计法、国有资产管理条例、社会保险法等一大批财经法律和法规。

如何在一个系统性工作中，完整地表现各种制度要求，不能依靠工作人员的简单经验积累和记忆，必须通过科学的归纳和整理，结合技术标准把需要完成的各个工作要素结合起来，组成一个整体，再对这个整体根据管理标准要求进行分解、排序，通过人的加工处理，形成科学工作标准。其他人员通过对工作标准的学习和掌握，起到经验传授的作用。通过对工作标准执行的检查，起到内部控制的作用。

内部控制的核心目标是杜绝各种违反制度的情况发生，只有将各种制度控制点明确在每一具体工作之中，内部控制才能够见到实际效果。

2.2 财务总监岗位工作标准化作用

财务总监岗位工作标准解决财务总监岗位任职的核心问题，具体怎样行使自己的权利！怎样担负自己的责任！简单化描述是：财务总监具体“干什么”和“怎么干”。

2.2.1 科学量化财务总监职能权限

财务总监岗位工作标准，将财务总监业务进行事件化、系统化、工程化处理，将会计问题的解决思路、解决方法、解决措施与企业单位的特点有机地结合起来，形成工作项目和工作标准。

在百度中输入“财务总监职能定位”几个字，用时不到一秒，搜索出的相关文章81万篇，打开来看，都是对财务总监职能定位的探讨、争论和研究。在企业实际经营活动中，哪些工作应当由财务总监负责，哪些与财务总监关系不大，有些是很清楚的事，有些就不明晰。因此，我们要通过建立科学的财务总监工作标准体系，全面科学地反映财务总监工作职能和权限，科学地加以量化规定，规避无谓的争议和推诿。主管机关通过持续地对财务总监工作标准体系加以修正和改进，定期公布财务总监工作标准目录，指导财务总监相关工作。

随着我国财务总监制度不断完善和经济社会的快速发展，会计准则实现国际实质趋同，企业内部控制规范稳步实施，会计信息化扎实推进，企业广泛深入地参与国际经济竞争等诸多因素，迫切要求对我国财务总监制度进行全方位的改革和创新。然而如何改革和创新？通过财务总监工作标准化，就是非常可行的选择渠道。

2.2.2 明确财务总监岗位法律责任

通过建立财务总监工作标准体系，从制度层面具体落实财务总监的工作职责、工作职能和工作范围，从根本上区分财务总监与其他管理者的责任区间，科学保障财务总监制度落实到位。

通过工作标准体系落实，对应当设置而未按规定设置财务总监，阻碍财务总监依法行使职能的单位形成具体约束，其必然需要明确财务总监工作标准体系的承担者和执行者，可以有效压缩其模糊空间。

通过实施财务总监工作标准体系，发挥中国总会计师协会建立的总会计师自律机制，可以快速清晰界定工作责任，对部分不依法履行职能等行为的总会计师实施处罚，通过工作标准体系界定不作为、渎职等行为，能够针对责任单位或相关人员明确应当承担的法律责任。

我国企事业单位行业多，类型复杂、规模差距大，财会工作人员对会计技术标准、管理标准掌握水平差异很大，如何将工作制度要求不停留在口头上、会议上、文件上，而是在执行中贯彻落实，实现企业财会工作标准化科学管理，将圆通制科学工作原理和方法应用在企业经营工作中，就不会概叹“天下之事不难于立法，而难在法之必行”。

2.2.3 支撑财务总监领导能力和执行能力

（1）提高财会工作有序化管理，保证工作质量

通过工作标准化，促进单位工作计划详略得当，人人工作井井有条，实现工作有序化管理，这是机关工作标准化的核心价值。

（2）大幅降低财务总监脑力劳动强度

财务总监工作标准应用是针对需要完成的工作问题，选择尽可能相近或一样的工作标准，参考进行科学的分解和排序，并逐一进行加工处理，得到预期效果，因此，工作标准应用过程是从宏观到微观的过程。

（3）实现企业财会工作科学化、数量化

如何对企业财会工作进行科学计划，一直是管理者最头疼的事，《圆通制·工作标准系列丛书》，通过将工作问题标准化，解决工作问题的思路标准化，解决工作问题的方法标准化，解决工作问题的措施标准化，达到将工作问题科学解决的目的。从而以工作项目、工作核心环节清晰为目标，科学解决企业财会工作的量化问题。通过量化，促进企业会计更加科学地编制工作计划，更加科学地实现战略目标。

（4）建立企业财会工作考核评价新模式

如何对企业财会工作进行科学业绩考评，奖优罚懒、选贤任能，一直是领导者最头疼的事。创新性提出工作标准化模式，通过将会计问题标准化，实现科学考评目标的制定，使得财会工作能够实现科学计划，包括对工作项目制定工作量化方案、工作量化标准，从而实现科学考评和总结。

（5）保障工作质量，提高工作效率

有了科学的工作计划和工作标准，并遵照执行，自然能够保证工作效率和质量。人人有计划，事事有规范，上下齐心协力，能够普遍提升企业会计的工作效率和工作质量。根据标准的特性，上级机构下发的各种文件，可分为两类，一是要求下级学习了解，不需要做实际工作。二是要求下级根据文件内容进行某种安排，采取某种行动，即完成规定工作，上级完全可以将文件内容编制成工作标准，要求下级遵照执行，将普遍提升工作质量和效率。

（6）财务总监领导力的核心支撑系统

由于工作范围和工作经验的不同，领导者可能对下级如何明确其核心工作目标、制定工作方案、完成工作过程不是很了解。工作标准体系支持某项工作突发时，不管领导者以前是否熟悉，都可以通过工作标准化了解工作细节、资料名称、工作流程，以及相关资源协调整合支持，实现领导者期望的最佳效果。

（7）财务总监执行力的核心支撑系统

由于工作范围和工作经验的不同，执行者可能对上级安排工作任务的核心目标、工作方案、完成过程不是很清楚。企业财会工作标准系统支持某项工作突发时，不管执行者以前是否做过，都可以通过工作标准智能化提供工作细节、资料名称、工作流程，以及相关资源协调整合支持，帮助执行者快速完成工作任务，实现领导者期望的最佳效果。

（8）新任财务总监熟悉岗位工作的宝典

财务总监新进入一个企业，通过熟悉该企业工作标准，就可以快速了解工作岗位、工作内容、工作目标、工作制度、工作处理流程、工作结果，快速胜任工作岗位的要求。

（9）财务总监处理偶然事件的利器

现实生活中，某一工作岗位的某一个工作，不是经常发生，当其突然发生时，往往感到很多工作细节不够清晰，运用的资料名称不清楚，工作流程和核心环节不明白，需要翻阅大量资料文件进行研究。通过使用圆通工作标准软件，可以帮助解决这类问题，不管这个工作项目是否发生，通过标准数据库都可以了解工作内容，了解这个工作项目的处理工作标准。

（10）财务总监轮岗，工作质量不滑坡

在我国企事业单位人事管理中，为了促进对部门内部各工作岗位的了解，经常采用轮岗或建立轮岗制度，这种制度除了优点之外，缺点就是将熟悉的工作岗位内容变得不熟悉了，轮岗人员要经过很长时间和辛勤努力才能熟悉新岗位工作，需要掌握很多工作细节、需要的资料名称、工作流程和核心环节以及需要遵守的各种制度，需要建立工作记录等等，通过使用财会工作标准软件，可以帮助解决这类问题，大家工作岗位轮换以后，由于具有很多综合经验，通过财会工作标准，快速了解掌握新岗位工作标准，快速进入胜任角色的工作状态。

2.3 财务总监岗位工作思路导图

财务总监具有独立的工作标准体系，财务总监职能定位已经超出会计人员范畴，其负责贯彻执行的法律法规已经不仅仅是《会计法》，还有全国人大和国务院已经颁布的金融法律与法规，以及行业地方法律法规数千部，这些法律法规反映在企业，都会成为财务总监岗位工作标准体系相关内容。

研究财务总监岗位的工作时，对财务总监具体工作对象进行了大量调查，主要包括企业董事长、总经理、财务总监、行政总监，财经大学院长、系主任、教授，财政、税务、审计部门局长、业务局长、工作管理人员，银行、保险公司、证券公司总经理、业务经理，以及企业内部会计机构负责人、财会人员、工作人员等。

工作标准目录核心是将财务总监应当熟悉的基础知识、财经政策与企业经营问题、财经工作等等进行事件化、项目化。将工作项目通过分类渐次细分，整理出工作目录，即清楚地罗列财务总监要解决什么问题，或，应当参与这项工作。通过研究，结合财务总监职能定位，共划分为 9 大类 42 小类 480 多项工作标准，[①] 我们以工作思路导图方式介绍财务总监工作项目和工作标准，便于理解和研究。见图 2－1 至图 2－9。

① 这些工作项目及工作标准，来源于《总会计师工作标准体系建设》课题报告。

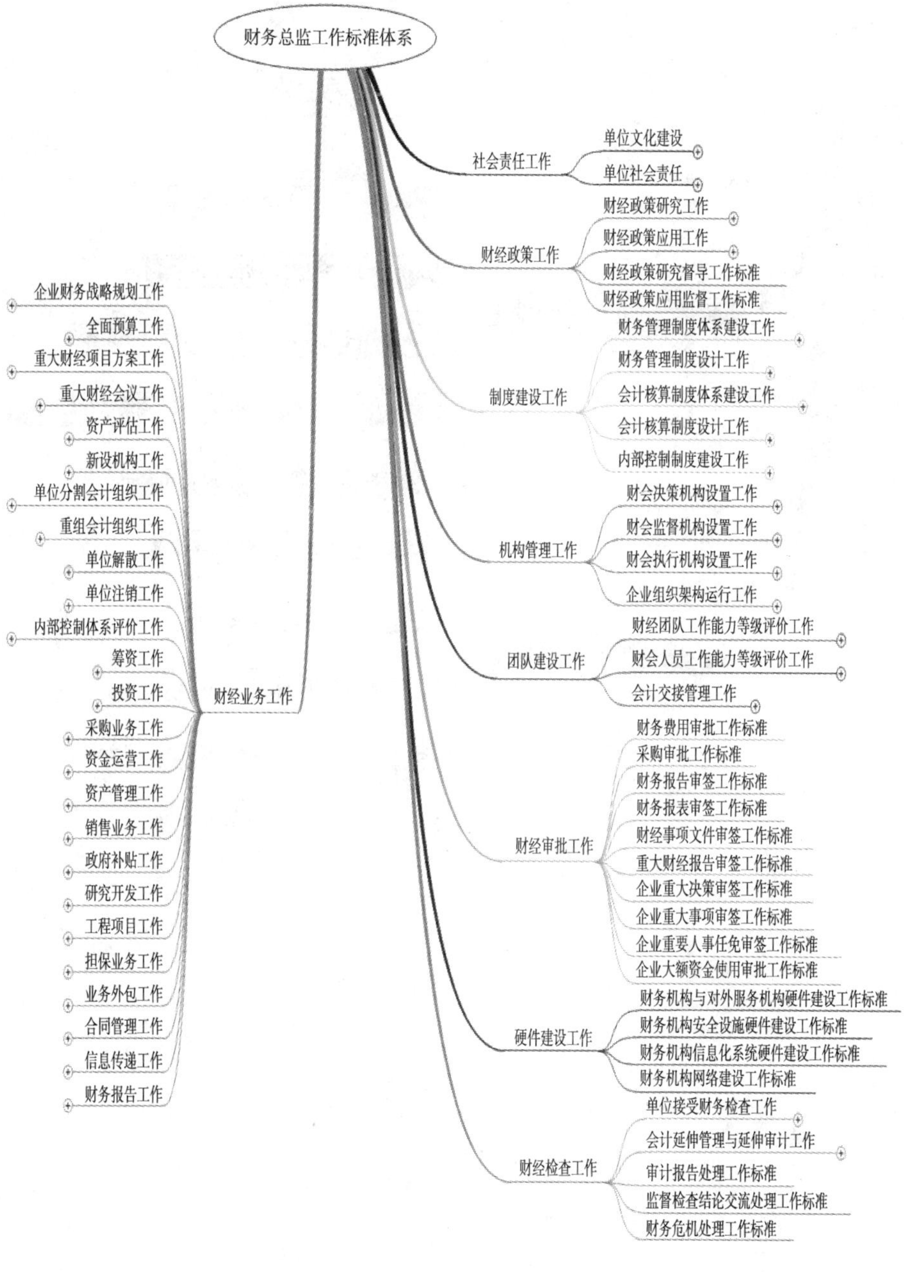
财务总监工作标准体系
社会责任工作
单位文化建设
单位社会责任
财经政策工作
财经政策研究工作
财经政策应用工作
财经政策研究督导工作标准
财经政策应用监督工作标准
制度建设工作
财务管理制度体系建设工作
财务管理制度设计工作
会计核算制度体系建设工作
会计核算制度设计工作
内部控制制度建设工作
机构管理工作
财会决策机构设置工作
财会监督机构设置工作
财会执行机构设置工作
企业组织架构运行工作
团队建设工作
财经团队工作能力等级评价工作
财会人员工作能力等级评价工作
会计交接管理工作
财经审批工作
财务费用审批工作标准
采购审批工作标准
财务报告审签工作标准
财务报表审签工作标准
财经事项文件审签工作标准
重大财经报告审签工作标准
企业重大决策审签工作标准
企业重大事项审签工作标准
企业重要人事任免审签工作标准
企业大额资金使用审批工作标准
硬件建设工作
财务机构与对外服务机构硬件建设工作标准
财务机构安全设施硬件建设工作标准
财务机构信息化系统硬件建设工作标准
财务机构网络建设工作标准
财经检查工作
单位接受财务检查工作
会计延伸管理与延伸审计工作
审计报告处理工作标准
监督检查结论交流处理工作标准
财务危机处理工作标准
财经业务工作
企业财务战略规划工作
全面预算工作
重大财经项目方案工作
重大财经会议工作
资产评估工作
新设机构工作
单位分割会计组织工作
重组会计组织工作
单位解散工作
单位注销工作
内部控制体系评价工作
筹资工作
投资工作
采购业务工作
资金运营工作
资产管理工作
销售业务工作
政府补贴工作
研究开发工作
工程项目工作
担保业务工作
业务外包工作
合同管理工作
信息传递工作
财务报告工作

图 2－1

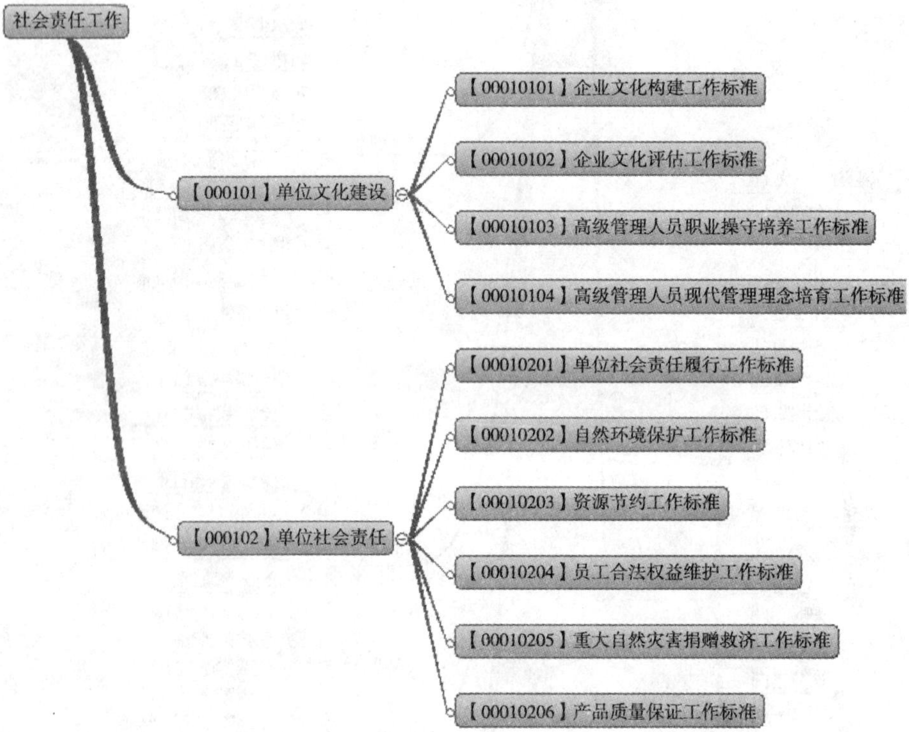
社会责任工作
【000101】单位文化建设
【00010101】企业文化构建工作标准
【00010102】企业文化评估工作标准
【00010103】高级管理人员职业操守培养工作标准
【00010104】高级管理人员现代管理理念培育工作标准
【000102】单位社会责任
【00010201】单位社会责任履行工作标准
【00010202】自然环境保护工作标准
【00010203】资源节约工作标准
【00010204】员工合法权益维护工作标准
【00010205】重大自然灾害捐赠救济工作标准
【00010206】产品质量保证工作标准

图 2－2

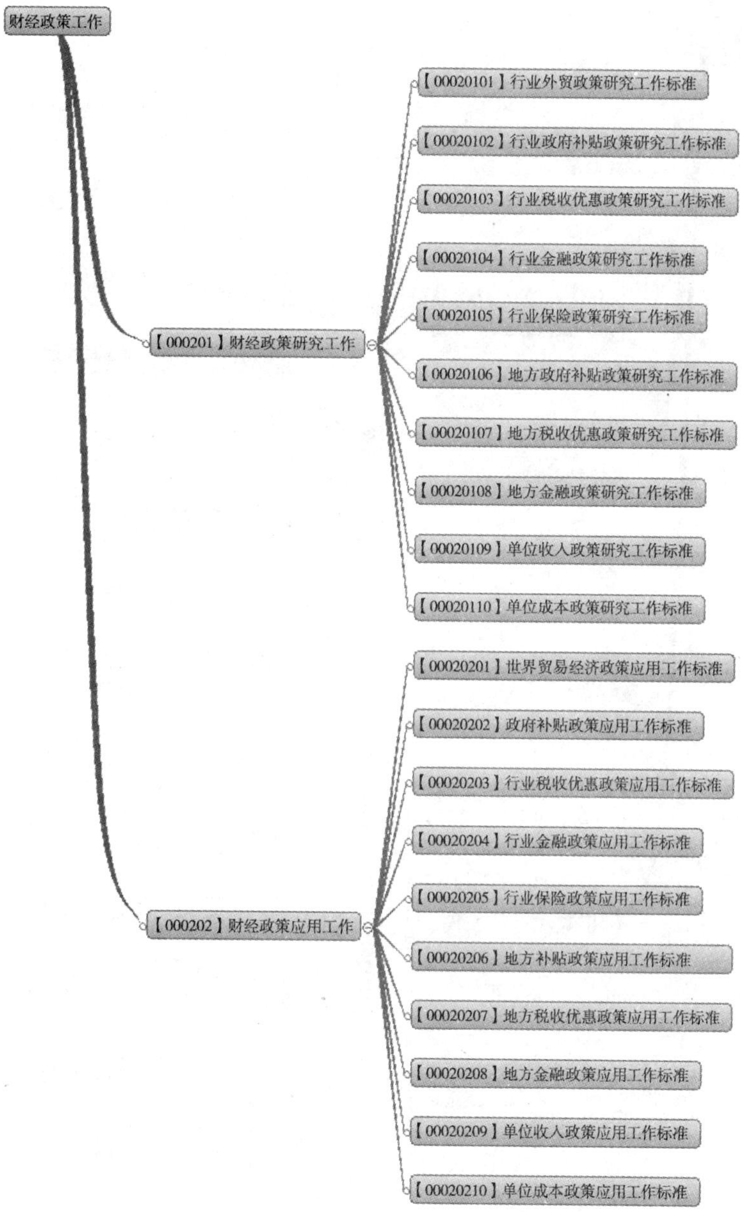

财经政策工作
【000201】财经政策研究工作
【00020101】行业外贸政策研究工作标准
【00020102】行业政府补贴政策研究工作标准
【00020103】行业税收优惠政策研究工作标准
【00020104】行业金融政策研究工作标准
【00020105】行业保险政策研究工作标准
【00020106】地方政府补贴政策研究工作标准
【00020107】地方税收优惠政策研究工作标准
【00020108】地方金融政策研究工作标准
【00020109】单位收入政策研究工作标准
【00020110】单位成本政策研究工作标准
【000202】财经政策应用工作
【00020201】世界贸易经济政策应用工作标准
【00020202】政府补贴政策应用工作标准
【00020203】行业税收优惠政策应用工作标准
【00020204】行业金融政策应用工作标准
【00020205】行业保险政策应用工作标准
【00020206】地方补贴政策应用工作标准
【00020207】地方税收优惠政策应用工作标准
【00020208】地方金融政策应用工作标准
【00020209】单位收入政策应用工作标准
【00020210】单位成本政策应用工作标准

图 2－3

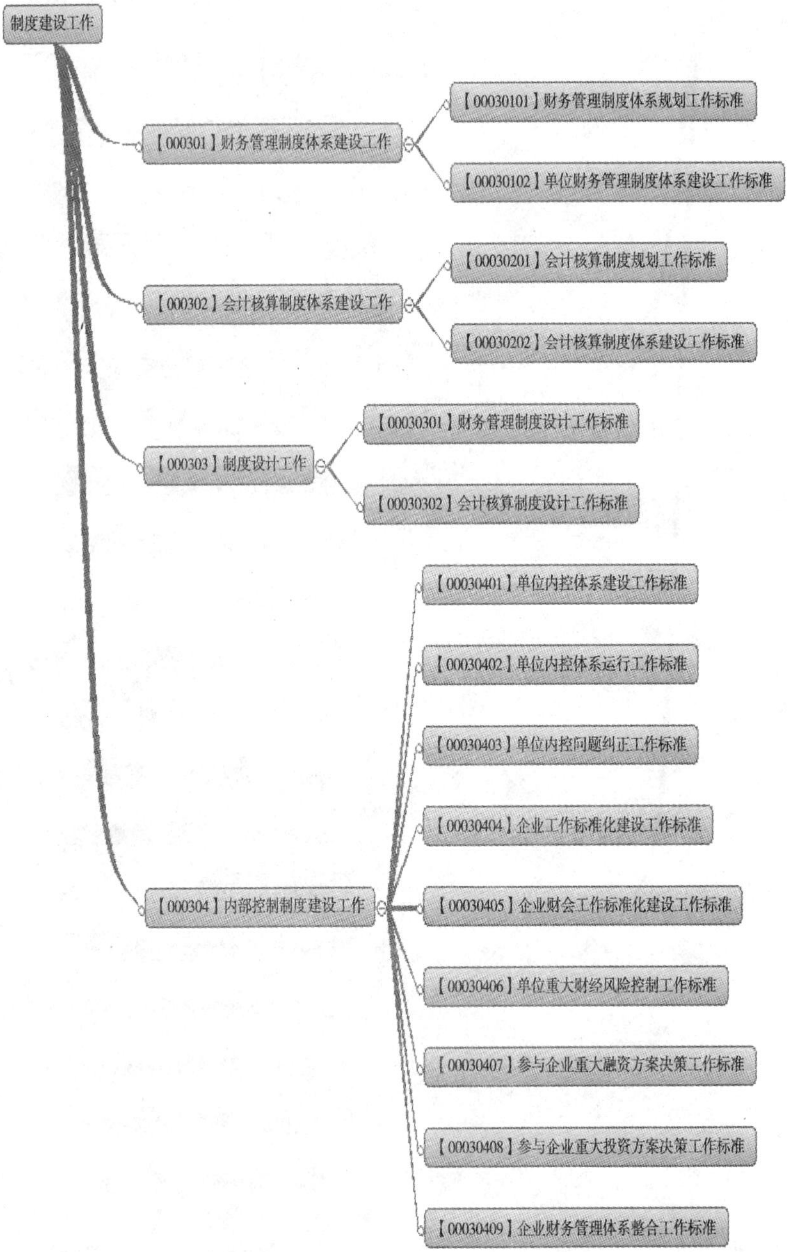
制度建设工作
【000301】财务管理制度体系建设工作
【00030101】财务管理制度体系规划工作标准
【00030102】单位财务管理制度体系建设工作标准
【000302】会计核算制度体系建设工作
【00030201】会计核算制度规划工作标准
【00030202】会计核算制度体系建设工作标准
【000303】制度设计工作
【00030301】财务管理制度设计工作标准
【00030302】会计核算制度设计工作标准
【000304】内部控制制度建设工作
【00030401】单位内控体系建设工作标准
【00030402】单位内控体系运行工作标准
【00030403】单位内控问题纠正工作标准
【00030404】企业工作标准化建设工作标准
【00030405】企业财会工作标准化建设工作标准
【00030406】单位重大财经风险控制工作标准
【00030407】参与企业重大融资方案决策工作标准
【00030408】参与企业重大投资方案决策工作标准
【00030409】企业财务管理体系整合工作标准

图 2-4

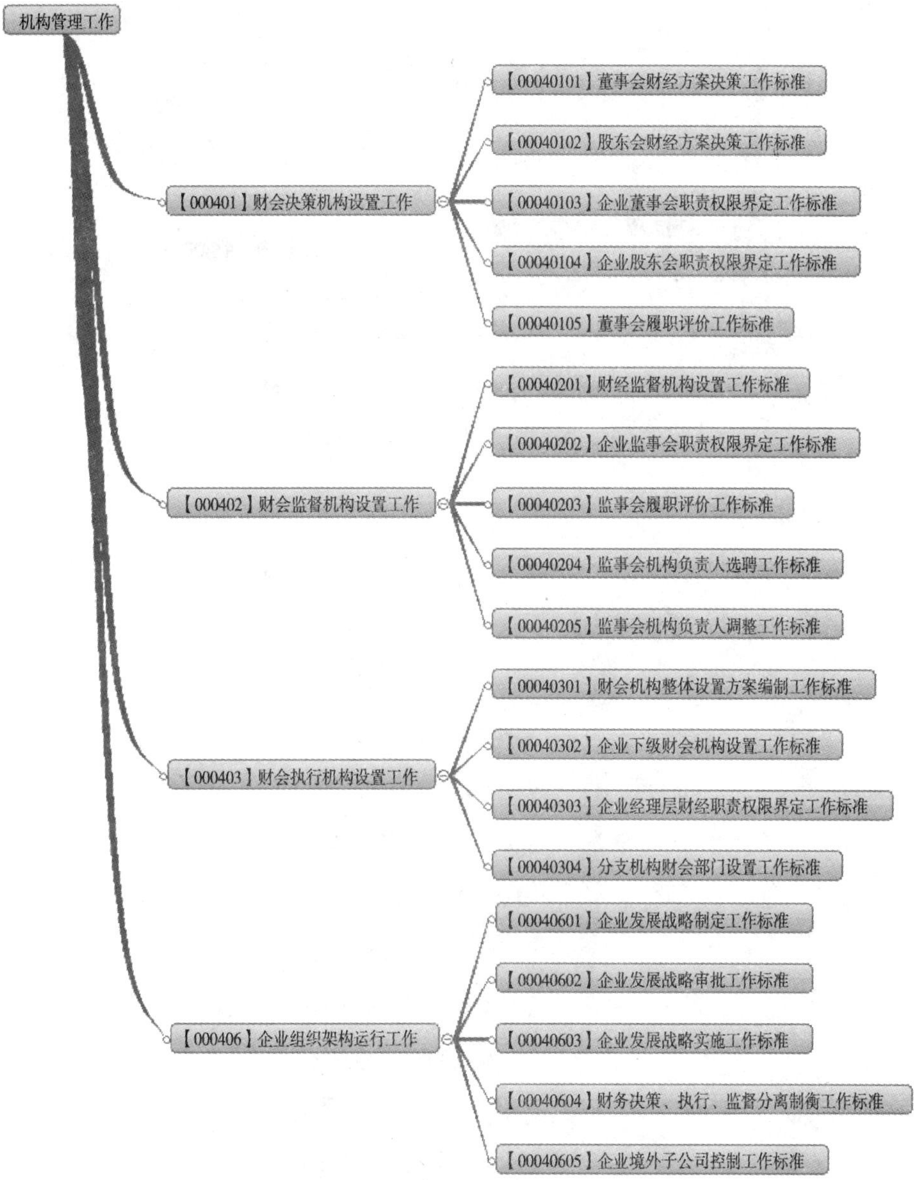
机构管理工作
【000401】财会决策机构设置工作
【00040101】董事会财经方案决策工作标准
【00040102】股东会财经方案决策工作标准
【00040103】企业董事会职责权限界定工作标准
【00040104】企业股东会职责权限界定工作标准
【00040105】董事会履职评价工作标准
【000402】财会监督机构设置工作
【00040201】财经监督机构设置工作标准
【00040202】企业监事会职责权限界定工作标准
【00040203】监事会履职评价工作标准
【00040204】监事会机构负责人选聘工作标准
【00040205】监事会机构负责人调整工作标准
【000403】财会执行机构设置工作
【00040301】财会机构整体设置方案编制工作标准
【00040302】企业下级财会机构设置工作标准
【00040303】企业经理层财经职责权限界定工作标准
【00040304】分支机构财会部门设置工作标准
【000406】企业组织架构运行工作
【00040601】企业发展战略制定工作标准
【00040602】企业发展战略审批工作标准
【00040603】企业发展战略实施工作标准
【00040604】财务决策、执行、监督分离制衡工作标准
【00040605】企业境外子公司控制工作标准

图 2－5

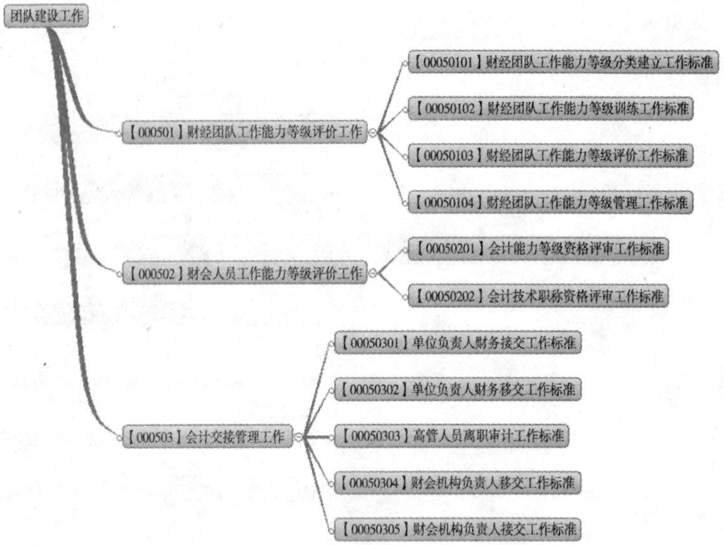
团队建设工作
【000501】财经团队工作能力等级评价工作
【00050101】财经团队工作能力等级分类建立工作标准
【00050102】财经团队工作能力等级训练工作标准
【00050103】财经团队工作能力等级评价工作标准
【00050104】财经团队工作能力等级管理工作标准
【000502】财会人员工作能力等级评价工作
【00050201】会计能力等级资格评审工作标准
【00050202】会计技术职称资格评审工作标准
【000503】会计交接管理工作
【00050301】单位负责人财务接交工作标准
【00050302】单位负责人财务移交工作标准
【00050303】高管人员离职审计工作标准
【00050304】财会机构负责人移交工作标准
【00050305】财会机构负责人接交工作标准

图 2－6

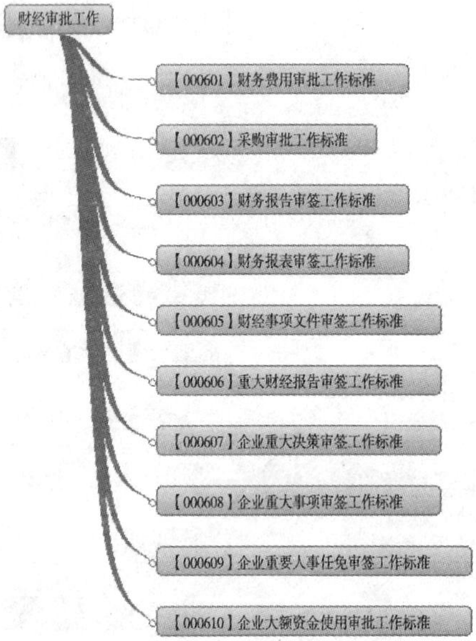
财经审批工作
【000601】财务费用审批工作标准
【000602】采购审批工作标准
【000603】财务报告审签工作标准
【000604】财务报表审签工作标准
【000605】财经事项文件审签工作标准
【000606】重大财经报告审签工作标准
【000607】企业重大决策审签工作标准
【000608】企业重大事项审签工作标准
【000609】企业重要人事任免审签工作标准
【000610】企业大额资金使用审批工作标准

图 2－7

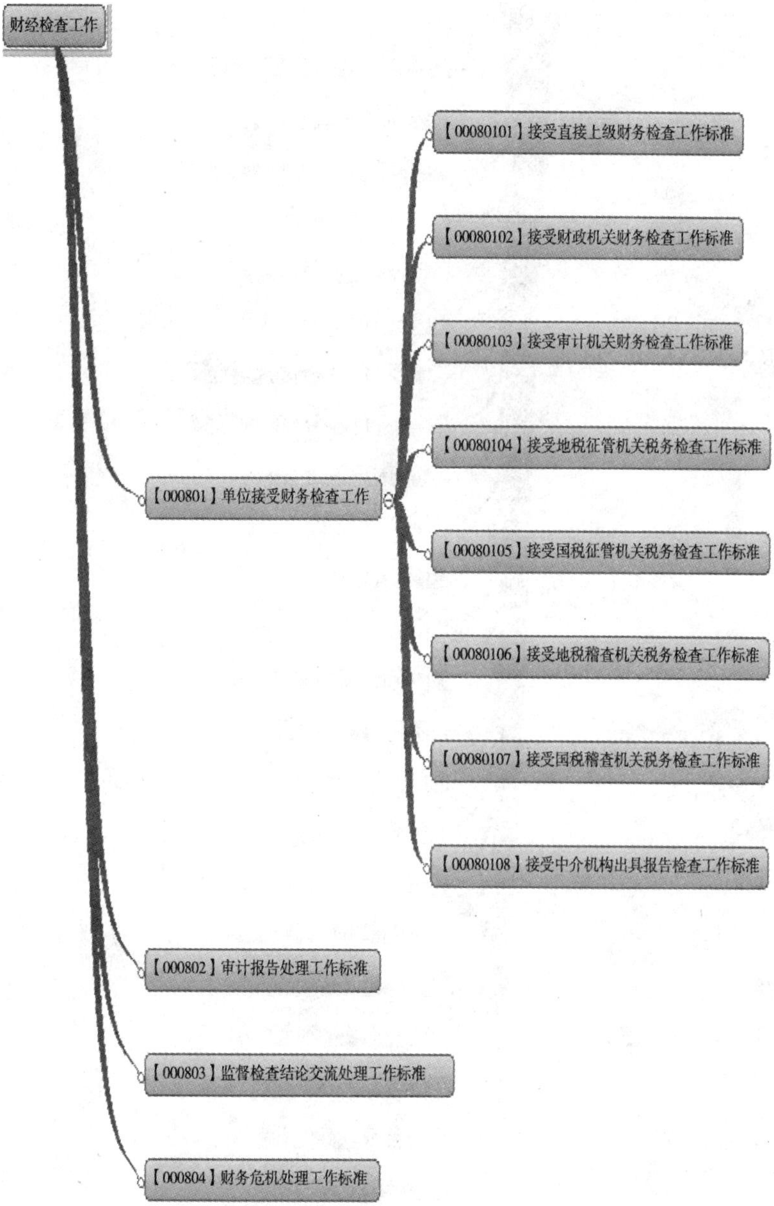
财经检查工作
【000801】单位接受财务检查工作
【00080101】接受直接上级财务检查工作标准
【00080102】接受财政机关财务检查工作标准
【00080103】接受审计机关财务检查工作标准
【00080104】接受地税征管机关税务检查工作标准
【00080105】接受国税征管机关税务检查工作标准
【00080106】接受地税稽查机关税务检查工作标准
【00080107】接受国税稽查机关税务检查工作标准
【00080108】接受中介机构出具报告检查工作标准
【000802】审计报告处理工作标准
【000803】监督检查结论交流处理工作标准
【000804】财务危机处理工作标准

图2－8

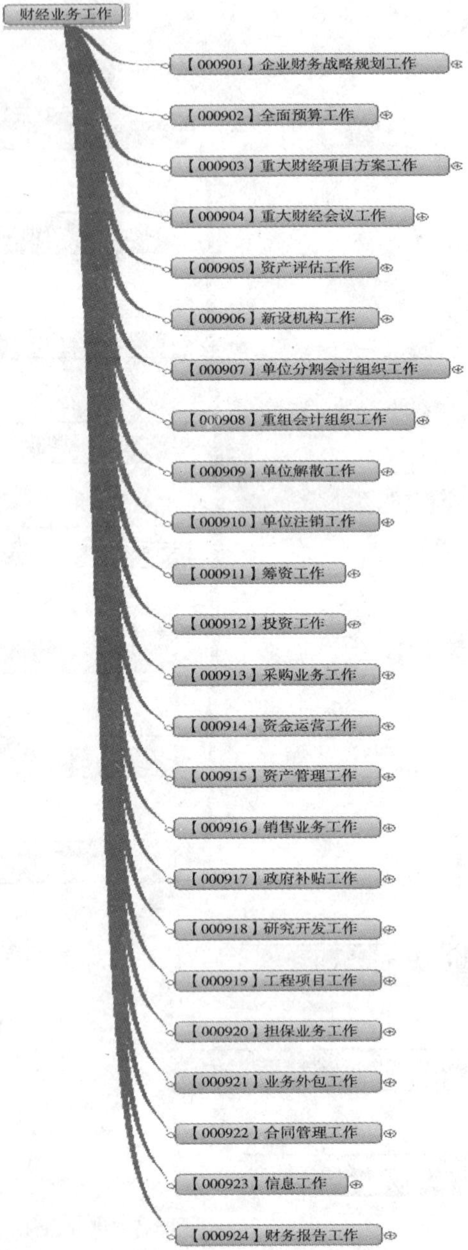
财经业务工作
【000901】企业财务战略规划工作
【000902】全面预算工作
【000903】重大财经项目方案工作
【000904】重大财经会议工作
【000905】资产评估工作
【000906】新设机构工作
【000907】单位分割会计组织工作
【000908】重组会计组织工作
【000909】单位解散工作
【000910】单位注销工作
【000911】筹资工作
【000912】投资工作
【000913】采购业务工作
【000914】资金运营工作
【000915】资产管理工作
【000916】销售业务工作
【000917】政府补贴工作
【000918】研究开发工作
【000919】工程项目工作
【000920】担保业务工作
【000921】业务外包工作
【000922】合同管理工作
【000923】信息工作
【000924】财务报告工作

图 2－9

第3章　财务总监工作标准

财务总监工作标准，是基于财务总监岗位，根据企业经营目标完整地表现各种制度要求，把需要完成的工作或工作任务进行系统整理、分解、排序，形成科学的工作标准，其他人员通过对财务总监工作标准的学习和掌握，起到经验传授和内部控制的作用。

3.1 文化建设工作

3.1.1 国家目标学习工作标准

标准编码：22010101

标准名称：国家目标学习工作标准

工作标准名称释义

国家目标学习工作标准是指财务总监带领团队了解学习国家宏观政治、经济政策，结合企业实际，掌握国家行业具体产业政策，科学支持、引导完成企业价值最大化的工作规范。

工作标准基本表格

工作核心目标	国家目标与企业目标分析报告		
工作开始时间	企业编制规划及年度经营计划时		
工作结束时间	国家规划及年度国民经济计划要点学习掌握后		
相关工作地点	办公室	会议室	
相关工作单位	发文机关	党支部	
相关工作人员	机要人员 财务人员	企业职工 信息人员	 档案管理员
备　注	作为一个企业经济政策的制定者和执行者，必须通过学习了解国家目标，建立财务总监宽广的胸怀和视野		

工作标准所需资料

资料类型	编码	资料名称	单位	原件数	复印数
事前准备资料	01	国家十二五规划纲要	份	1	1
	02	国务院年度工作报告	份	1	0
	03	国家年度工作计划	份	1	0
	04	本行业十二五规划	份	1	0
	05	本地区十二五规划	份	1	0
	06	企业年度工作计划	份	1	1
事中产生资料	07	企业长期规划纲要	份	1	1

续表

资料类型	编码	资料名称	单位	原件数	复印数
事后结果资料	08	国家目标与企业目标分析报告	份	1	1
技术要求资料	09	政府文件保密规定	册	1	0

相关工作标准

标准编码	标准名称
01	公文处理工作标准
0112	文件借阅工作标准
04	文字综合工作标准
09	内刊编辑工作标准

工作标准流程图

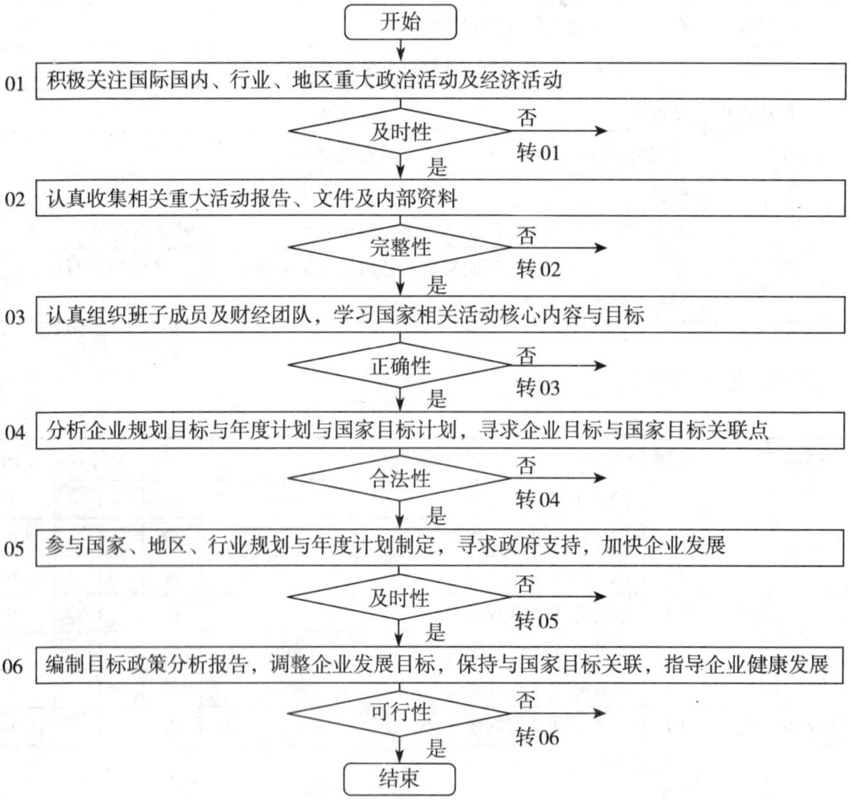

3.1.2　企业文化构建工作标准

标准编码：22010102

标准名称：企业文化构建工作标准

工作标准名称释义

企业文化构建工作标准是指企业通过一系列活动培育自身特色企业文化、引导和规范员工行为，打造以主业为核心的企业品牌，形成整体团队向心力，促进企业长远发展的工作规范。

工作标准基本表格

工作核心目标	形成企业文化	
工作开始时间	企业设立时	
工作结束时间	企业终止后	
相关工作地点	活动现场 会议室	办公室
相关工作单位	董事会 企业工会	监事会 企业党委
相关工作人员	文秘人员 信息人员	财务人员 档案管理员
备　　注	保障企业文化建设所需经费，积极创建企业财经文化	

工作标准所需资料

资料类型	编码	资料名称	单位	原件数	复印数
事前准备资料	01	企业文化建设战略规划	份	1	1
	02	企业文化培训体系设计	份	1	0
	03	企业文化诊断与评估	份	1	0
	04	企业文化理念体系提炼与提升	份	1	1
	05	企业与企业行为规范体系设计	份	1	0
	06	企业视觉识别体系设计	份	1	0
事中产生资料	07	各种企业文化建设活动方案	份	1	1
	08	企业家个人品牌建设	份	1	1

续表

资料类型	编码	资料名称	单位	原件数	复印数
事后结果资料	09	形成企业文化体系	份	1	1
技术要求资料	10	企业内部控制应用指引第 5 号——企业文化	册	1	1

相关工作标准

标准编码	标准名称
04	文字综合工作标准
0805	干部职工日常管理工作标准
09	内刊编辑工作标准

工作标准流程图

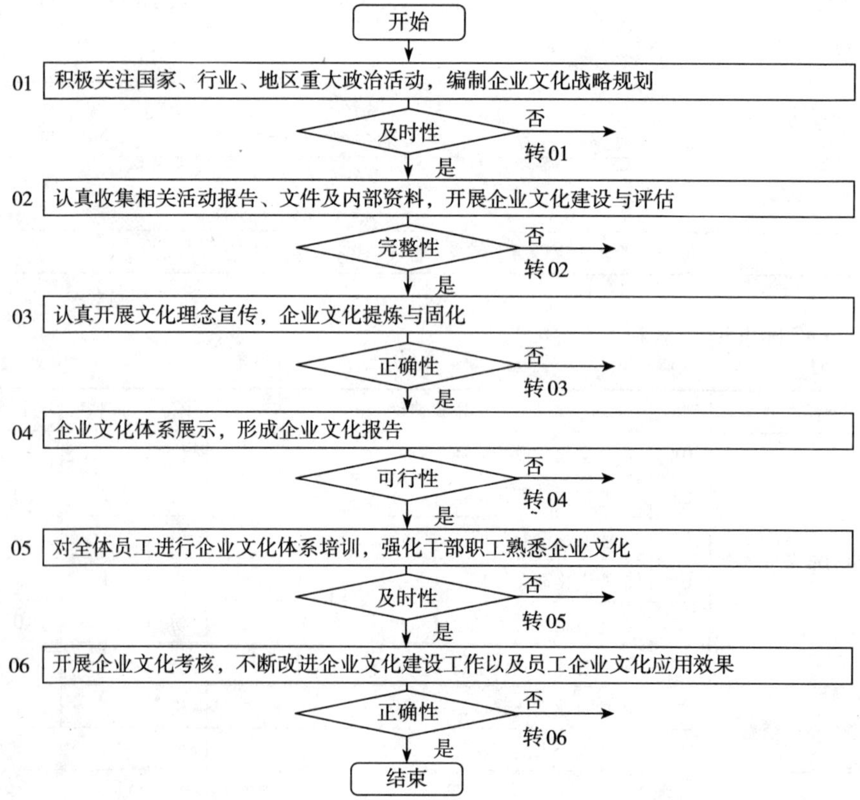

3.1.3 企业文化评估工作标准

标准编码：22010103

标准名称：企业文化评估工作标准

工作标准名称释义

企业文化评估工作标准是指企业通过建立企业文化评估制度，明确评估内容、程序和方法，开展企业文化评估，促进企业文化建设的工作规范。

工作标准基本表格

工作核心目标	企业文化评估报告	
工作开始时间	规定时间	
工作结束时间	规定时间	
相关工作地点	活动现场 会议室	办公室
相关工作单位	有关部门	党支部
相关工作人员	文秘人员 信息人员	财务人员 档案管理员
备　　注	保障企业文化建设所需经费，宣扬企业财经文化是财务总监的工作重点	

工作标准所需资料

资料类型	编码	资料名称	单位	原件数	复印数
事前准备资料	01	企业文化建设方案	份	1	1
	02	企业文化建设活动方案	份	0	0
	03	企业文化建设年度计划	份	0	0
	04	企业文化建设活动影像资料	份	1	1
	05	企业员工先进事迹报告资料	份	1	1
事中产生资料	06	企业文化建设评估方案及实施计划	份	1	1
事后结果资料	07	企业文化建设评估报告	份	1	1
技术要求资料	08	企业内部控制应用指引第 5 号——企业文化	册	1	0
	09	工会条例	册	1	0

相关工作标准

标准编码	标准名称
04	文字综合工作标准
0702	经费预算编制工作标准
0805	干部职工日常管理工作标准
09	内刊编辑工作标准

工作标准流程图

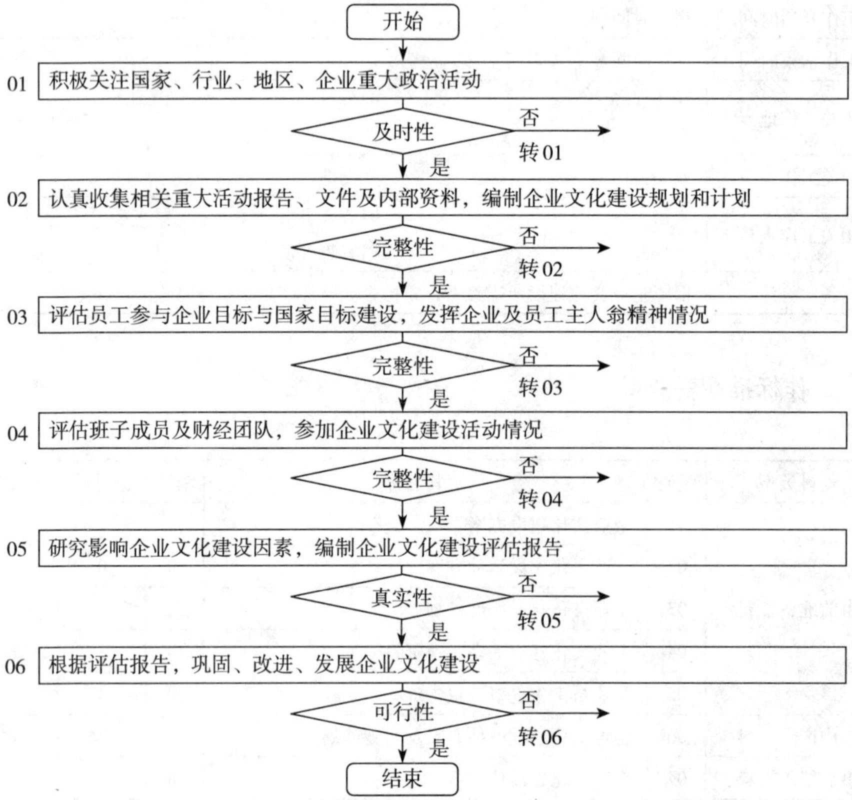

3.1.4　高级管理人员职业操守培养工作标准

标准编码：22010104

标准名称：高级管理人员职业操守培养工作标准

工作标准名称释义

高级管理人员职业操守培养工作标准是企业人力资源管理、实现企业战略、承担社会责任及建立企业文化的综合要求，是企业高级管理人员职业操守培养、考核、评价的工作规范。

工作标准基本表格

工作核心目标	高级管理人员职业操守评价报告	
工作开始时间	入职时	
工作结束时间	终止后	
相关工作地点	办公室 干部档案室	会议室
相关工作单位	董事会 股东会 企业工会	监事会 总经理办公会 企业党委
相关工作人员	财务人员 目标考评小组成员	纪委书记
备　　注	高级管理者职业操守水平是企业团队管理水平、企业发展前景的重要评价指标	

工作标准所需资料

资料类型	编码	资料名称	单位	原件数	复印数
事前准备资料	01	企业发展规划	份	1	1
	02	企业文化建设方案	份	1	0
	03	企业人力资源管理制度	份	1	0
	04	干部廉政建设制度	份	1	1
事中产生资料	05	日常工作考评记录	份	1	1
	06	重大事件处理工作记录	份	1	0

续表

资料类型	编码	资料名称	单位	原件数	复印数
事后结果资料	07	高级管理人员职业操守评价报告	份	1	1
技术要求资料	08	企业内部控制规范	册	1	0
	09	干部绩效考评制度	册	1	0

相关工作标准

标准编码	标准名称
22010101	国家目标学习工作标准
22010102	企业文化构建工作标准

工作标准流程图

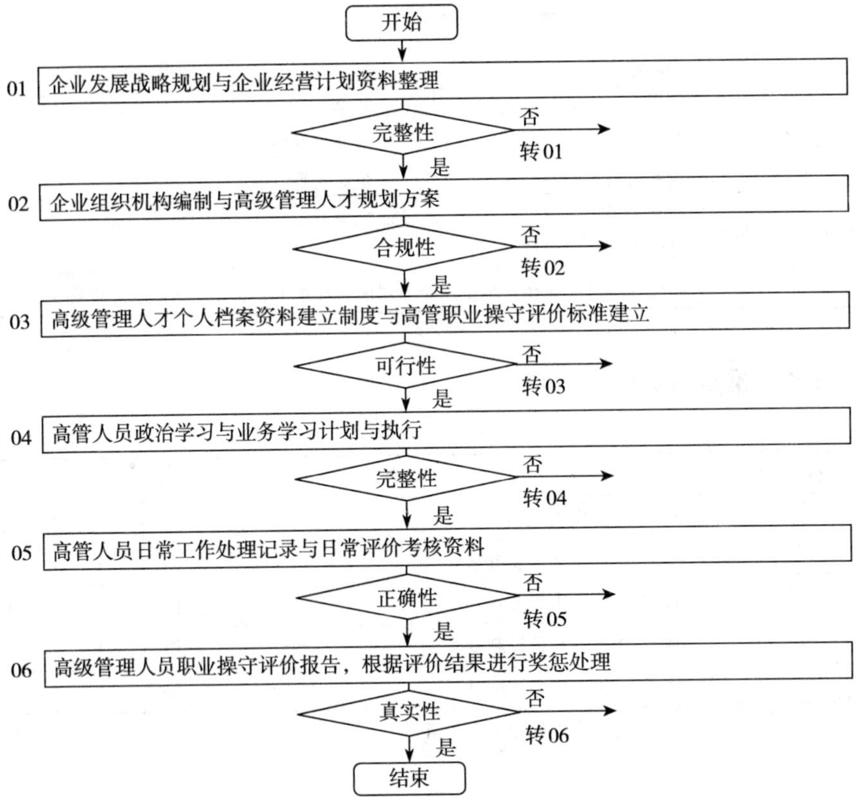

3.1.5　高级管理人员现代管理理念培育工作标准

标准编码：22010105

标准名称：高级管理人员现代管理理念培育工作标准

工作标准名称释义

高级管理人员现代管理理念培育工作标准是企业人力资源管理、实现企业战略、承担社会责任及建立企业文化的综合要求，是企业高级管理人员综合管理水平培养、考核、评价的工作规范。

工作标准基本表格

工作核心目标	高级管理人员综合管理水平评价报告	
工作开始时间	入职时	
工作结束时间	终止后	
相关工作地点	办公室 干部档案室	会议室 培训场所
相关工作单位	行政人事部 总经理办公会 财务部	董事会 企业党委
相关工作人员	目标考评小组成员 财务总监	上级组织干部 董事长
备　　注	高级管理人员现代管理理念是企业团队管理水平、企业发展前景的重要评价指标	

工作标准所需资料

资料类型	编码	资料名称	单位	原件数	复印数
事前准备资料	01	企业发展规划	份	1	1
	02	企业经营计划	份	1	0
	03	企业干部考评制度	份	1	0
	04	高级管理人员日常考评资料	份	1	0
	05	高级管理人员学习培训计划	份	1	0
事中产生资料	06	企业高级管理人员培训学习记录	份	1	0
	07	企业重大事件高级管理人员工作处理记录	份	1	0

续表

资料类型	编码	资料名称	单位	原件数	复印数
事后结果资料	08	企业高级管理人员现代经营管理水平评价报告	份	1	0
技术要求资料	09	企业人事管理制度	册	1	0

相关工作标准

标准编码	标准名称
22010101	国家目标学习工作标准
22010104	高级管理人员职业操守培养工作标准

工作标准流程图

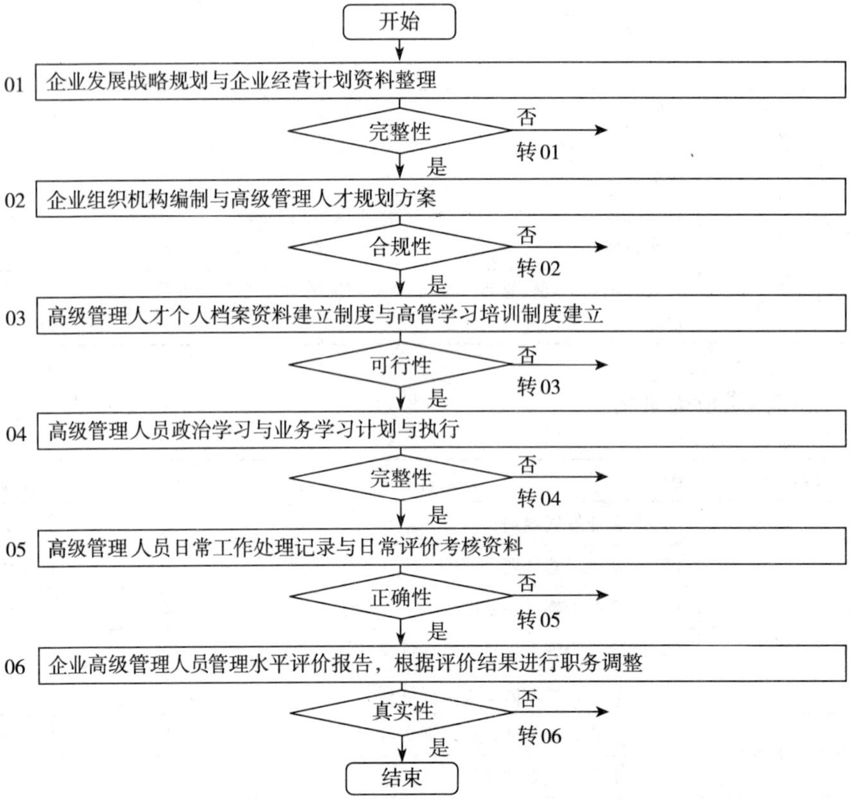

3.1.6 企业经营哲学培育工作标准

标准编码：22010106

标准名称：企业经营哲学培育工作标准

工作标准名称释义

企业经营哲学培育工作标准是指企业董事会在实现企业战略、承担社会责任及建立企业文化过程中，对企业管理团队及企业员工人生价值观管理、培养、考核、评价的工作规范。

工作标准基本表格

工作核心目标	企业经营哲学评价报告	
工作开始时间	企业成立后	
工作结束时间	注销后	
相关工作地点	办公室	会议室
相关工作单位	行政人事部 总经理办公会	董事会 企业党委
相关工作人员	财务总监 信访接待人员	目标考评小组成员
备　　注	企业经营哲学是高级管理人员职业操守、管理水平、企业文化建设情况通过企业经营过程中各种事件处理所表现出来的理念和行为	

工作标准所需资料

资料类型	编码	资料名称	单位	原件数	复印数
事前准备资料	01	企业文化建设成果资料	份	1	1
	02	企业员工学习计划	份	1	0
	03	企业经营成果资料	份	0	0
	04	企业社会舆论评价报道资料	份	1	0
事中产生资料	05	企业经营事件处理报告	份	1	0
事后结果资料	06	企业经营哲学评价报告	份	1	1
技术要求资料	07	企业内部控制制度	册	1	1
	08	企业文化建设规划	册	1	0

相关工作标准

标准编码	标准名称
22010101	国家目标学习工作标准
22010104	高级管理人员职业操守培养工作标准
22010105	高管人员现代管理理念培育工作标准

工作标准流程图

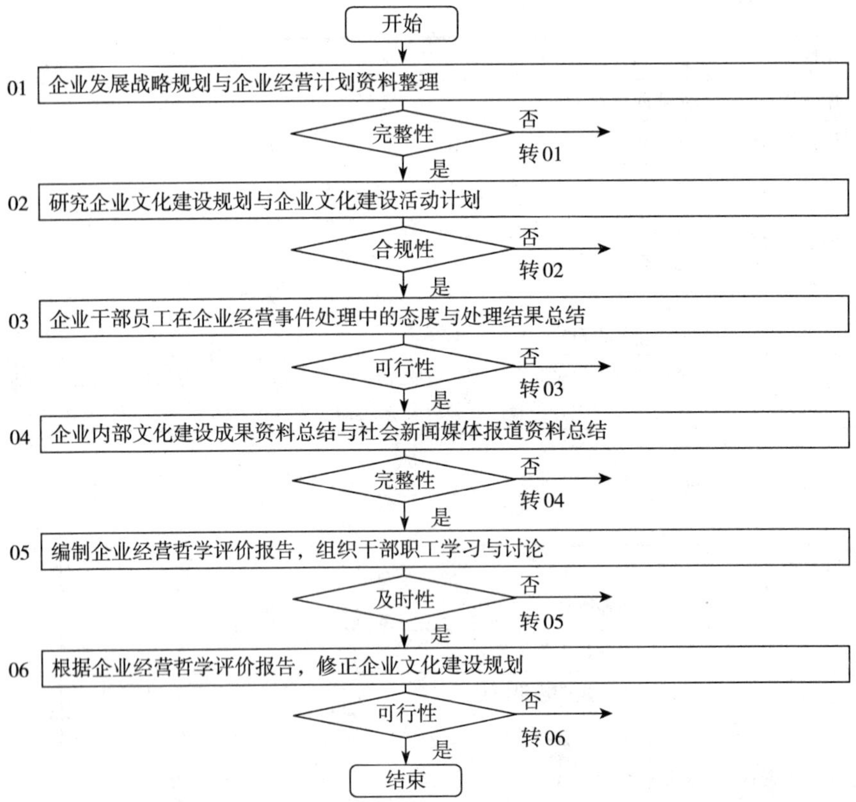

3.2 社会责任工作

3.2.1 国家税费计缴工作标准

标准编码：22010201

标准名称：国家税费计缴工作标准

工作标准名称释义

国家税费计缴工作标准是企业严格执行国家财税政策，履行纳税义务，实现企业和社会协调发展，践行企业社会责任的最基本的工作规范。

工作标准基本表格

工作核心目标	依法纳税	
工作开始时间	办理税务登记时	
工作结束时间	税务登记证注销后	
相关工作地点	有关单位办公地	单位有关部门办公地
相关工作单位	财务科 地税局	国税局 税务稽查局
相关工作人员	财务总监 税费核算与管理岗位	会计机构负责人
备　　注	依法计税纳税，既关系企业利益，又关系国家利益，因此企业依法纳税，是社会责任最重要的表现部分	

工作标准所需资料

资料类型	编码	资料名称	单位	原件数	复印数
事前准备资料	01	应缴税金计算表	份	1	1
	02	应缴税收费用计算表	份	1	1
	03	税收优惠减免表	份	1	1
事中产生资料	04	纳税申报表	份	18	1
事后结果资料	05	税金缴款书	份	1	0
技术要求资料	06	税收征管法	册	1	0
	07	相关财税政策文件	册	1	1

相关工作标准

标准编码	标准名称
120101	纳税计划方案制定工作标准
22020203	行业税收优惠政策应用工作标准

工作标准流程图

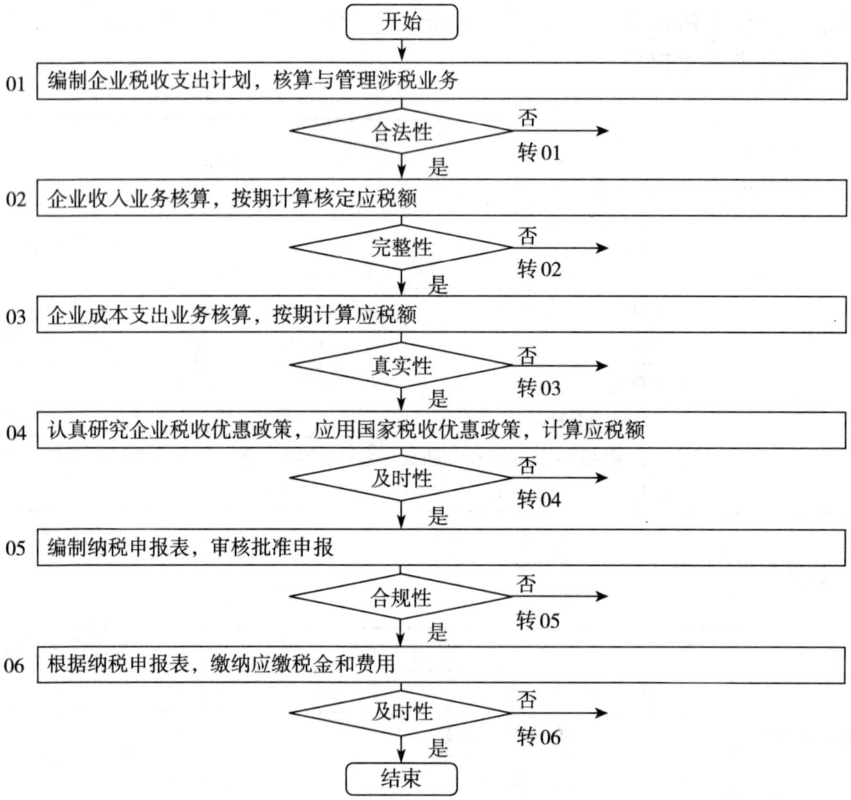

3.2.2 社会责任履行工作标准

标准编码：22010202

标准名称：社会责任履行工作标准

工作标准名称释义

社会责任履行工作标准是企业在经营管理过程中，负责或支持企业履行社会职责和义务的工作规范。

工作标准基本表格

工作核心目标	提高企业长期经济效益	
工作开始时间	注册成立后	
工作结束时间	注销后	
相关工作地点	有关单位办公地	指定工作地点
相关工作单位	有关部门 监事会	董事会 总经理办公会
相关工作人员	督查人员 目标考评小组成员	财务人员 信访接待人员
备　　注	企业根据突发事件或企业规划，落实企业应当承担的社会责任。在企业存续经营期间自觉履行	

工作标准所需资料

资料类型	编码	资料名称	单位	原件数	复印数
事前准备资料	01	企业经营规划和经营计划	份	1	1
	02	企业文化建设规划	份	1	0
事中产生资料	03	企业重大社会责任项目调查报告	份	1	1
	04	企业重大社会责任项目责任书	份	1	1
事后结果资料	05	企业重大社会责任项目处理预案	份	1	1
技术要求资料	06	国家安全生产、产品质量等法律文件	册	1	0

相关工作标准

标准编码	标准名称
22010203	安全生产工作标准
22010207	重大自然灾害捐赠救济工作标准

工作标准流程图

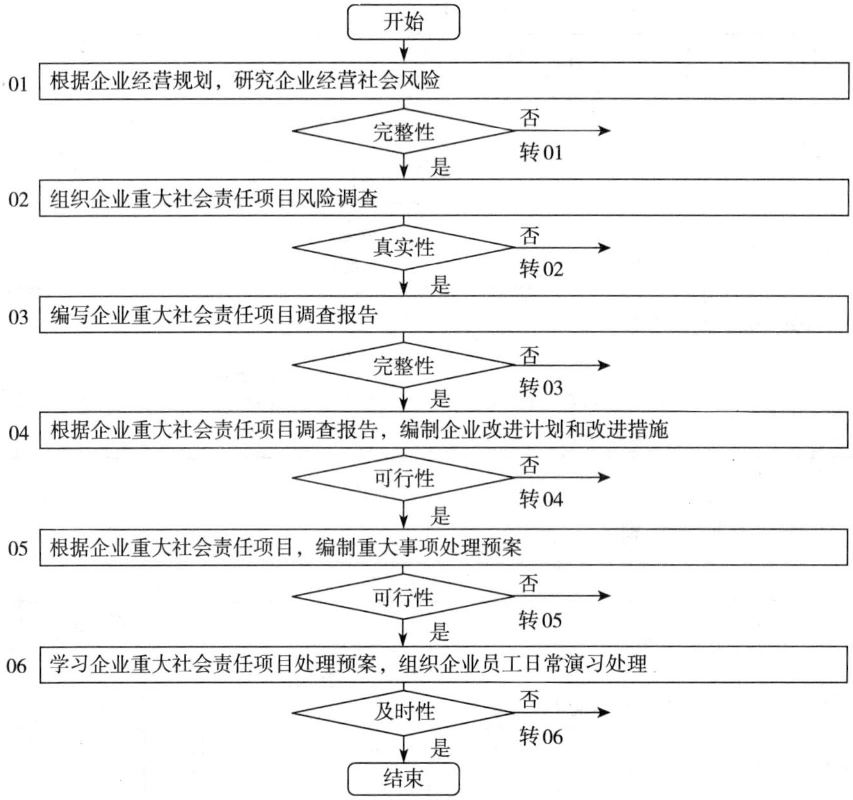

3.2.3 安全生产工作标准

标准编码：22010203

标准名称：安全生产工作标准

工作标准名称释义

安全生产工作标准是企业在生产经营活动中，为避免造成人员伤害和财产损失事故而采取相应事故预防和控制措施，以保证生产经营活动顺利进行的工作规范。

工作标准基本表格

工作核心目标	保障企业安全生产	
工作开始时间	投产时	
工作结束时间	完成生产后	
相关工作地点	有关单位办公地 生产车间	指定工作地点
相关工作单位	总经理办公会 质检科	技术科 生产车间
相关工作人员	总经理 产品总监 财务总监	技术总监 总工程师
备　　注	安全促进生产，生产必须安全	

工作标准所需资料

资料类型	编码	资料名称	单位	原件数	复印数
事前准备资料	01	企业生产规划和生产计划	份	1	1
	02	企业安全生产管理体系	份	1	0
	03	企业安全生产操作规范	份	1	0
	04	企业安全生产资金预算	份	1	0
事中产生资料	05	企业安全生产调查报告	份	1	0
事后结果资料	06	企业安全生产风险处理预案	份	1	0
技术要求资料	07	国家安全生产法律法规	册	1	0

相关工作标准

标准编码	标准名称
22010202	单位社会责任履行工作标准
22010207	重大自然灾害捐赠救济工作标准

工作标准流程图

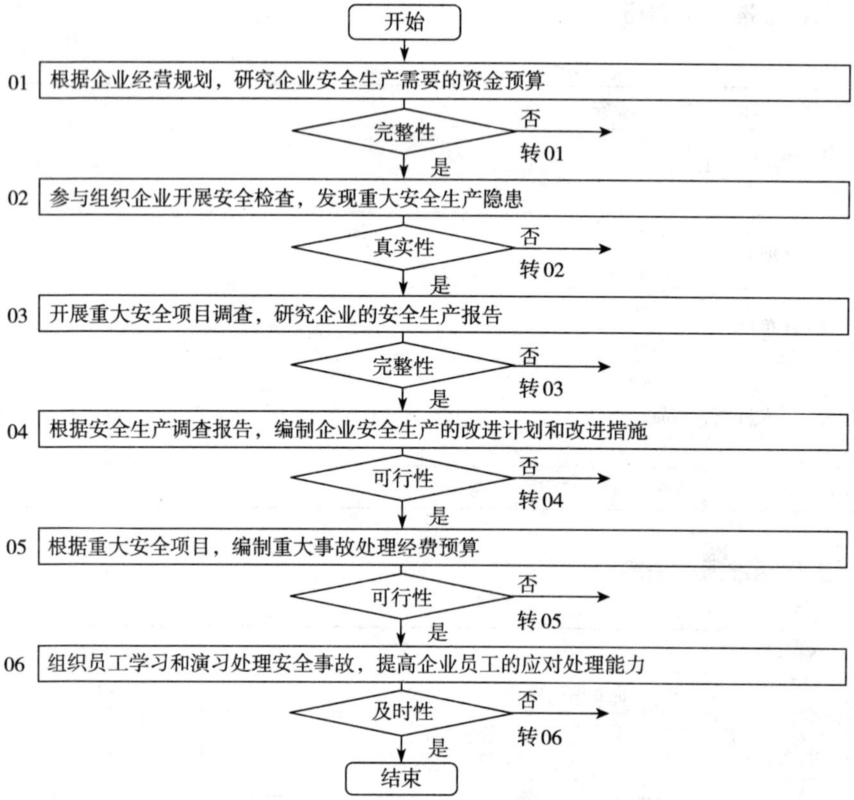

3.2.4 社会环境保护工作标准

标准编码：22010204

标准名称：社会环境保护工作标准

工作标准名称释义

社会环境保护工作标准是企业财务总监在履行职责过程中，支持企业加强对社会环境的保护工作，加大对环保工作物力和财力支持，实现清洁生产的工作规范。

工作标准基本表格

工作核心目标	实现企业清洁生产	
工作开始时间	企业投产	
工作结束时间	企业终止生产	
相关工作地点	有关单位办公地	指定工作地点
相关工作单位	董事会 总经理办公会	监事会 财务部
相关工作人员	督查人员 目标考评小组成员	财务总监
备　　注	企业加强环境保护工作，需要提高企业环境保护设施投入和技术投入	

工作标准所需资料

资料类型	编码	资料名称	单位	原件数	复印数
事前准备资料	01	企业经营规划和生产计划	份	1	1
	02	企业产品生产污染情况技术报告	份	1	0
	03	企业产品生产污染情况调查报告	份	1	0
事中产生资料	04	企业产品生产降低污染工作方案	份	1	0
	05	处置资金预算及补偿预算	份	1	1
事后结果资料	06	企业生产环保认证	份	1	0
	07	突发重大污染环境事件处理预案	份	1	0
技术要求资料	08	国家环境保护法	册	1	0

相关工作标准

标准编码	标准名称
22010202	单位社会责任履行工作标准
22010207	重大自然灾害捐赠救济工作标准

工作标准流程图

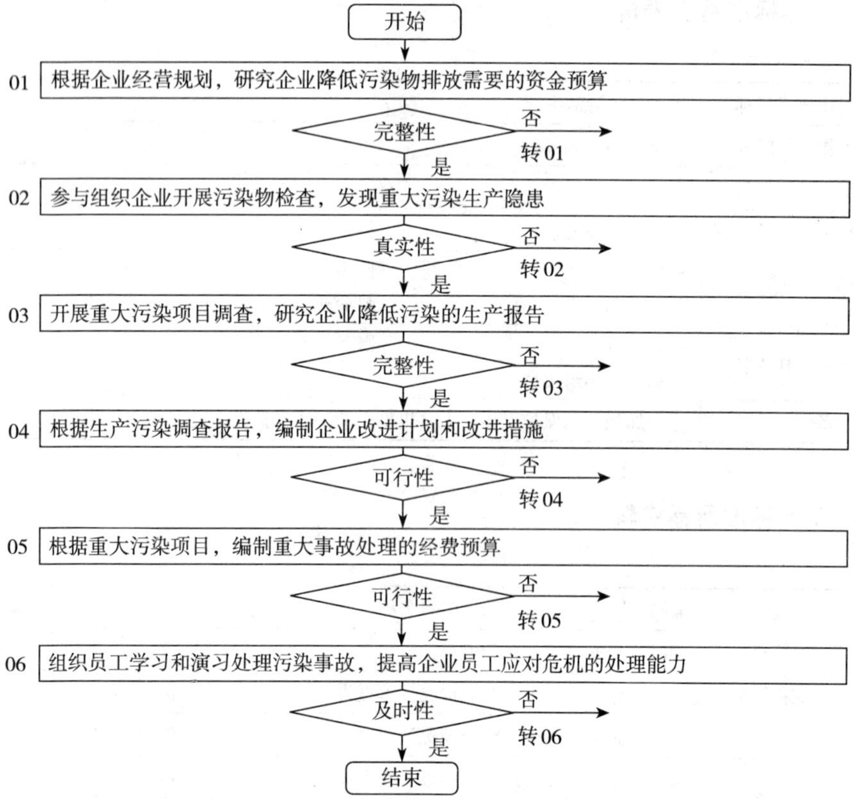

3.2.5 资源节约工作标准

标准编码：22010205

标准名称：资源节约工作标准

工作标准名称释义

资源节约工作标准是指企业财务总监在履行职责过程中，支持企业加强资源管理，提高资源利用率，实现资源节约目标的工作规范。

工作标准基本表格

工作核心目标	提高企业资源综合利用效率	
工作开始时间	企业投产	
工作结束时间	企业终止生产	
相关工作地点	有关单位办公地	指定工作地点
相关工作单位	有关部门 监事会	董事会 总经理办公会
相关工作人员	督查人员 目标考评小组成员	财务总监 信访接待人员
备　　注	企业加强资源综合利用工作，需要提高企业发展循环经济设施投入和技术投入	

工作标准所需资料

资料类型	编码	资料名称	单位	原件数	复印数
事前准备资料	01	企业经营规划和生产计划	份	1	1
	02	企业生产提高资源利用效率情况技术报告	份	1	1
	03	企业降低产品资源浪费情况研究报告	份	1	1
事中产生资料	04	企业建立资源节约制度	份	1	0
事后结果资料	05	企业生产成本降低标准	份	1	1
技术要求资料	06	国家资源节约的规定	册	1	0

相关工作标准

标准编码	标准名称
22010202	单位社会责任履行工作标准
22010207	重大自然灾害捐赠救济工作标准

工作标准流程图

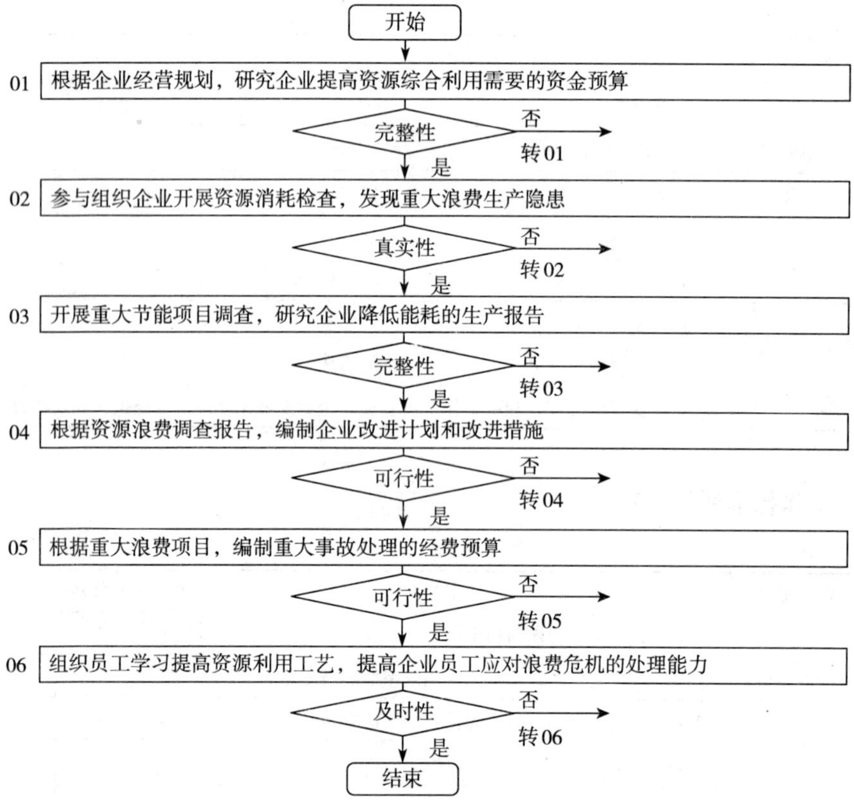

3.2.6 员工权益保护工作标准

标准编码：22010206

标准名称：员工权益保护工作标准

工作标准名称释义

员工权益保护工作标准是企业在履行职责过程中，依法保护员工的合法权益，贯彻人力资源政策，建立科学绩效考评机制的工作规范。

工作标准基本表格

工作核心目标	提高员工对企业忠诚度	
工作开始时间	建立企业团队后	
工作结束时间	企业团队解散后	
相关工作地点	有关单位办公地	信访接待室
相关工作单位	有关部门 监事会 企业工会	董事会 总经理办公会
相关工作人员	机关工会主席	信访接待人员
备　　注	员工权益保护，原则上是在企业存续经营期间和解散期间履行	

工作标准所需资料

资料类型	编码	资料名称	单位	原件数	复印数
事前准备资料	01	企业员工聘用合同书	份	1	1
	02	企业绩效考评办法	份	1	0
	03	企业薪酬管理制度	份	1	0
	04	企业社会保险管理办法	份	1	0
	05	企业员工健康管理制度	份	1	0
	06	企业工会活动管理制度	份	1	0
	07	企业员工培训制度	份	0	0
	08	企业困难职工救济办法	份	1	0
事中产生资料	09	企业员工权益投诉书	份	1	0
	10	企业员工权益保护活动方案	份	1	1
事后结果资料	11	企业员工忠诚度评价报告	份	1	1

续表

资料类型	编码	资料名称	单位	原件数	复印数
技术要求资料	12	劳动合同法	册	1	0
	13	社会保险法	册	1	0
	14	劳动法	册	1	0

相关工作标准

标准编码	标准名称
22010104	高级管理人员职业操守培养工作标准
22010207	重大自然灾害捐赠救济工作标准

工作标准流程图

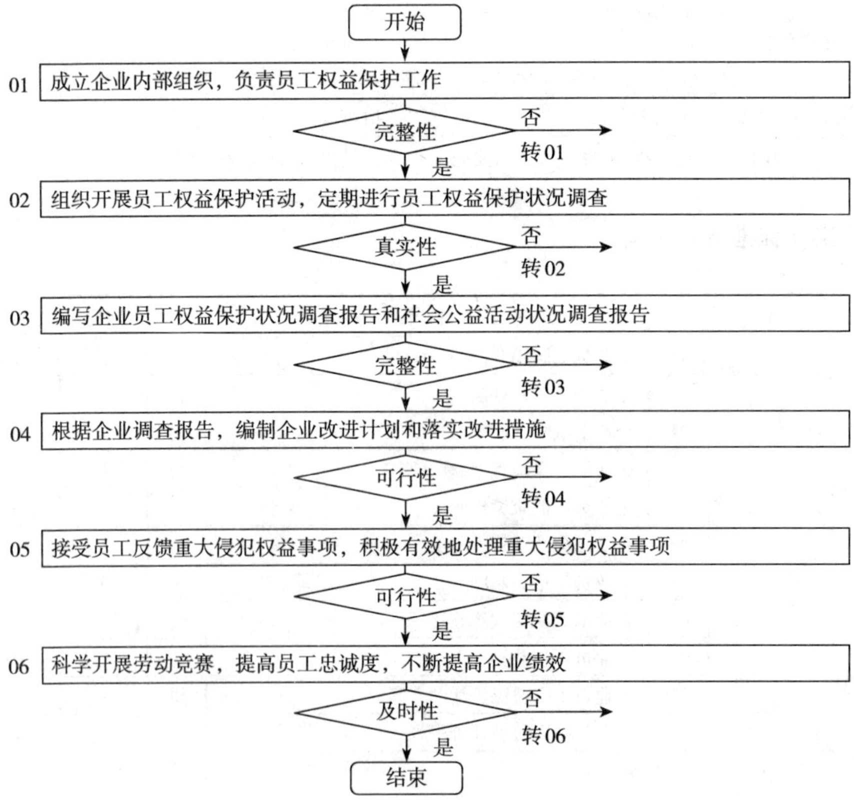

3.2.7 重大自然灾害捐赠救济工作标准

标准编码：22010207

标准名称：重大自然灾害捐赠救济工作标准

工作标准名称释义

重大自然灾害捐赠救济工作标准是企业在经营管理过程中，对社会突发重大自然灾害或针对社会某一困难问题，无偿提供资金、物资或人力资源帮助的工作规范。

工作标准基本表格

工作核心目标	企业社会责任评估报告	
工作开始时间	注册成立后	
工作结束时间	注销后	
相关工作地点	有关部门办公室	指定工作地点
相关工作单位	董事会	总经理办公会
相关工作人员	董事长 工会主席	总经理
备　注	企业捐赠，包括企业捐赠及组织企业员工捐赠	

工作标准所需资料

资料类型	编码	资料名称	单位	原件数	复印数
事前准备资料	01	社会重大自然灾害新闻报道资料	份	1	1
	02	企业社会捐赠慈善计划	份	1	0
	03	企业经营规划及经营计划	份	1	1
事中产生资料	04	重大自然灾害捐赠活动方案	份	1	1
	05	企业职工捐赠活动方案	份	1	1
事后结果资料	06	企业慈善捐赠活动总结报告	份	1	0
技术要求资料	07	公司法	册	1	0
	08	企业内部控制应用指引第4号——社会责任	册	1	0

相关工作标准

标准编码	标准名称
22010102	企业文化构建工作标准
22010202	单位社会责任履行工作标准

工作标准流程图

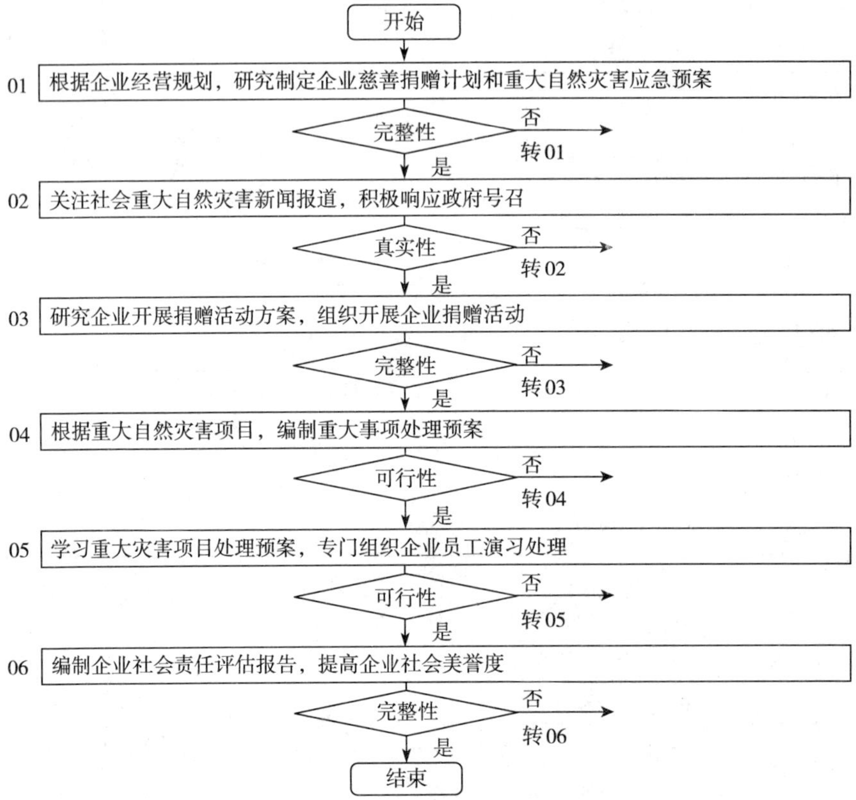

3.2.8 产品质量保证工作标准

标准编码：22010208

标准名称：产品质量保证工作标准

工作标准名称释义

产品质量保证工作标准是指企业以保证和提高产品质量为目标，以强化内部责任和管理，加强产品过程控制为手段，建立从生产计划、质量、安全、物资采购到产品检验、产品质量控制的质量保证系统，把质量管理的各阶段、各环节质量监管措施严密组织起来，形成既有明确任务、职责、权限，又能相互协调促进的质量保证体系的工作规范。

工作标准基本表格

工作核心目标	达到国家及行业现行验收质量标准	
工作开始时间	注册成立后	
工作结束时间	验收后	
相关工作地点	有关单位办公地	指定工作地点
相关工作单位	质量控制领导小组 质检科 财务部	技术科 生产车间
相关工作人员	技术总监 总工程师	产品总监 成本核算与管理岗位
备　　注	严格执行岗位责任制，具体环节质量问题应当追究到人并赔偿损失	

工作标准所需资料

资料类型	编码	资料名称	单位	原件数	复印数
事前准备资料	01	产品生产工艺流程资料	份	1	1
	02	产品生产管理标准体系	份	1	0
	03	产品原材料技术标准体系	份	1	0
	04	产品生产工作标准体系	份	1	1
事中产生资料	05	产品生产过程中产生的中间文件资料	份	1	0
事后结果资料	06	符合国家及行业质量要求的产品	份	1	0

续表

资料类型	编码	资料名称	单位	原件数	复印数
技术要求资料	07	单位产品质量手册	册	1	0
	08	ISO9001 质量认证手册	册	1	0

相关工作标准

标准编码	标准名称
22010203	安全生产工作标准

工作标准流程图

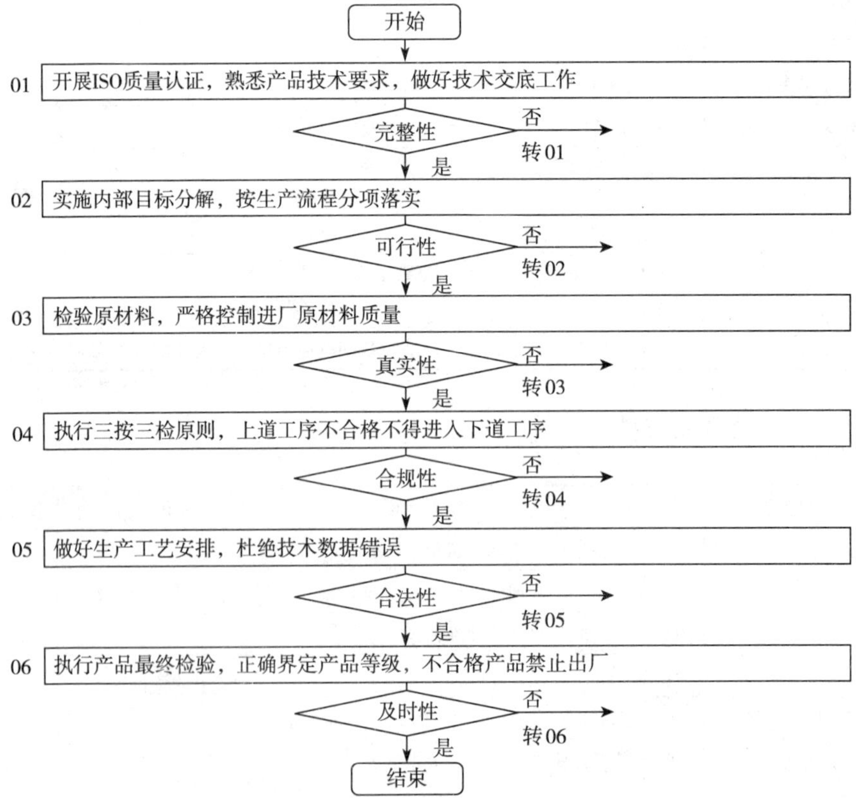

3.3　财经政策工作

3.3.1　世界贸易政策研究工作标准

标准编码：22020101

标准名称：世界贸易政策研究工作标准

工作标准名称释义

世界贸易政策研究工作标准是指企业为了实现短期或长期对外贸易经营目标，研究国际贸易政策、财经政策、财经理论和各种财经工具适用性、可行性、合法性的工作规范。

工作标准基本表格

工作核心目标	企业对外贸易政策研究报告	
工作开始时间	规定时间	
工作结束时间	规定时间	
相关工作地点	调研点现场	办公室
相关工作单位	政策法规处 财税部门	信息中心
相关工作人员	财务总监 研究人员 政策法规处处长	会计机构负责人 信息处处长
备　　注		

工作标准所需资料

资料类型	编码	资料名称	单位	原件数	复印数
事前准备资料	01	企业对外经营战略规划	份	1	1
	02	企业出口产品手册	份	1	0
	03	企业进口产品手册	份	1	0
事中产生资料	04	企业产品进出口问题调查报告	份	1	0
	05	宏观经济发展预测及分析报告	份	1	1
	06	行业发展变化分析报告	份	1	0

续表

资料类型	编码	资料名称	单位	原件数	复印数
事后结果资料	07	企业产品进出口问题解决方案	份	1	0
技术要求资料	08	国家行业外贸政策汇编	册	1	1
	09	贸易国相关政策汇编	册	1	1

相关工作标准

标准编码	标准名称
22020103	行业税收优惠政策研究工作标准

工作标准流程图

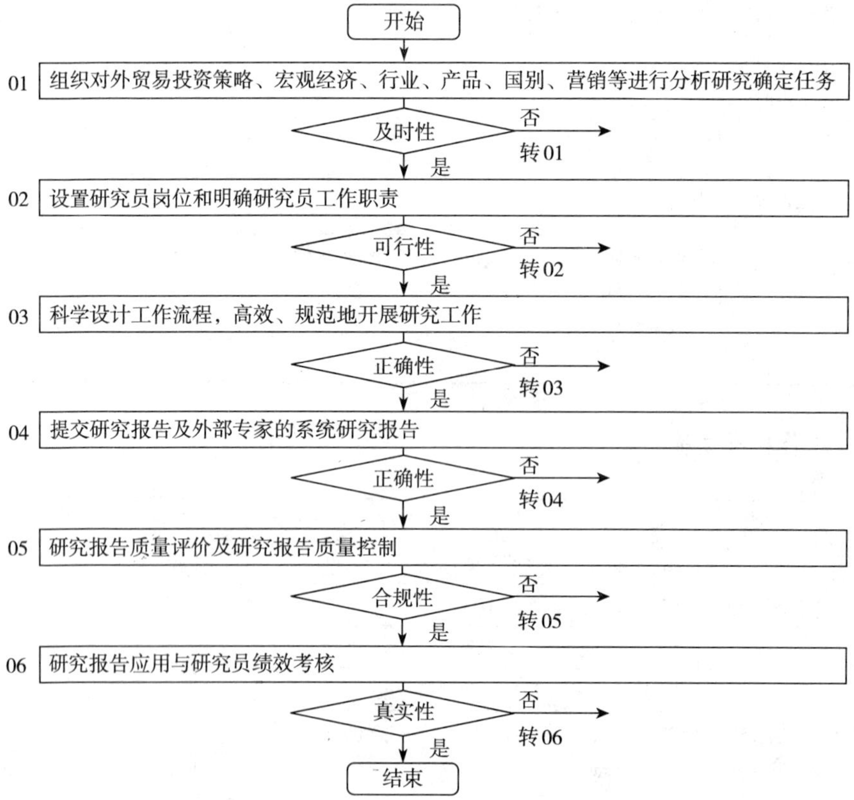

3.3.2 政府补贴政策研究工作标准

标准编码：22020102

标准名称：政府补贴政策研究工作标准

工作标准名称释义

政府补贴政策研究工作标准是企业争取获得政府或任何公共机构提供的财政捐助以及对价格或收入支持的可行性研究的工作规范。

工作标准基本表格

工作核心目标	政府补贴政策研究报告	
工作开始时间	规定时间	
工作结束时间	规定时间	
相关工作地点	调研点现场	办公室
相关工作单位	政策法规处 财税部门	信息中心
相关工作人员	财务总监 研究人员 政策法规处处长	会计机构负责人 信息处处长
备　　注		

工作标准所需资料

资料类型	编码	资料名称	单位	原件数	复印数
事前准备资料	01	国家及行业十二五规划	份	1	1
	02	地方十二五规划及年度工作计划	份	1	0
	03	政府部门或公共机构政府补贴项目目录	份	1	1
	04	企业申请政府补贴项目资料清单	份	1	0
事中产生资料	05	企业专项政府补贴项目申请报告	份	1	1
事后结果资料	06	政府补贴项目申请可行性研究报告	份	1	0
技术要求资料	07	政府或公共机构补贴项目规范文件	册	1	0

相关工作标准

标准编码	标准名称
220202	财经政策研究成果应用工作标准

工作标准流程图

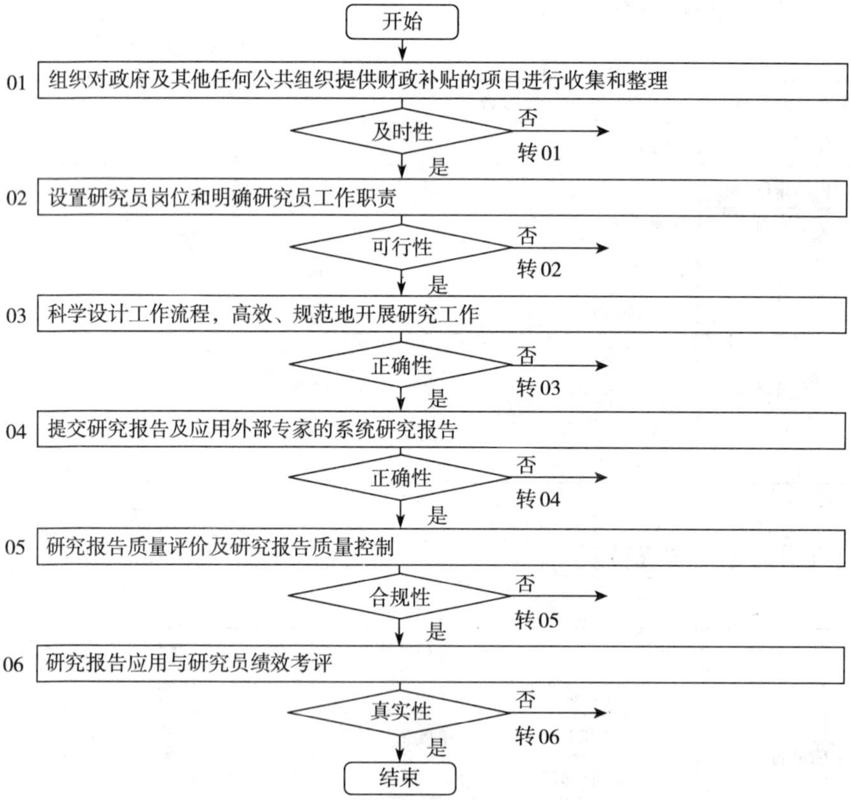

3.3.3 税收优惠政策研究工作标准

标准编码：22020103

标准名称：税收优惠政策研究工作标准

工作标准名称释义

税收优惠政策研究工作标准是指企业根据发展战略和长期发展目标，研究国家或地区税收优惠政策，指导企业调整发展战略以及研究争取短期税收优惠、税收减免等可行性的工作规范。

工作标准基本表格

工作核心目标	税收优惠政策研究报告	
工作开始时间	规定时间	
工作结束时间	规定时间	
相关工作地点	调研点现场	办公室
相关工作单位	政策法规处 财税部门	信息中心
相关工作人员	财务总监 研究人员 政策法规处处长	会计机构负责人 信息处处长
备　　注		

工作标准所需资料

资料类型	编码	资料名称	单位	原件数	复印数
事前准备资料	01	企业行业政策研究报告	份	1	1
	02	企业长远发展目标	份	1	0
	03	企业财会核算资料	份	1	0
	04	企业税务申报资料	份	1	0
事中产生资料	05	国家税收优惠政策目录	份	1	0
事后结果资料	06	企业税收优惠研究报告	份	1	0
技术要求资料	07	国家税收法律法规汇编	册	1	0

相关工作标准

标准编码	标准名称
220202	财经政策研究成果应用工作标准

工作标准流程图

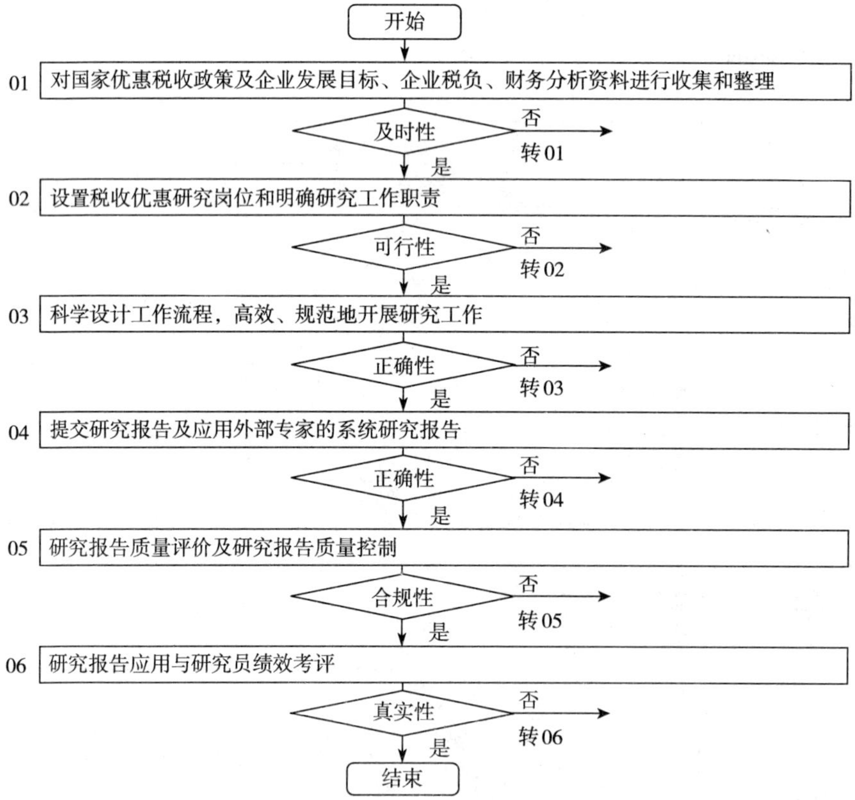

3.3.4 金融政策研究工作标准

标准编码：22020104

标准名称：金融政策研究工作标准

工作标准名称释义

金融政策研究工作标准是指企业通过研究国内外金融政策，针对企业资金需求问题提交可行性政策报告的工作规范。

工作标准基本表格

工作核心目标	金融政策研究报告	
工作开始时间	规定时间	
工作结束时间	规定时间	
相关工作地点	调研点现场	办公室
相关工作单位	政策法规处 财税部门	信息中心
相关工作人员	财务总监 研究人员 政策法规处处长	会计机构负责人 信息处处长
备　　注		

工作标准所需资料

资料类型	编码	资料名称	单位	原件数	复印数
事前准备资料	01	企业长远发展目标	份	1	1
	02	企业资金需求计划	份	1	0
	03	企业融资渠道与融资手段分析报告	份	1	0
	04	国家金融政策文件清单	份	1	0
事中产生资料	05	企业金融政策研究报告草案	份	1	1
事后结果资料	06	企业金融政策研究报告	份	1	0
技术要求资料	07	企业内部控制应用指引	册	1	0

相关工作标准

标准编码	标准名称
220202	财经政策研究成果应用工作标准

工作标准流程图

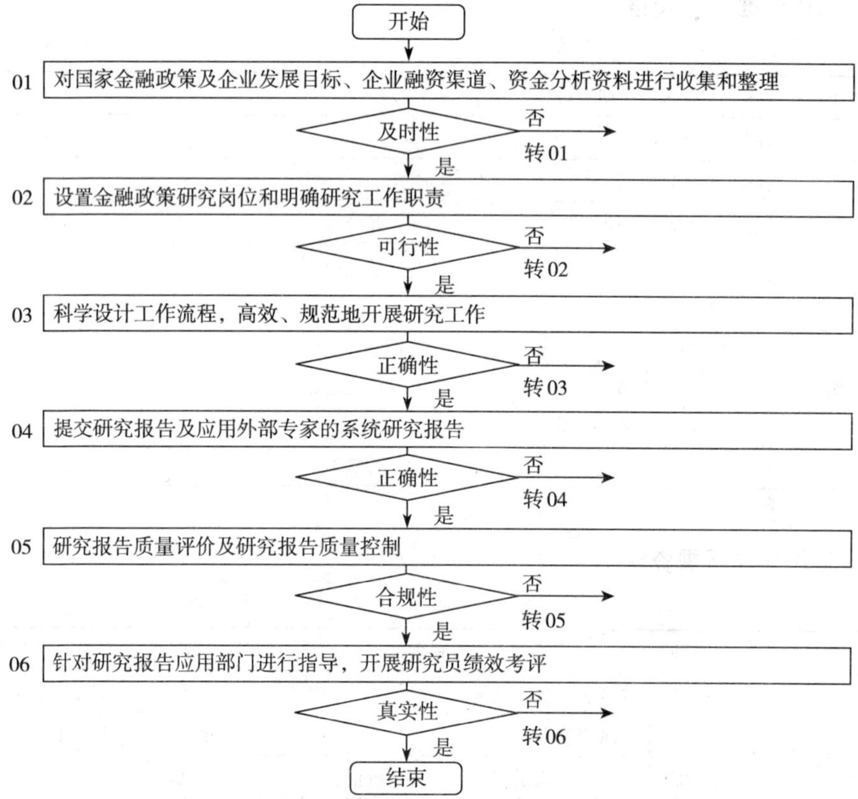

3.3.5 保险政策研究工作标准

标准编码：22020105

标准名称：保险政策研究工作标准

工作标准名称释义

保险政策研究工作标准是指企业通过研究国内外保险政策，针对企业保险项目需求提交保险可行性报告的工作规范。

工作标准基本表格

工作核心目标	保险政策研究报告	
工作开始时间	规定时间	
工作结束时间	规定时间	
相关工作地点	调研点现场	办公室
相关工作单位	政策法规处 财税部门	信息中心
相关工作人员	财务总监 研究人员 政策法规处处长	会计机构负责人 信息处处长
备　　注		

工作标准所需资料

资料类型	编码	资料名称	单位	原件数	复印数
事前准备资料	01	企业长远发展目标	份	1	1
	02	企业年度经营计划	份	1	0
	03	企业资产目录及重要项目	份	1	0
	04	保险公司保险产品目录	份	1	0
事中产生资料	05	企业保险政策研究报告	份	1	0
事后结果资料	06	企业资产保险项目可行性报告	份	1	0
技术要求资料	07	保险法	册	0	0

相关工作标准

标准编码	标准名称
220202	财经政策研究成果应用工作标准

工作标准流程图

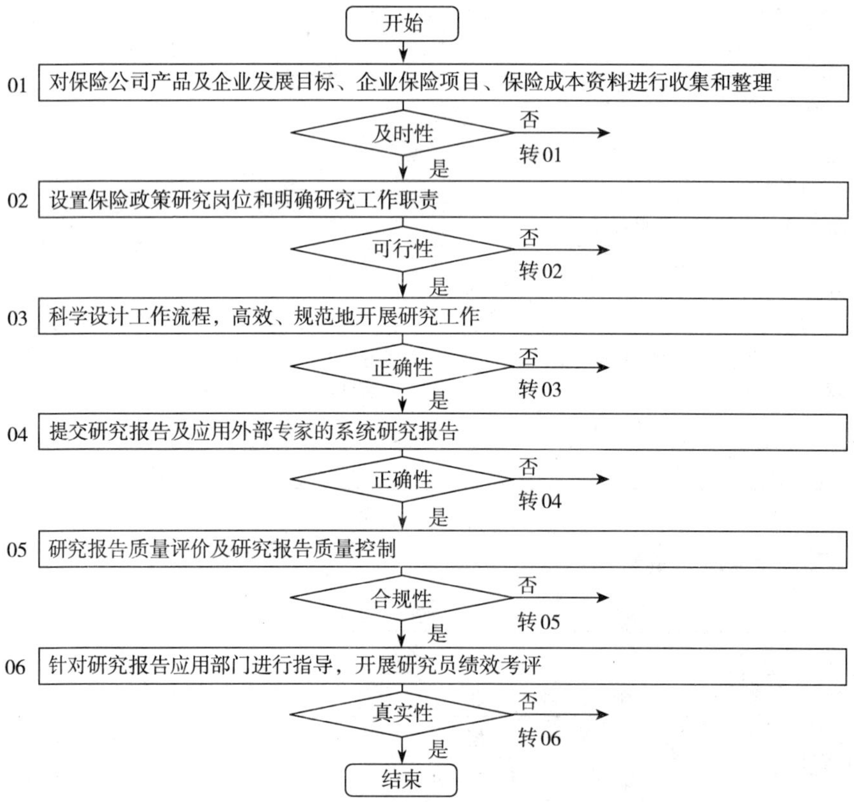

3.3.6　企业收入政策研究工作标准

标准编码：22020109

标准名称：企业收入政策研究工作标准

工作标准名称释义

企业收入政策研究工作标准是指企业根据长远发展目标及年度经营计划，研究确定企业收入项目、收入依据、收入数量、收入环节等相关收入政策的工作规范。

工作标准基本表格

工作核心目标	企业收入政策研究报告	
工作开始时间	规定时间	
工作结束时间	规定时间	
相关工作地点	调研点现场	办公室
相关工作单位	政策法规处 财税部门	信息中心
相关工作人员	财务总监 研究人员 政策法规处处长	会计机构负责人 信息处处长
备　　注		

工作标准所需资料

资料类型	编码	资料名称	单位	原件数	复印数
事前准备资料	01	企业长远发展目标	份	1	1
	02	企业年度经营计划	份	1	0
	03	企业收入项目目录	份	1	0
事中产生资料	04	企业收入项目可行性研究报告	份	1	0
事后结果资料	05	企业收入政策研究报告	份	1	0
技术要求资料	06	企业财务通则	册	1	0
	07	财政违法行为处罚处分条例	册	1	0

相关工作标准

标准编码	标准名称
22020110	单位成本政策研究工作标准
220202	财经政策研究成果应用工作标准

工作标准流程图

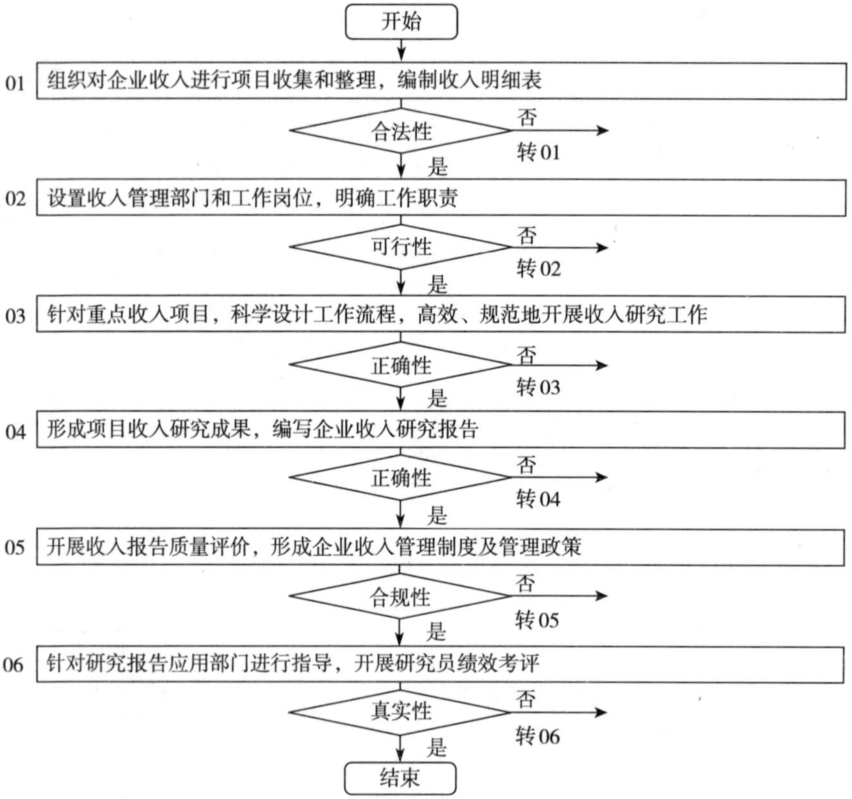

3.3.7 单位成本政策研究工作标准

标准编码：22020110

标准名称：单位成本政策研究工作标准

工作标准名称释义

单位成本政策研究工作标准是指企业根据长远发展目标及年度经营计划，研究确定企业支出项目、支出依据、支出数量、支出环节等相关控制政策的工作规范。

工作标准基本表格

工作核心目标	单位成本政策研究报告	
工作开始时间	规定时间	
工作结束时间	规定时间	
相关工作地点	调研点现场	办公室
相关工作单位	政策法规处 财税部门	信息中心
相关工作人员	财务总监 研究人员 政策法规处处长	会计机构负责人 信息处处长
备　　注		

工作标准所需资料

资料类型	编码	资料名称	单位	原件数	复印数
事前准备资料	01	企业发展长远目标	份	1	1
	02	企业年度经营计划	份	1	0
	03	企业支出项目目录	份	1	0
	04	企业成本项目目录	份	1	0
事中产生资料	05	企业项目成本支出可行性报告	份	1	0
事后结果资料	06	企业成本政策研究报告	份	1	0
技术要求资料	07	企业财务通则	册	1	0
	08	企业成本管理条例	册	1	0

相关工作标准

标准编码	标准名称
22020109	企业收入政策研究工作标准
220202	财经政策研究成果应用工作标准

工作标准流程图

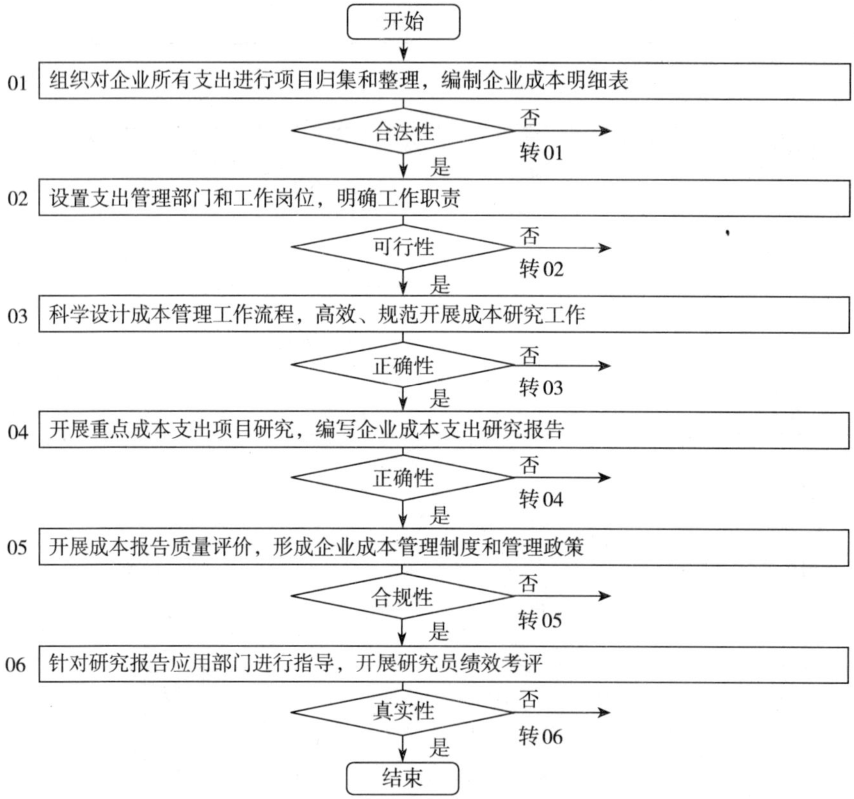

3.3.8 财经政策研究成果应用工作标准

标准编码：220202

标准名称：财经政策研究成果应用工作标准

工作标准名称释义

财经政策研究成果应用工作标准是指企事业单位为了实现特定财经目标，研究选择使用国外或政府颁布的财经政策的工作规范。

工作标准基本表格

工作核心目标	结合企业具体项目落实财经政策研究成果取得具体效果	
工作开始时间	规定时间	
工作结束时间	规定时间	
相关工作地点	调研点现场	办公室
相关工作单位	政策法规处 财税部门	信息中心
相关工作人员	财务总监 研究人员 政策法规处处长	会计机构负责人 信息处处长
备　　注		

工作标准所需资料

资料类型	编码	资料名称	单位	原件数	复印数
事前准备资料	01	财经政策研究专业报告	份	1	1
	02	财经政策研究报告实施方案	份	1	0
事中产生资料	03	财经政策研究专业报告实施计划	份	1	0
	04	财经政策研究报告项目执行合同	份	1	1
事后结果资料	05	财经政策研究报告实施效果报告	份	1	0
技术要求资料	06	企业内部控制评价指引	册	1	0

相关工作标准

标准编码	标准名称
22020101	世界贸易政策研究工作标准
22020102	政府补贴政策研究工作标准
22020103	税收优惠政策研究工作标准
22020104	金融政策研究工作标准
22020105	保险政策研究工作标准
22020109	企业收入政策研究工作标准
22020110	企业成本政策研究工作标准

工作标准流程图

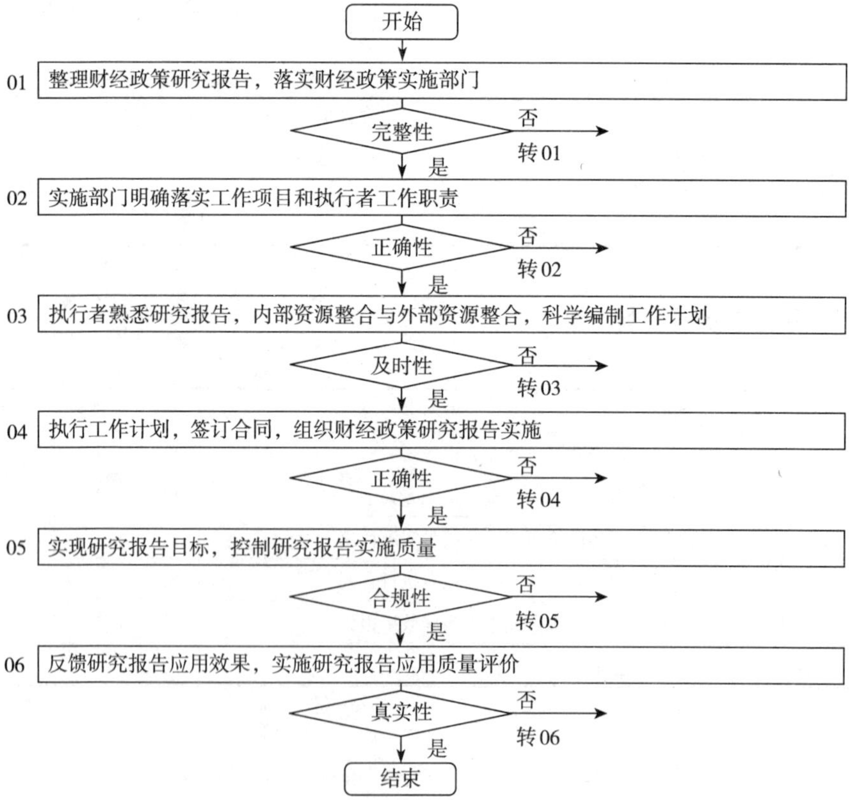

3.3.9 企业发展战略制定工作标准

标准编码：220203

标准名称：企业发展战略制定工作标准

工作标准名称释义

企业发展战略制定工作标准是指企业围绕经营主业，在对现实状况和未来形势进行综合分析和科学预测的基础上，制定并实施具有长期性和根本性的发展目标与战略规划的工作规范。

工作标准基本表格

工作核心目标	形成企业长远发展目标	
工作开始时间	企业设立前	
工作结束时间	企业终止后	
相关工作地点	办公室	会议室
相关工作单位	董事会 监事会	企业战略委员会 股东会
相关工作人员	董事长 独立董事	董事 财务总监
备　　注		

工作标准所需资料

资料类型	编码	资料名称	单位	原件数	复印数
事前准备资料	01	企业财经政策研究报告	份	1	1
	02	市场调查报告	份	1	0
	03	企业技术发展分析报告	份	1	0
	04	行业发展白皮书	份	1	0
	05	企业竞争对手调查报告	份	1	0
	06	企业资源分析报告	份	1	0
事中产生资料	07	企业发展战略方案草案	份	1	1
事后结果资料	08	企业发展战略方案	份	1	1
技术要求资料	09	企业内部控制应用指引	册	1	0

相关工作标准

标准编码	标准名称
22020109	企业收入政策研究工作标准
22020110	单位成本政策研究工作标准
220202	财经政策研究成果应用工作标准
220204	企业长远发展目标实施工作标准

工作标准流程图

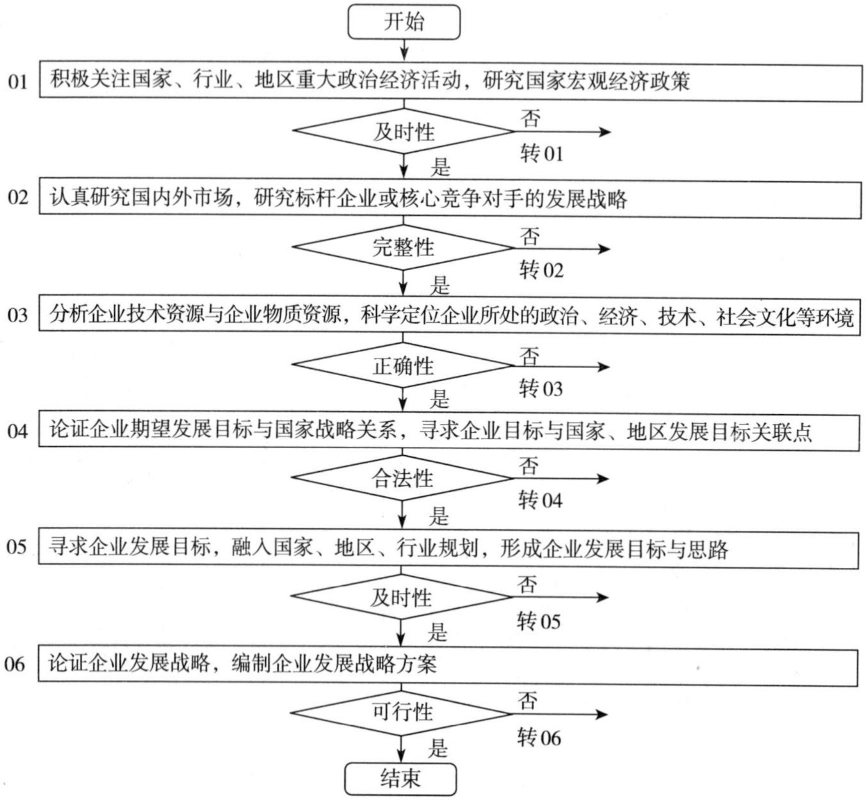

3.3.10 企业发展战略实施工作标准

标准编码：220204

标准名称：企业发展战略实施工作标准

工作标准名称释义

企业发展战略实施工作标准是指企业根据发展战略制定工作标准制定的企业发展战略，制定阶段经营目标，形成年度工作计划或项目计划等行动方案，配置必要资源，有效实现企业发展战略的工作规范。

工作标准基本表格

工作核心目标	企业长远发展目标分解实施计划	
工作开始时间	规定时间	
工作结束时间	规定时间	
相关工作地点	办公室	会议室
相关工作单位	董事会 监事会	企业战略委员会 股东会
相关工作人员	董事长 独立董事	董事
备　　注		

工作标准所需资料

资料类型	编码	资料名称	单位	原件数	复印数
事前准备资料	01	企业发展战略方案	份	1	1
	02	企业战略宣传培训计划	份	1	1
	03	企业发展战略实施方案	份	1	0
事中产生资料	04	企业发展战略阶段实施分解计划书	份	1	0
事后结果资料	05	企业发展战略实施年度报告	份	1	0
技术要求资料	06	企业内部控制应用指引	册	1	0

相关工作标准

标准编码	标准名称
22020109	企业收入政策研究工作标准
22020110	单位成本政策研究工作标准
220202	财经政策研究成果应用工作标准
220203	企业长远发展目标制定工作标准

工作标准流程图

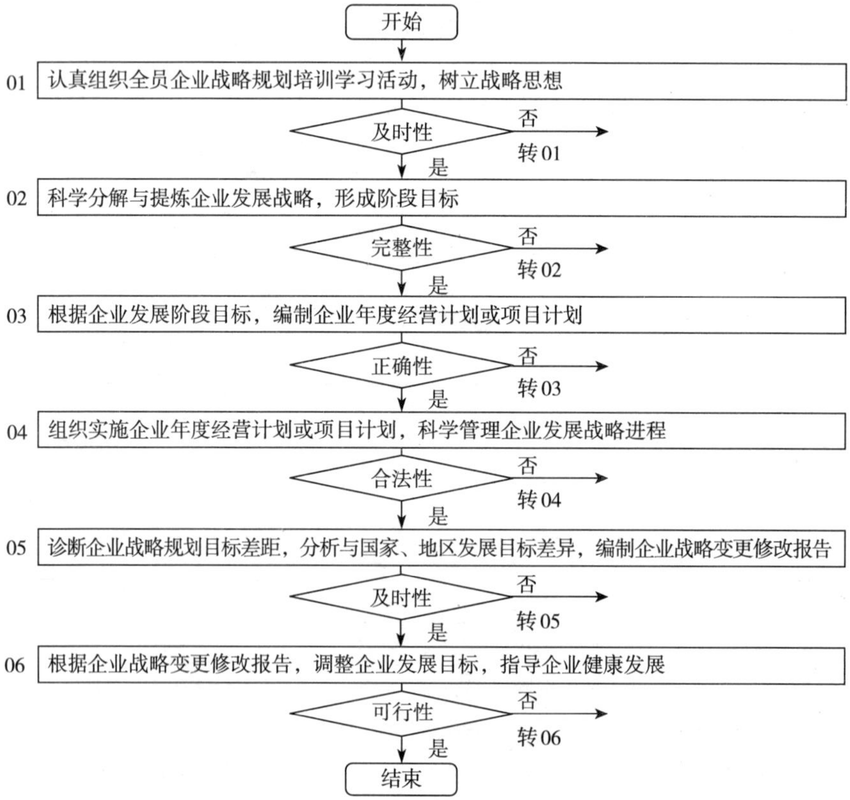

3.3.11 财务管理制度体系规划工作标准

标准编码：22030101

标准名称：财务管理制度体系规划工作标准

工作标准名称释义

财务管理制度体系规划工作标准是指企业根据企业发展战略规划与实际经营管理工作需要，规划建立各项企业财务管理制度的工作规范。

工作标准基本表格

工作核心目标	建立企业财务管理制度体系目录	
工作开始时间	规定时间	
工作结束时间	规定时间	
相关工作地点	办公室	会议室
相关工作单位	有关部门 总经理办公会	监事会 财务部
相关工作人员	监事 行政总监 财务总监	总经理 部门负责人 会计机构负责人
备　　注	企业财务管理制度随着企业发展，不断完善和细化	

工作标准所需资料

资料类型	编码	资料名称	单位	原件数	复印数
事前准备资料	01	企业发展战略报告	份	1	1
	02	企业生产经营计划	份	1	0
	03	企业相关技术标准	份	1	0
	04	企业相关管理标准	份	1	0
事中产生资料	05	企业财会工作标准化体系	份	1	1
	06	企业财务管理分析报告	份	0	0
事后结果资料	07	企业财务管理制度规划目录	份	1	1
技术要求资料	08	企业内部控制配套指引	册	1	1

相关工作标准

标准编码	标准名称
22030301	会计核算制度规划工作标准

工作标准流程图

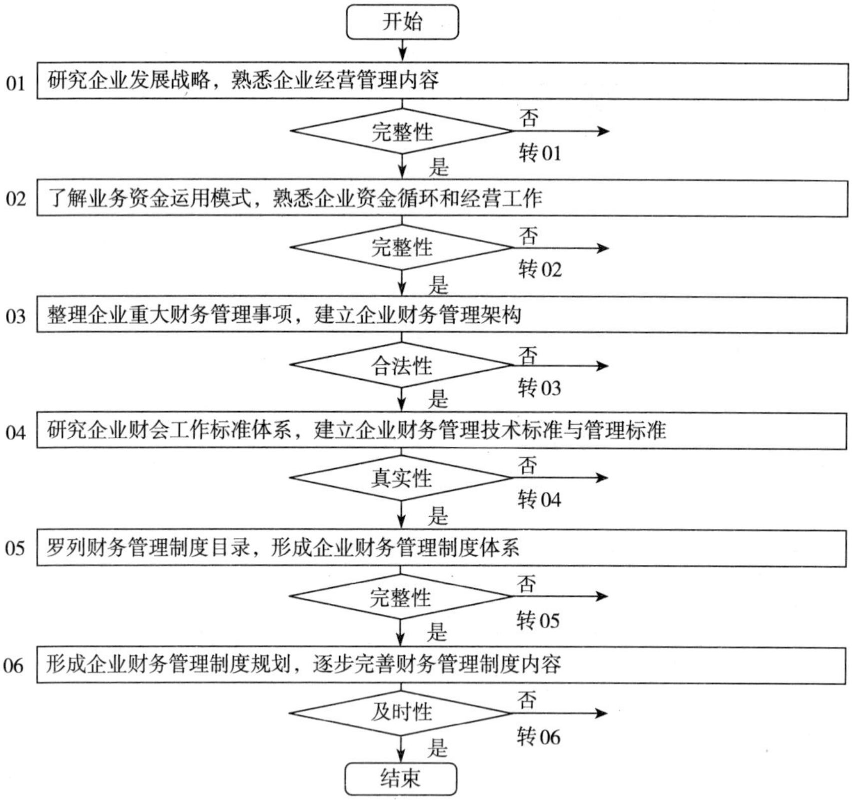

3.3.12 财务管理制度起草工作标准

标准编码：22030102

标准名称：财务管理制度起草工作标准

工作标准名称释义

财务管理制度起草工作标准是根据企业财务管理制度规划，基于业务管理和财务目标管理的需要，编写建立具体财务管理制度的工作规范。

工作标准基本表格

工作核心目标	编制财务管理制度文本	
工作开始时间	规定时间	
工作结束时间	规定时间	
相关工作地点	办公室	会议室
相关工作单位	政策法规处 总经理办公会	董事会
相关工作人员	业务经理 会计机构负责人	财务总监 政策法规处处长
备　　注		

工作标准所需资料

资料类型	编码	资料名称	单位	原件数	复印数
事前准备资料	01	企业财务管理制度规划	份	1	1
	02	企业财会工作标准体系	份	1	0
事中产生资料	03	业务工作流、数据流、审批流调查表	份	1	0
	04	企业财务管理制度（草案）	份	1	1
事后结果资料	05	企业财务管理制度（审批稿）	份	1	1
技术要求资料	06	企业内部控制制度	册	1	0

相关工作标准

标准编码	标准名称
22030101	财务管理制度体系规划工作标准
220302	财务管理制度设计工作标准

工作标准流程图

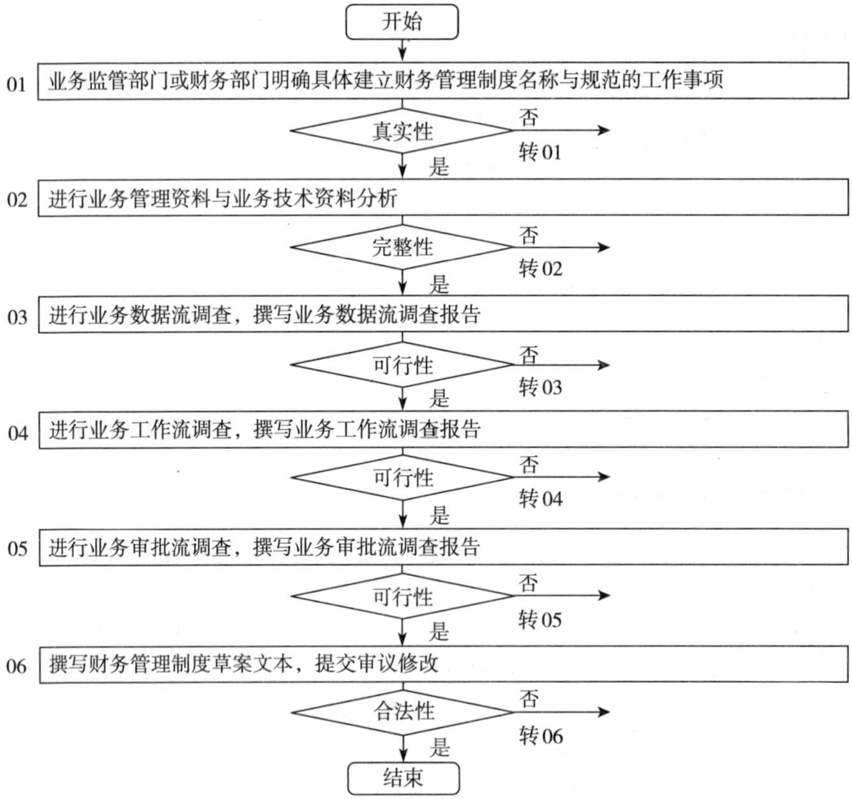

3.3.13　财务管理制度执行工作标准

标准编码：22030103

标准名称：财务管理制度执行工作标准

工作标准名称释义

财务管理制度执行工作标准是根据企业内部控制要求，基于业务管理和财务目标实现过程，执行应用具体财务管理制度，约束规范相关工作者行为的工作规范。

工作标准基本表格

工作核心目标	财务管理制度贯彻执行	
工作开始时间	具体事件发生时	
工作结束时间	规定时间	
相关工作地点	办公室	会议室
相关工作单位	总经理办公会	有关处室
相关工作人员	业务经理 全体员工	业务人员
备　　注	将制度不停留在书面上、口头上，而是在行动中贯彻落实	

工作标准所需资料

资料类型	编码	资料名称	单位	原件数	复印数
事前准备资料	01	企业财务管理制度汇编	份	1	1
	02	企业单项工作标准	份	1	0
事中产生资料	03	企业财务管理制度落实要求	份	1	0
事后结果资料	04	业务目标与财务管理目标达成	份	1	1
技术要求资料	05	企业内部控制制度	册	1	0

相关工作标准

标准编码	标准名称
22030102	财务管理制度起草工作标准
220302	财务管理制度设计工作标准

工作标准流程图

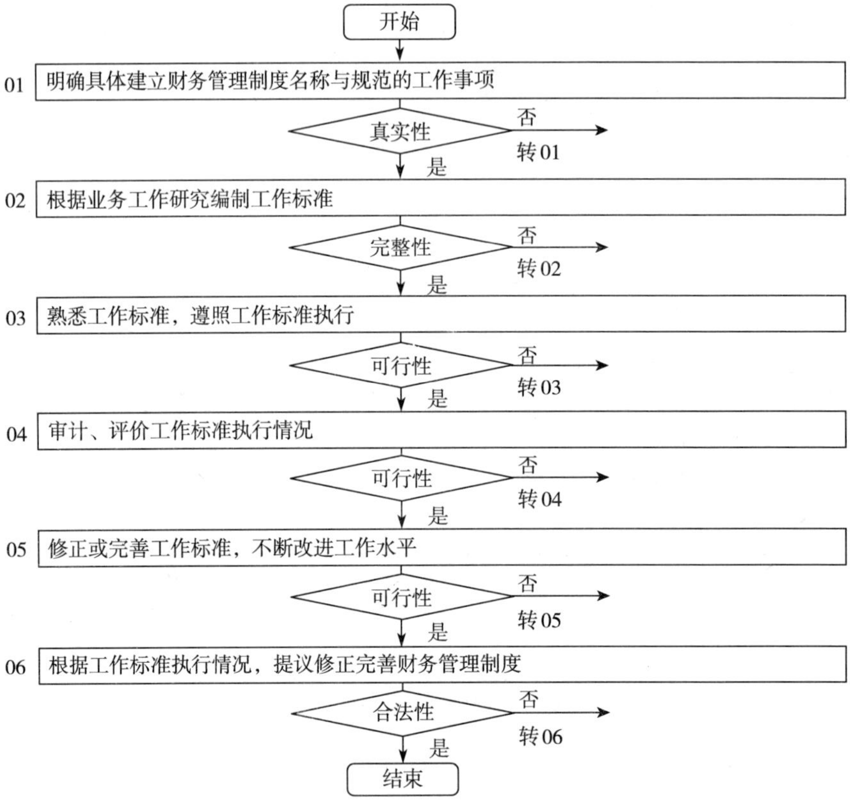

3.3.14 财务管理制度修订工作标准

标准编码：22030104

标准名称：财务管理制度修订工作标准

工作标准名称释义

财务管理制度修订工作标准是基于业务管理和财务目标实现过程，执行应用具体财务管理制度，在实现企业内部控制要求的情况下，发现制度对企业工作人员提高工作效率与工作质量造成制约影响因素，进行制度改进的工作规范。

工作标准基本表格

工作核心目标	财务管理制度漏洞修补	
工作开始时间	规定时间	
工作结束时间	规定时间	
相关工作地点	办公室	会议室
相关工作单位	总经理办公会	有关处室
相关工作人员	监督者 执行者 业务经理	监事 财务总监 业务人员
备　　注	将制度不停留在书面上、口头上，而是在行动中贯彻落实	

工作标准所需资料

资料类型	编码	资料名称	单位	原件数	复印数
事前准备资料	01	财务管理制度具体条文	份	1	1
	02	工作标准	份	1	0
	03	工作标准执行情况评价问题汇总报告	份	1	0
事中产生资料	04	财务制度修改完善建议稿	份	1	0
事后结果资料	05	财务制度修订稿	份	1	0
技术要求资料	06	企业内部控制评价指引	册	1	0

相关工作标准

标准编码	标准名称
22030102	财务管理制度起草工作标准
220302	财务管理制度设计工作标准

工作标准流程图

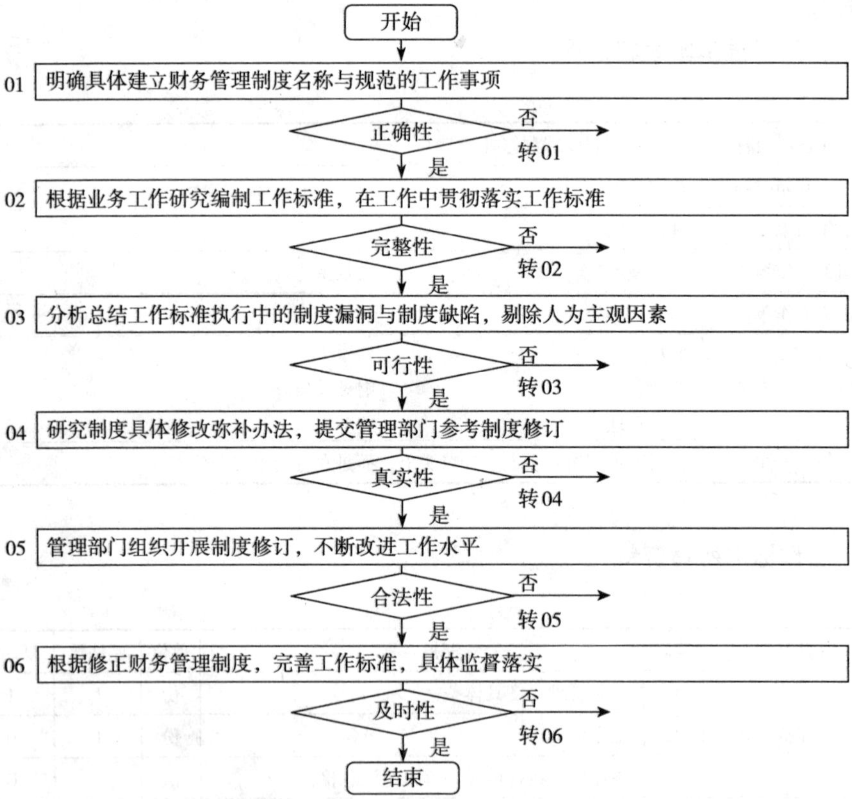

3.3.15 财务管理制度设计工作标准

标准编码：220302

标准名称：财务管理制度设计工作标准

工作标准名称释义

财务管理制度设计工作标准是企业根据实际业务管理需要，基于管理目标而建立具体财务管理制度的工作规范。

工作标准基本表格

工作核心目标	编制财务管理制度文本	
工作开始时间	规定时间	
工作结束时间	规定时间	
相关工作地点	办公室	会议室
相关工作单位	政策法规处 总经理办公会	董事会
相关工作人员	业务经理 会计机构负责人	财务总监 政策法规处处长
备　　注		

工作标准所需资料

资料类型	编码	资料名称	单位	原件数	复印数
事前准备资料	01	业务管理资料	份	1	1
	02	业务技术资料	份	1	0
事中产生资料	03	业务数据流调查资料	份	1	0
	04	业务工作流调查资料	份	1	0
	05	业务审批流调查资料	份	1	0
	06	项目财务管理制度草案	份	1	1
事后结果资料	07	项目财务管理制度	份	1	1
技术要求资料	08	企业内部控制配套指引	册	1	0
	09	业务相关法律法规文件	册	1	0

相关工作标准

标准编码	标准名称
22030102	财务管理制度起草工作标准
22030302	会计核算制度起草工作标准

工作标准流程图

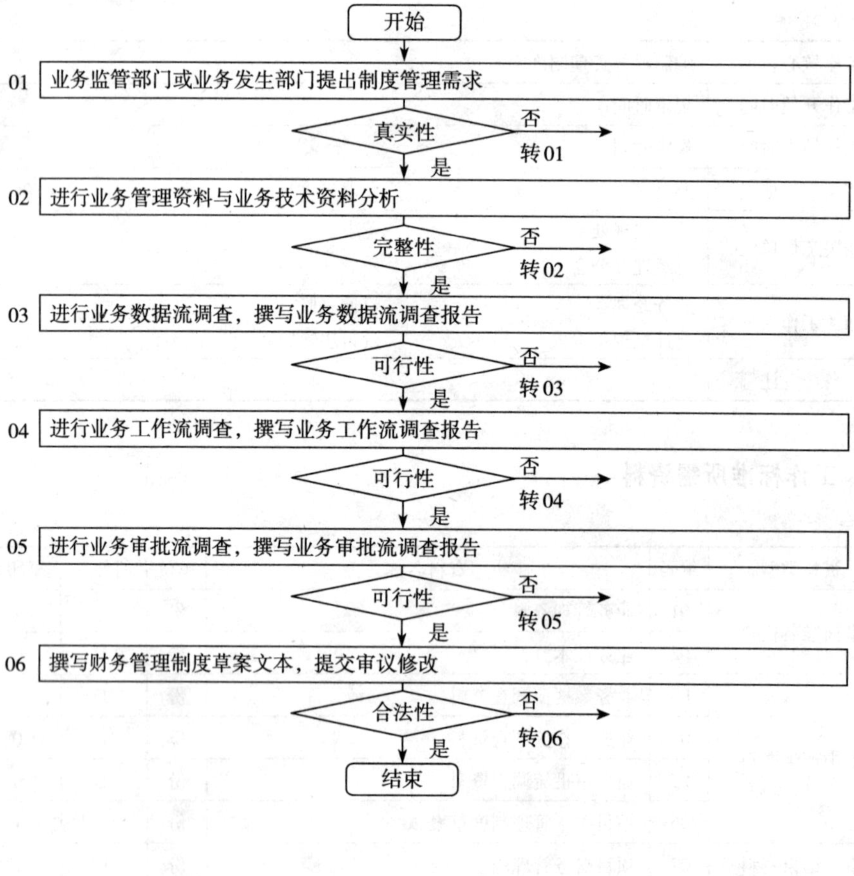

3.3.16 会计核算制度规划工作标准

标准编码：22030301

标准名称：会计核算制度规划工作标准

工作标准名称释义

会计核算制度体系规划工作标准是指企业根据企业财务管理制度规划工作标准研究工作成果，结合企业实际经营会计核算需要，规划建立各项会计核算制度的工作规范。

工作标准基本表格

工作核心目标	建立企业会计核算制度体系目录	
工作开始时间	规定时间	
工作结束时间	规定时间	
相关工作地点	办公室	会议室
相关工作单位	有关部门 总经理办公会	监事会 财务部
相关工作人员	监事 行政总监 财务总监	总经理 部门负责人 会计机构负责人
备　　注	企业会计核算制度随着企业发展，不断完善和细化	

工作标准所需资料

资料类型	编码	资料名称	单位	原件数	复印数
事前准备资料	01	企业经营计划	份	1	1
	02	企业财务管理制度体系	份	1	1
	03	企业财会工作标准体系	份	1	1
事中产生资料	04	企业会计核算分析报告	份	1	0
事后结果资料	05	企业会计核算制度规划目录	份	1	0
技术要求资料	06	中华人民共和国会计法	册	0	0
	07	企业会计准则	册	1	0
	08	企业内部控制制度	册	1	1

相关工作标准

标准编码	标准名称
22030101	财务管理制度体系规划工作标准

工作标准流程图

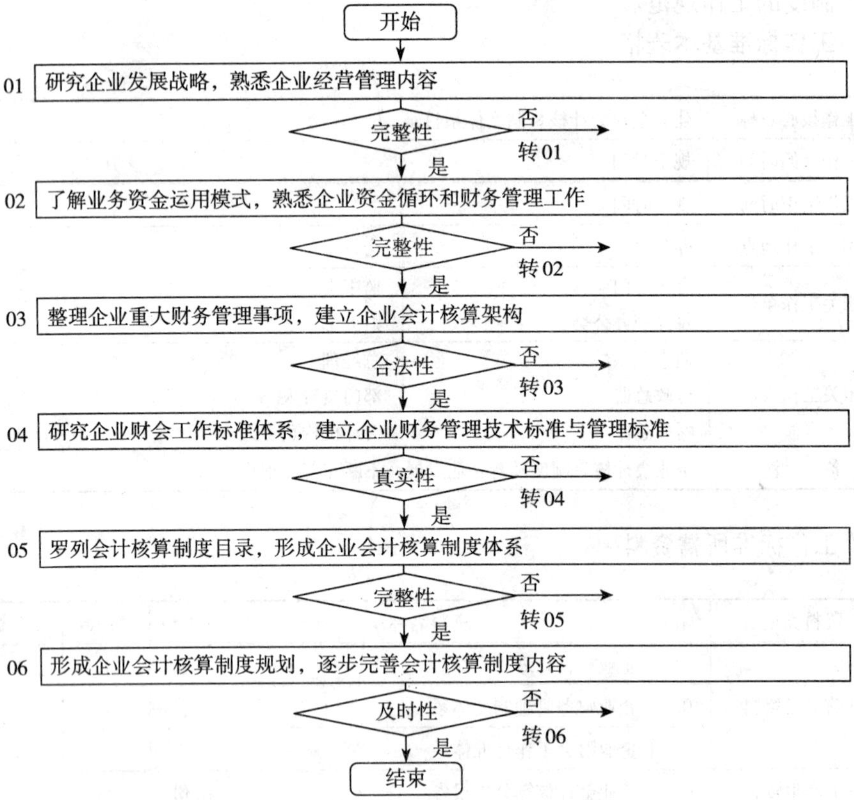

3.3.17　会计核算制度起草工作标准

标准编码：22030302

标准名称：会计核算制度起草工作标准

工作标准名称释义

会计核算制度起草工作标准是企业根据财务管理制度，基于业务管理和财务目标核算管理的需要，编写建立具体项目会计核算制度的工作规范。

工作标准基本表格

工作核心目标	编制会计核算制度文本	
工作开始时间	规定时间	
工作结束时间	规定时间	
相关工作地点	办公室	会议室
相关工作单位	企业资产核管部 企业成本核管部 企业权益核管部	企业收入核管部 企业负债核管部
相关工作人员	业务经理 会计机构负责人	财务总监 政策法规处处长
备　　注		

工作标准所需资料

资料类型	编码	资料名称	单位	原件数	复印数
事前准备资料	01	企业财务制度规划	份	1	1
	02	企业会计核算制度规划	份	1	0
	03	起草专项企业会计制度规范	份	1	0
事中产生资料	04	会计核算工作流、数据流和审批流调查表	份	0	0
	05	会计核算制度（草稿）	份	1	0
事后结果资料	06	企业会计核算制度（执行稿）	份	0	0
技术要求资料	07	财会工作标准体系	册	1	0

相关工作标准

标准编码	标准名称
220302	财务管理制度设计工作标准
22030301	会计核算制度规划工作标准

工作标准流程图

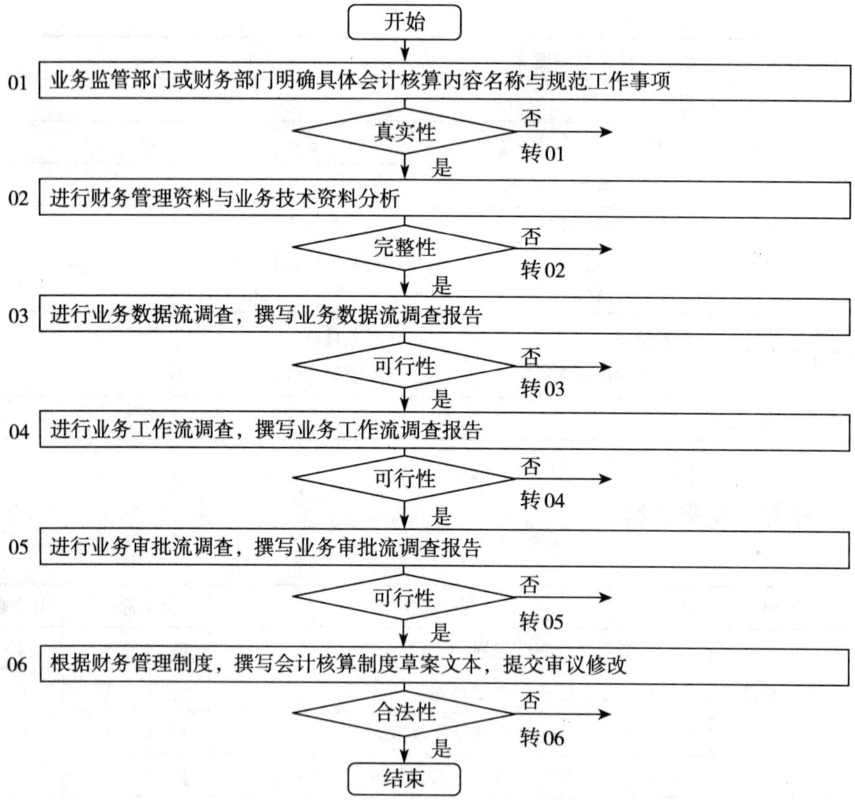

3.3.18 会计核算制度执行工作标准

标准编码：22030303

标准名称：会计核算制度执行工作标准

工作标准名称释义

会计核算制度执行工作标准是根据业务管理和财务目标管理要求，执行会计核算制度，对经济事项过程进行反映、记载、统计、报告的工作规范。

工作标准基本表格

工作核心目标	会计核算制度贯彻执行	
工作开始时间	具体事件发生时	
工作结束时间	规定时间	
相关工作地点	办公室	会议室
相关工作单位	总经理办公会	有关处室
相关工作人员	业务经理 全体员工	业务人员
备　　注	将制度不停留在书面上、口头上，而是在行动中贯彻落实	

工作标准所需资料

资料类型	编码	资料名称	单位	原件数	复印数
事前准备资料	01	会计核算制度	份	1	1
	02	经济业务记录	份	0	0
	03	工作标准	份	0	0
事中产生资料	04	工作标准执行情况评价报告	份	1	0
事后结果资料	05	管理目标实现与会计报告	份	1	0
技术要求资料	06	财会工作标准体系	册	1	0

相关工作标准

标准编码	标准名称
22030302	会计核算制度起草工作标准
220304	会计核算制度设计工作标准

工作标准流程图

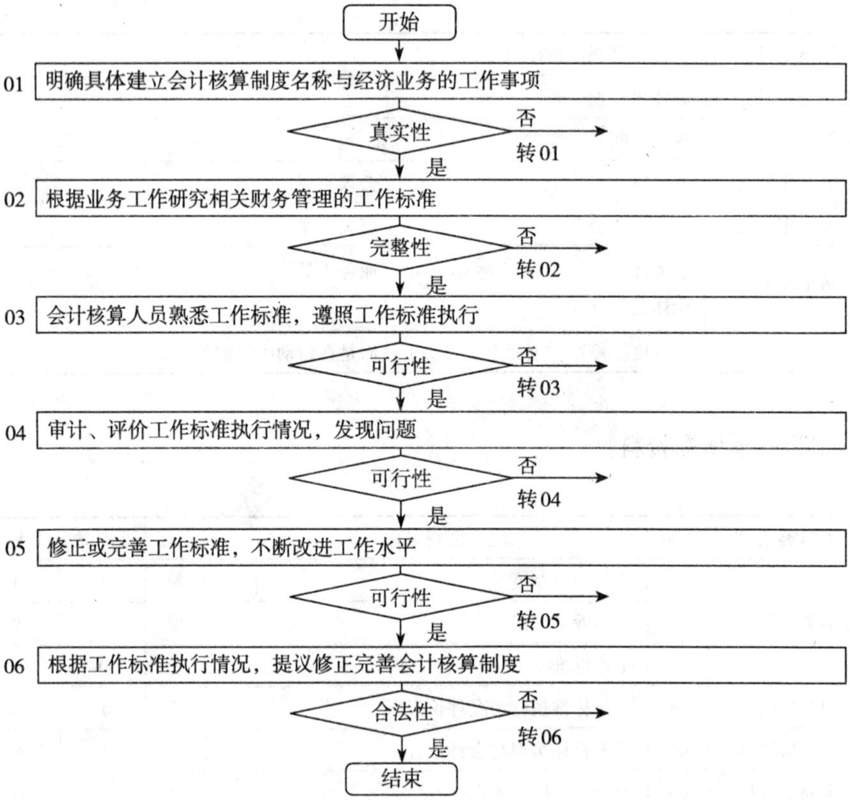

3.3.19　会计核算制度修订工作标准

标准编码：22030304

标准名称：会计核算制度修订工作标准

工作标准名称释义

会计核算制度修订工作标准是基于业务管理和财务目标实现过程，执行应用具体会计核算制度和办法，在实现企业内部控制要求及会计报告情况下，发现制度漏洞或对企业工作人员提高工作效率与质量的制约影响因素，进行制度改进的工作规范。

工作标准基本表格

工作核心目标	会计核算制度漏洞修补	
工作开始时间	规定时间	
工作结束时间	规定时间	
相关工作地点	办公室	会议室
相关工作单位	总经理办公会	有关处室
相关工作人员	监督者 执行者 业务经理	监事 财务总监 业务人员
备　　注	将制度不停留在书面上、口头上，而是在行动中贯彻落实	

工作标准所需资料

资料类型	编码	资料名称	单位	原件数	复印数
事前准备资料	01	会计制度具体条文	份	1	1
	02	会计核算制度在工作标准执行中问题汇总	份	1	0
事中产生资料	03	会计核算制度修订稿（草案）	份	1	0
事后结果资料	04	会计核算制度（修改审批后）	份	1	0
技术要求资料	05	财会工作标准体系	册	1	0

相关工作标准

标准编码	标准名称
220304	会计核算制度设计工作标准

工作标准流程图

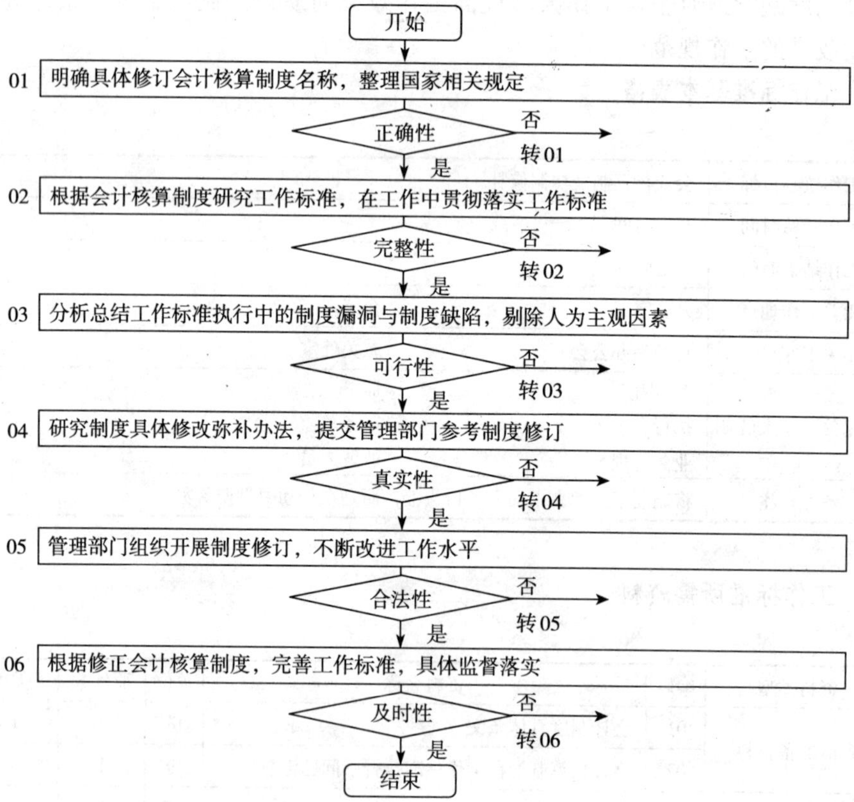

3.3.20 会计核算制度设计工作标准

标准编码：220304

标准名称：会计核算制度设计工作标准

工作标准名称释义

会计核算制度设计工作标准是企业根据实际业务管理需要，基于会计核算而建立具体会计核算要求的工作规范。

工作标准基本表格

工作核心目标	编制会计核算制度文本	
工作开始时间	规定时间	
工作结束时间	规定时间	
相关工作地点	办公室	会议室
相关工作单位	政策法规处	财务部
相关工作人员	业务经理 会计机构负责人	财务总监 政策法规处处长
备　　注		

工作标准所需资料

资料类型	编码	资料名称	单位	原件数	复印数
事前准备资料	01	业务技术资料	份	1	1
	02	业务管理资料	份	1	0
	03	业务数据流调查资料	份	1	0
	04	会计核算工作流调查资料	份	1	0
	05	会计核算审批流调查资料	份	1	0
事中产生资料	06	会计核算制度草案	份	1	0
事后结果资料	07	会计核算制度	份	1	0
技术要求资料	08	中华人民共和国会计法	册	1	0
	09	企业会计准则	册	1	0

相关工作标准

标准编码	标准名称
220302	财务管理制度设计工作标准

工作标准流程图

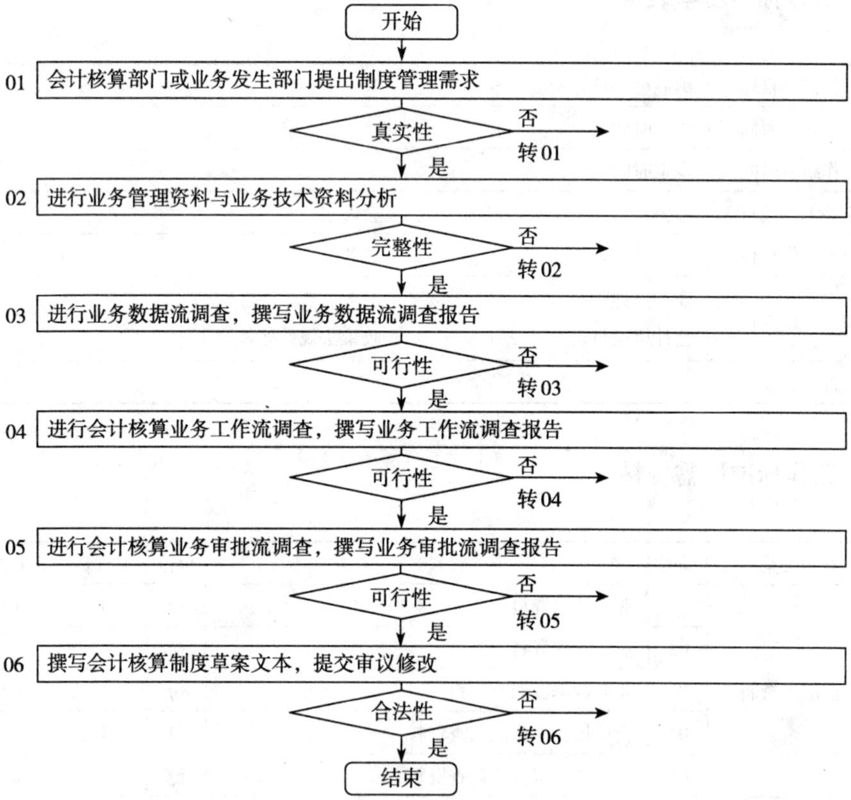

3.3.21 企业内部控制体系建设工作标准

标准编码：22030501

标准名称：企业内部控制体系建设工作标准

工作标准名称释义

企业内部控制体系建设工作标准是指企业建立保证企业经营管理合法合规、资产安全、财务报告及相关信息真实完整，提高经营效率和效果，促进企业实现发展战略等制度体系的工作规范。

工作标准基本表格

工作核心目标	建立企业内部控制制度	
工作开始时间	企业成立后	
工作结束时间	企业注销时	
相关工作地点	办公室	会议室
相关工作单位	董事会 总经理办公会	监事会
相关工作人员	决策者 执行者 全体员工	监督者 部门负责人 财务人员
备　注		

工作标准所需资料

资料类型	编码	资料名称	单位	原件数	复印数
事前准备资料	01	企业发展战略报告	份	1	1
	02	企业经营计划	份	1	1
	03	企业工作标准体系	份	1	1
事中产生资料	04	企业内部控制标准编制报告	份	1	1
	05	企业内部控制评价标准编制报告	份	1	1
事后结果资料	06	企业内部控制制度	份	1	1
技术要求资料	07	企业内部控制配套指引	册	1	0
	08	政府法律法规	册	0	0

相关工作标准

标准编码	标准名称
220203	企业发展战略制定工作标准
220204	企业发展战略实施工作标准
22030504	企业工作标准化建设工作标准

工作标准流程图

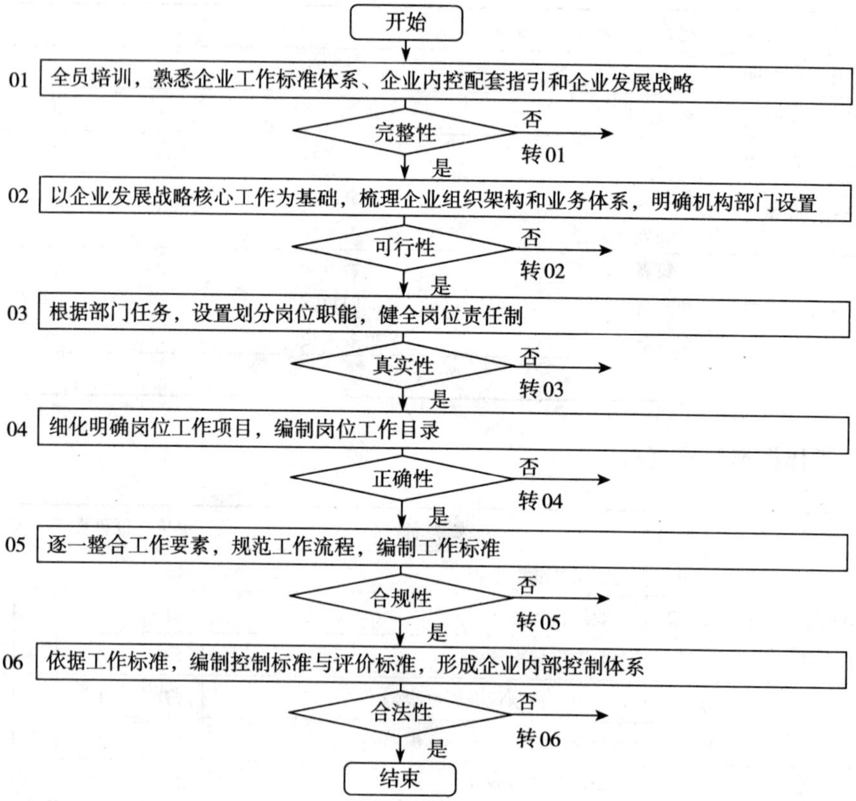

3.3.22 企业内部控制体系运行工作标准

标准编码：22030502

标准名称：企业内部控制体系运行工作标准

工作标准名称释义

企业内部控制体系运行工作标准是指由企业董事会、监事会、经理层和全体员工实施的、实现控制目标的工作规范。

工作标准基本表格

工作核心目标	保证企业内部控制制度落实	
工作开始时间	企业内部控制制度建立后	
工作结束时间	企业注销时	
相关工作地点	办公室	会议室
相关工作单位	董事会 总经理办公会	监事会
相关工作人员	决策者 执行者	监督者
备　注		

工作标准所需资料

资料类型	编码	资料名称	单位	原件数	复印数
事前准备资料	01	企业发展战略报告	份	1	1
	02	企业工作标准体系	份	1	1
	03	企业内部控制标准体系	份	1	1
	04	企业内部控制评价标准体系	份	1	1
事中产生资料	05	企业工作标准体系运行记录	份	1	1
	06	企业内部控制评价记录	份	1	1
事后结果资料	07	企业发展战略和控制目标实现报告	份	1	0
技术要求资料	08	企业内部控制配套指引	册	1	0
	09	圆通制——科学工作原理	册	1	0

相关工作标准

标准编码	标准名称
220204	企业发展战略实施工作标准
22030501	企业内部控制体系建设工作标准
22030504	企业工作标准化建设工作标准

工作标准流程图

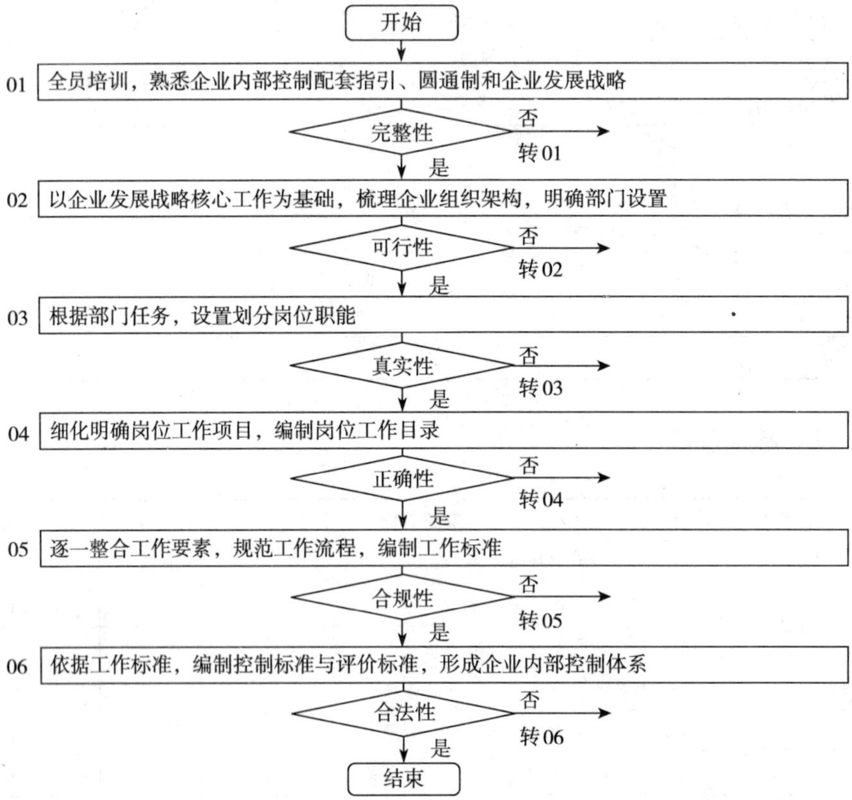

3.3.23　企业内部控制问题纠正工作标准

标准编码：22030503

标准名称：企业内部控制问题纠正工作标准

工作标准名称释义

企业内部控制问题纠正工作标准是指企业对内部控制体系、内部控制评价体系、工作标准体系建立过程及这些体系实施过程中发现问题及时纠正改进的工作规范。

工作标准基本表格

工作核心目标	纠正影响企业健康发展的制度缺陷、工作缺陷和控制缺陷	
工作开始时间	企业成立时	
工作结束时间	企业注销后	
相关工作地点	有关单位办公地 指定工作地点	机关办公地
相关工作单位	董事会 企业审计委员会 股东会 质量控制领导小组	企业战略委员会 监事会 总经理办公会 企业党委
相关工作人员	企业审计委员会 总经理 部门负责人	监事 财务总监 督查室主任
备　　注		

工作标准所需资料

资料类型	编码	资料名称	单位	原件数	复印数
事前准备资料	01	企业发展战略报告	份	1	1
	02	企业工作标准体系	份	1	1
	03	企业内部控制体系	份	1	1
	04	企业内部控制评价体系	份	1	1
	05	企业工作业务事件	份	0	0
事中产生资料	06	企业内部控制审计报告	份	1	1
	07	企业内部控制评价报告	份	1	1

续表

资料类型	编码	资料名称	单位	原件数	复印数
事后结果资料	08	企业工作标准体系改进报告	份	1	1
技术要求资料	09	企业内部控制配套指引	册	1	0

相关工作标准

标准编码	标准名称
220305	内部控制制度建设工作
22030501	企业内部控制体系建设工作标准
22030502	企业内部控制体系运行工作标准
22030504	企业工作标准化建设工作标准

工作标准流程图

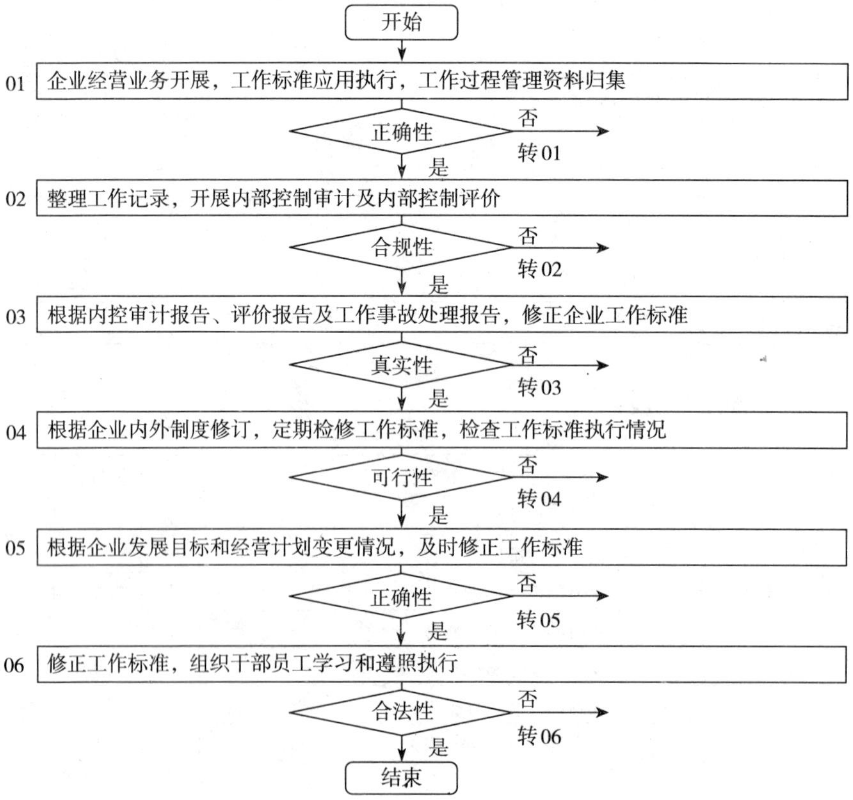

3.3.24 企业工作标准化建设工作标准

标准编码：22030504

标准名称：企业工作标准化建设工作标准

工作标准名称释义

企业工作标准化建设工作标准是指企业根据圆通制科学工作原理和方法，明确企业组织架构和岗位设置，科学编制工作目录和工作标准，建立企业工作标准化体系的工作规范。

工作标准基本表格

工作核心目标	建立企业工作标准化体系	
工作开始时间	企业成立时	
工作结束时间	企业注销时	
相关工作地点	办公室	会议室
相关工作单位	董事会 总经理办公会	监事会
相关工作人员、	决策者 执行者	监督者 工作标准化小组
备　　注		

工作标准所需资料

资料类型	编码	资料名称	单位	原件数	复印数
事前准备资料	01	企业发展战略报告	份	1	1
	02	企业组织架构规划	份	1	1
	03	企业生产经营计划	份	1	1
	04	岗位说明书	份	1	1
	05	圆通工作标准软件	份	1	1
事中产生资料	06	企业组织部门结构图	份	1	1
	07	企业部门工作项目	份	1	1
	08	工作标准目录	份	1	1
	09	编制工作标准	份	1	1

续表

资料类型	编码	资料名称	单位	原件数	复印数
事后结果资料	10	企业工作标准体系	份	1	1
技术要求资料	11	相关政府法律法规政策	册	1	1
	12	国家技术标准	册	1	0
	13	企业工作标准化指南	册	1	0
	14	圆通制——科学工作原理	册	1	1

相关工作标准

标准编码	标准名称
220203	企业发展战略制定工作标准
220204	企业发展战略实施工作标准

工作标准流程图

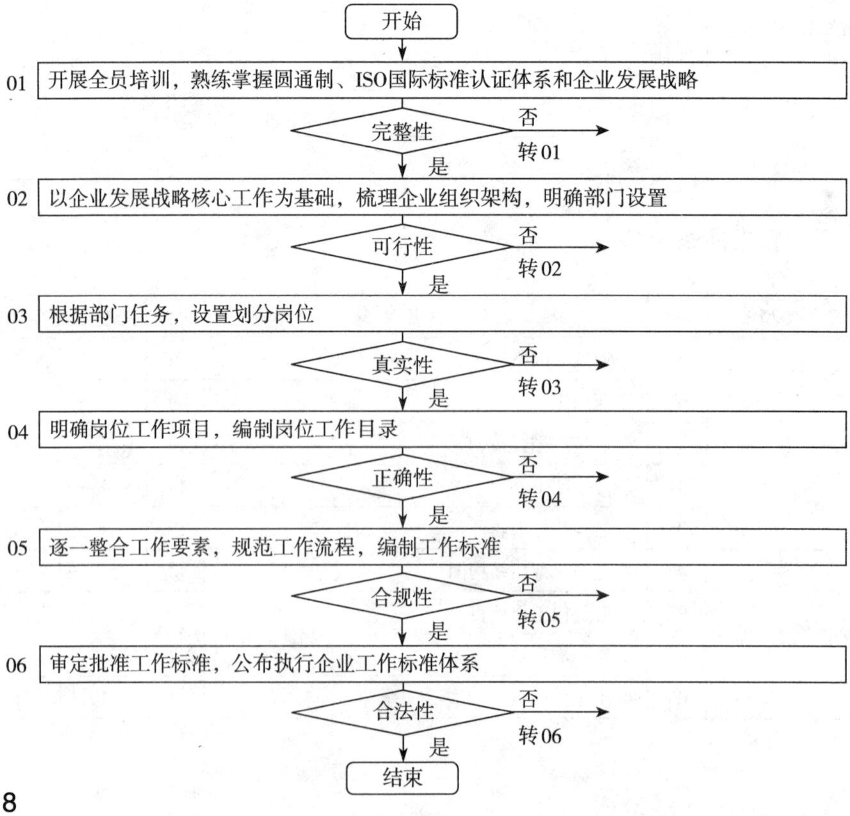

3.3.25 财会工作标准维护工作标准

标准编码：22030506

标准名称：财会工作标准维护工作标准

工作标准名称释义

财会工作标准维护工作标准是指企业财会机构对企业财会工作标准在执行过程中，依据国家和企业制度变化，结合企业实际，对企业财会工作标准体系进行改进、修正、完善的工作规范。

工作标准基本表格

工作核心目标	改进财会工作标准体系	
工作开始时间	规定时间	
工作结束时间	规定时间	
相关工作地点	财务部门办公地	会议室
相关工作单位	财务部门 总经理办公室	监事会
相关工作人员	会计机构负责人 稽核岗位 财务总监	企业审计委员会 监事
备　　注		

工作标准所需资料

资料类型	编码	资料名称	单位	原件数	复印数
事前准备资料	01	企业财会工作标准	份	1	1
	02	财会工作标准执行存在问题记录	份	1	0
事中产生资料	03	企业财会工作标准修订稿	份	1	1
事后结果资料	04	改进后的财会工作标准	份	1	0
技术要求资料	05	会计法	册	1	0
	06	企业会计准则	册	1	0
	07	企业内部控制规范	册	1	0

相关工作标准

标准编码	标准名称
22030503	企业内部控制问题纠正工作标准
22030504	企业工作标准化建设工作标准

工作标准流程图

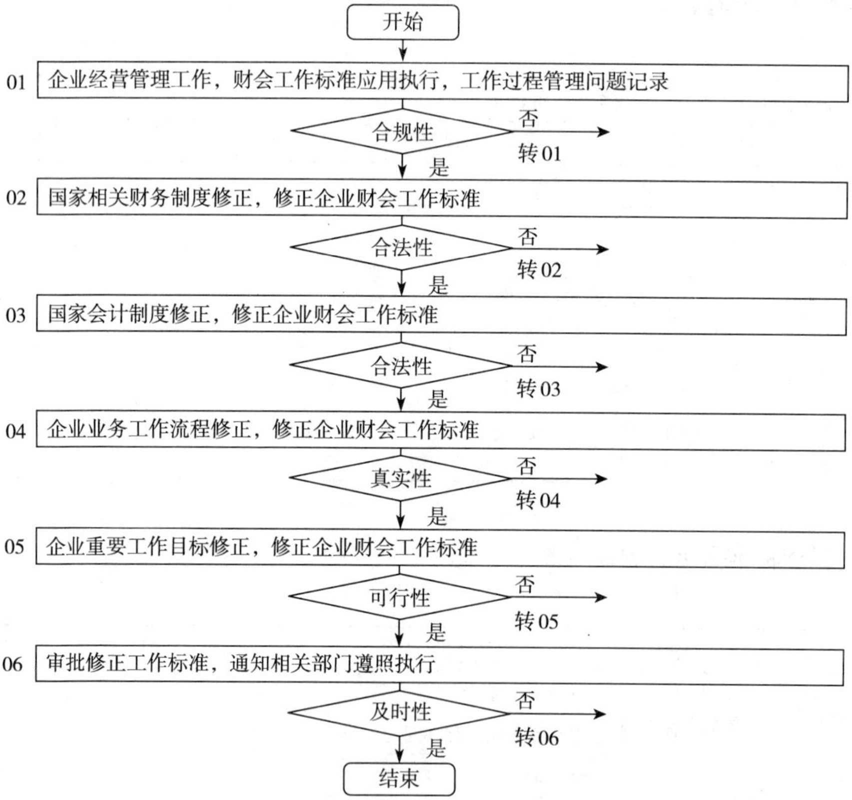

3.4 财会机构建设工作

3.4.1 财会机构设置工作标准

标准编码：2316

标准名称：财会机构设置工作标准

工作标准名称释义

财会机构设置工作标准是指企业根据会计法规定，结合企业状况，设置企业财会机构、财会部门及相关财经管理核算机构，担负企业财经管理与核算工作任务的工作规范。

工作标准基本表格

工作核心目标	会计机构设置方案	
工作开始时间	企业成立时	
工作结束时间	企业注销后	
相关工作地点	董事会办公地	指定工作地点
相关工作单位	董事会	总经理办公会
相关工作人员	财务总监 会计机构负责人	相关部门负责人 行政人事总监
备　　注	企业财会机构设置，主要满足企业经营管理需要，核心是企业规模与企业经营内容的管理难度	

工作标准所需资料

资料类型	编码	资料名称	单位	原件数	复印数
事前准备资料	01	企业（公司）章程	份	1	0
	02	单位业务流程调查	份	1	0
	03	企业财务与会计业务调查报告	份	1	0
事中产生资料	04	会计机构设置方案	份	1	0
事后结果资料	05	批准设置会计机构的董事会文件	份	1	0

续表

资料类型	编码	资料名称	单位	原件数	复印数
技术要求资料	06	中华人民共和国会计法	册	1	0
	07	会计基础工作规范	册	1	0
	08	企业内部控制制度	册	1	1

相关工作标准

标准编码	标准名称
2314	财会工作岗位设置工作标准

工作标准流程图

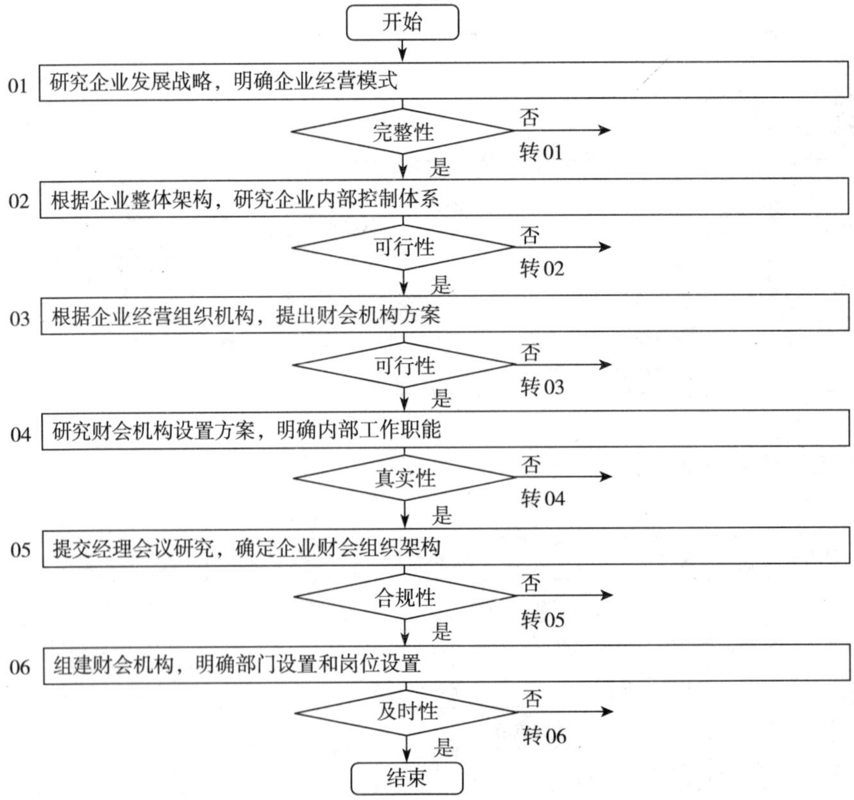

3.4.2　财会工作岗位设置工作标准

标准编码：2314

标准名称：财会工作岗位设置工作标准

工作标准名称释义

财会工作岗位设置工作标准是指企业根据本单位财会工作业务需要，根据具体工作标准设置工作岗位的工作规范。

工作标准基本表格

工作核心目标	完成财会工作岗位设置	
工作开始时间	机构成立时	
工作结束时间	规定时间	
相关工作地点	财务部门办公地	机关办公地
相关工作单位	财务部门	政治处
相关工作人员	会计机构负责人 相关会计工作岗位	总会计师（财务总监） 行政人事干部
备　　注		

工作标准所需资料

资料类型	编码	资料名称	单位	原件数	复印数
事前准备资料	01	企业财会工作标准体系	份	1	1
	02	企业机构设置方案	份	1	1
事中产生资料	03	财会工作岗位设置方案草案	份	1	0
事后结果资料	04	财会工作岗位设置方案	份	1	0
	05	岗位说明书	份	1	0
技术要求资料	06	中华人民共和国会计法	册	1	0
	07	会计基础工作规范	册	1	0
	08	企业内部控制制度	册	1	1

相关工作标准

标准编码	标准名称
2313	财会岗位分工工作标准
2316	财会机构设置工作标准

工作标准流程图

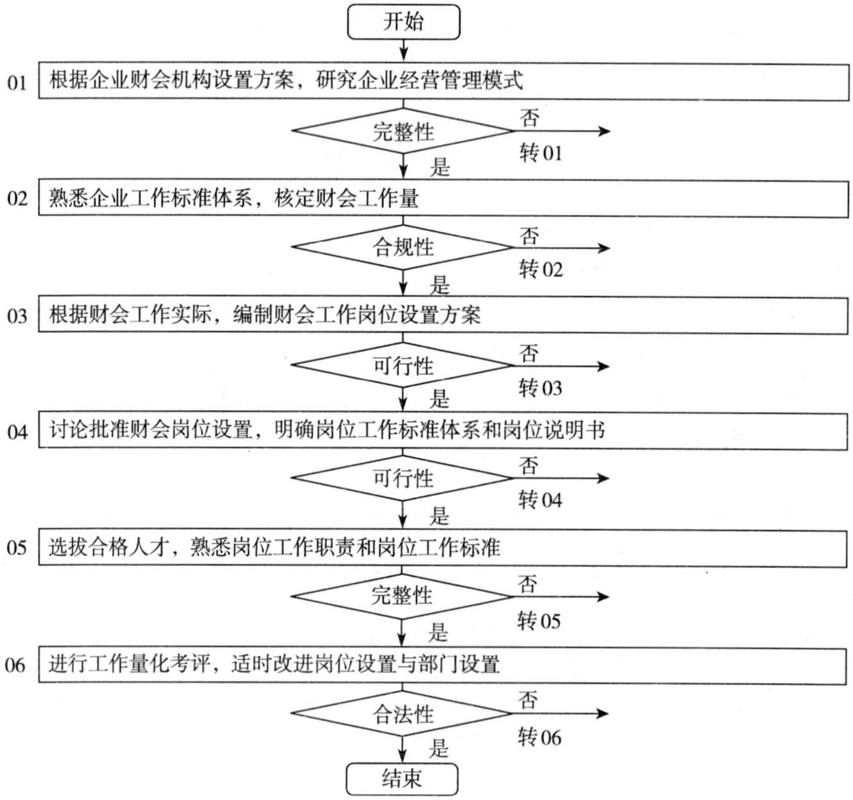

3.4.3 财会岗位分工工作标准

标准编码：2313

标准名称：财会岗位分工工作标准

工作标准名称释义

财会工作岗位分工工作标准是指企业财会机构根据企业经营规模、财务管理、会计核算业务实际需要、内部控制制度等确定会计岗位分工的工作规范。

工作标准基本表格

工作核心目标	完成财会工作岗位分工
工作开始时间	规定时间
工作结束时间	规定时间
相关工作地点	财务部门办公地
相关工作单位	财务部
相关工作人员	会计机构负责人　　会计人员 财务总监
备　注	

工作标准所需资料

资料类型	编码	资料名称	单位	原件数	复印数
事前准备资料	01	会计科目设置明细表	份	1	1
事中产生资料	02	会计工作岗位设置方案	份	1	0
	03	各岗位会计人员配备明细表	份	1	0
	04	各会计岗位人员数量测定明细表	份	1	1
事后结果资料	05	财会岗位工作目录	份	1	0
	06	财会岗位工作标准	份	1	1
技术要求资料	07	中华人民共和国会计法	册	1	0
	08	会计基础工作规范	册	1	0

相关工作标准

标准编码	标准名称
2314	财会工作岗位设置工作标准

工作标准流程图

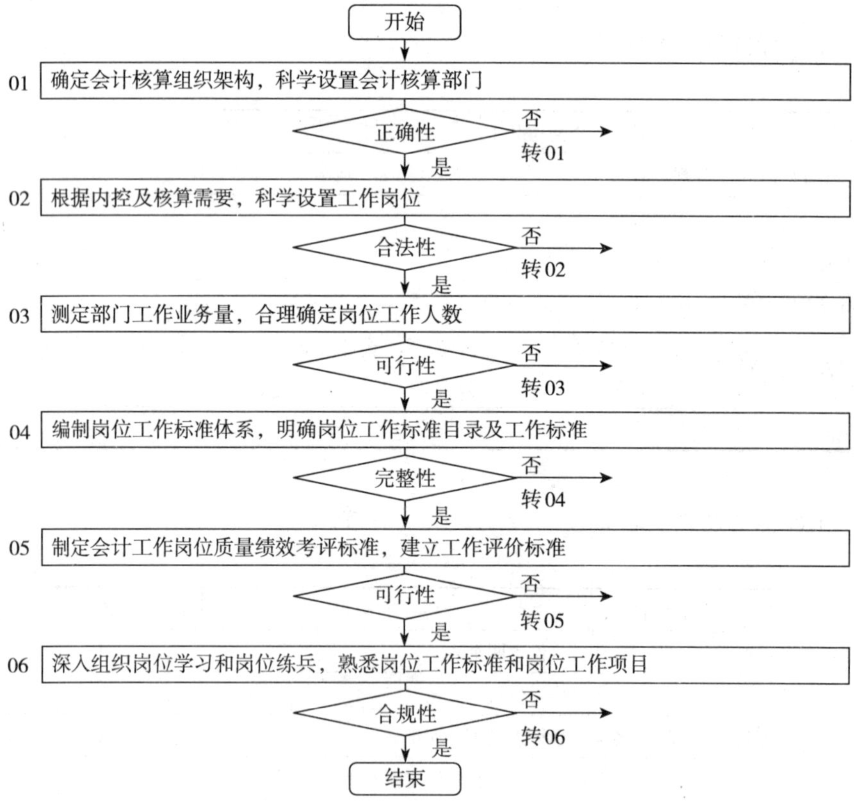

3.5　财务政务工作

3.5.1　财务会议工作标准

标准编码：2309

标准名称：财务会议工作标准

工作标准名称释义

财务会议工作标准是指企业单位的财务会议机构为贯彻执行国家财务会计制度、加强和健全企业财务管理和会计核算等方面的工作需要对有关策划、准备、组织和实施、召开财务会议的工作规范。

工作标准基本表格

工作核心目标	召开财务会议，完成财务工作的商讨	
工作开始时间	提出召开财务会议时	
工作结束时间	财务会议形成会议记录或文件	
相关工作地点	会场	财务部门办公地
相关工作单位	财务部门	参加会议部门
相关工作人员	法人代表 相关会计工作岗	会计机构负责人 行政工作岗
备　　注		

工作标准所需资料

资料类型	编码	资料名称	单位	原件数	复印数
事前准备资料	01	召开会议建议	份	1	0
	02	会议资料	份	1	0
	03	召开会议通知	份	1	0
	04	会议工作方案	份	1	0
	05	会议须知	份	1	0

续表

资料类型	编码	资料名称	单位	原件数	复印数
事中产生资料	06	会议决议文件	份	1	0
	07	会议纪要	份	1	0
	08	会议签到簿	份	1	0
技术要求资料	09	会议费用标准	册	1	0
	10	会议注意事项	册	1	0

工作标准流程图

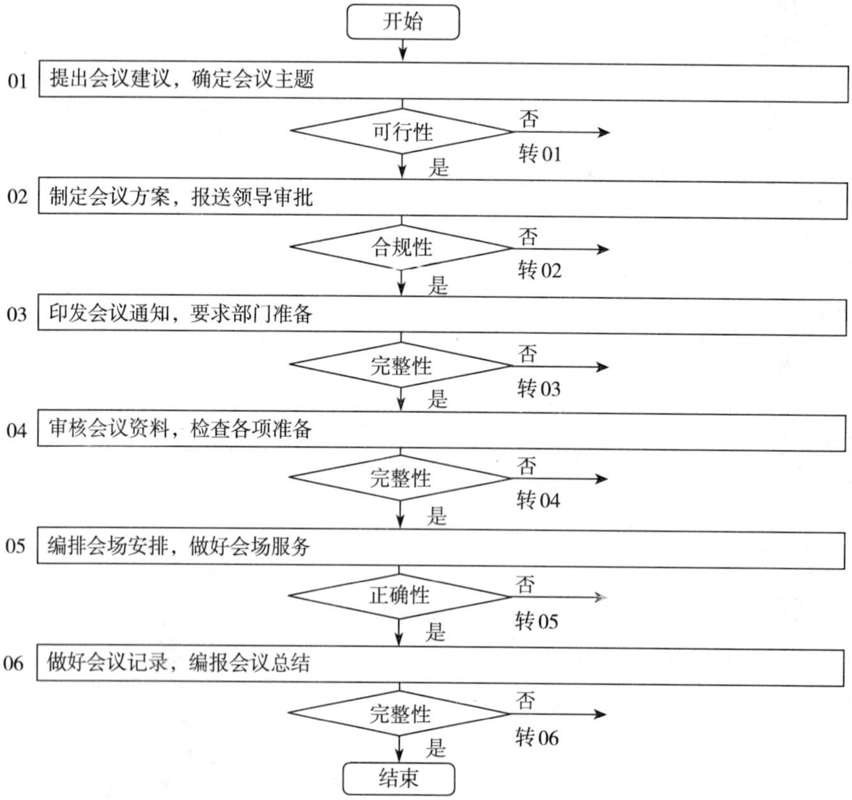

3.5.2　单位重大财经会议组织策划工作标准

标准编码：090401

标准名称：单位重大财经会议组织策划工作标准

工作标准名称释义

单位重大财经会议组织策划工作标准是指财务总监岗位组织策划重大财经会议的工作规范。

工作标准基本表格

工作核心目标	完成重大财经会议的组织策划工作	
工作开始时间	产生召开重大财经会议需要时	
工作结束时间	制定召开重大财经会议方案	
相关工作地点	会计机构负责人办公地 会场	财务总监办公地 总经理办公地
相关工作单位	财务部门 参加会议部门	总经理办公室 财务总监办公室
相关工作人员	接待会计岗 会计机构负责人	总会计师（财务总监） 总经理
备　　注		

工作标准所需资料

资料类型	编码	资料名称	单位	原件数	复印数
事前准备资料	01	上级会议文件资料	份	1	1
	02	单位财务工作问题汇总资料	份	1	1
事中产生资料	03	拟定的会议主题与内容	份	1	0
	04	制定的会议召开方案	份	1	1
	05	会议筹备小组名单	份	1	0
	06	准备的会议资料与发言稿	份	1	0
	07	会议记录	份	1	0
事后结果资料	08	重大财经会议总结	份	1	0
技术要求资料	09	总会计师条例	册	1	0
	10	企业内部控制规范	册	1	0

相关工作标准

标准编码	标准名称
090402	单位重大财经会议组织审批工作标准

工作标准流程图

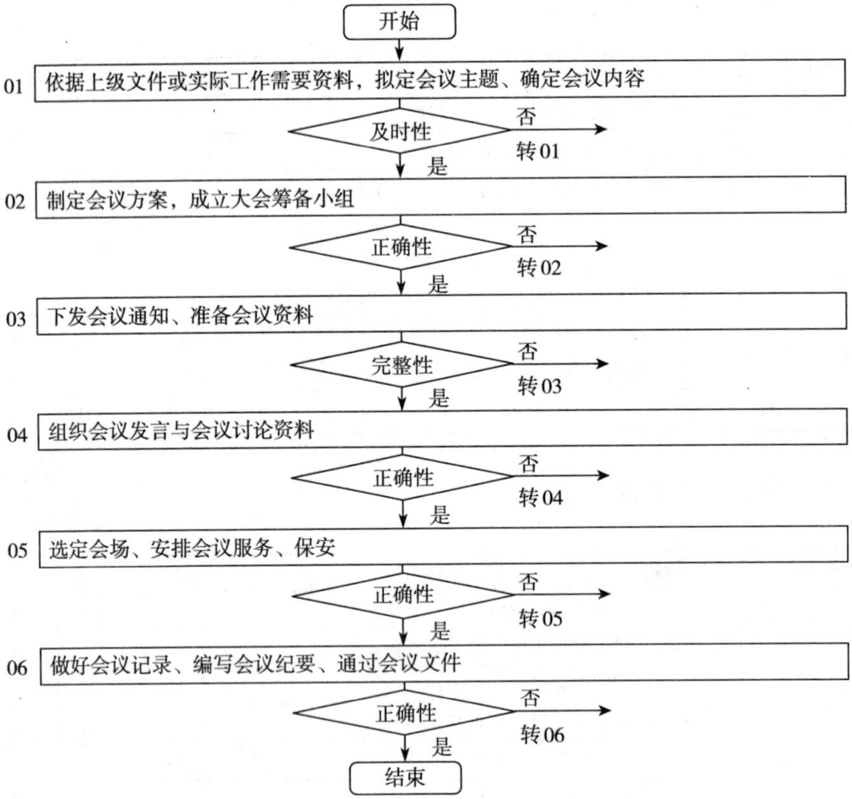

3.5.3　单位重大财经会议主持工作标准

标准编码：090403

标准名称：单位重大财经会议主持工作标准

工作标准名称释义

单位重大财经会议主持工作标准是指财务总监岗位主持单位重大财经会议的报告、发言、讨论、总结的工作规范。

工作标准基本表格

工作核心目标	完成单位重大财经会议的主持工作	
工作开始时间	准备相关资料，熟悉大会程序	
工作结束时间	完成会议总结	
相关工作地点	财务总监办公地	会场
相关工作单位	财务部门 参加会议部门	总经理办公室 财务总监办公室
相关工作人员	会计机构负责人 主管总经理 财务信息化管理岗位 会计机构负责人	参加会议人员 财务总监 法人代表
备　　注		

工作标准所需资料

资料类型	编码	资料名称	单位	原件数	复印数
事前准备资料	01	单位重大财经会议议程表	份	1	1
	02	单位重大财经会议方案	份	1	1
事中产生资料	03	单位重大财经会议工作报告	份	1	1
	04	单位重大财经会议发言	份	1	0
	05	单位重大财经会议记录	份	1	0
事后结果资料	06	单位重大财经会议决议	份	1	0
	07	单位重大财经会议总结	份	1	0
技术要求资料	08	总会计师条例	册	1	0

相关工作标准

标准编码	标准名称
090401	单位重大财经会议组织策划工作标准

工作标准流程图

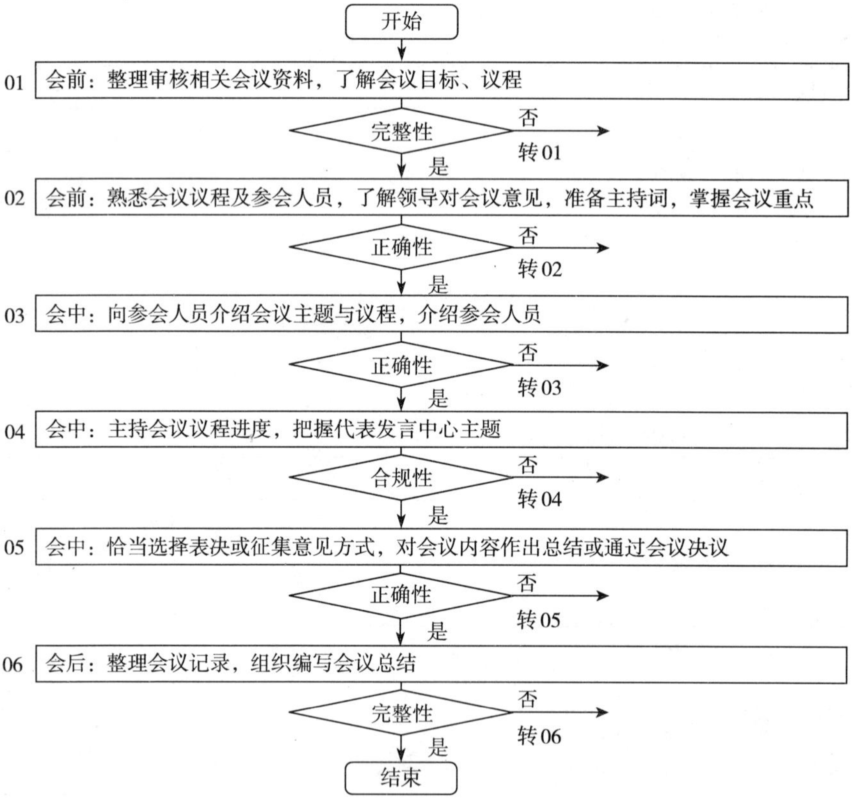

3.5.4　参加重大财经会议准备工作标准

标准编码：090407

标准名称：参加重大财经会议准备工作标准

工作标准名称释义

参加重大财经会议准备工作标准是指财务总监岗位参加重大财经会议前的准备工作规范。

工作标准基本表格

工作核心目标	完成参加重大财经会议的准备工作	
工作开始时间	接到参加重大财经会议通知	
工作结束时间	所作准备符合会议通知要求	
相关工作地点	会计机构负责人办公地 统计部门办公地	财务总监办公地 总经理办公地
相关工作单位	财务部门 财务总监办公室	总经理办公室 统计部门
相关工作人员	会计机构负责人 财务总监	主管总经理 统计部门负责人
备　　注		

工作标准所需资料

资料类型	编码	资料名称	单位	原件数	复印数
事前准备资料	01	重大财经会议通知	份	1	1
	02	财务总监参加会议的批件	份	1	1
事中产生资料	03	会议所需本单位数据资料和能够解决的问题要点	份	1	0
	04	准备的会议发言稿、资料	份	1	1
	05	工作临时移交单	份	2	0
事后结果资料	06	根据会议要求准备的资料	份	2	1
	07	办理的会议费用借款、安排行程	份	1	0
技术要求资料	08	总会计师条例	册	1	0

相关工作标准

标准编码	标准名称
090408	参加重大财经会议发言工作标准

工作标准流程图

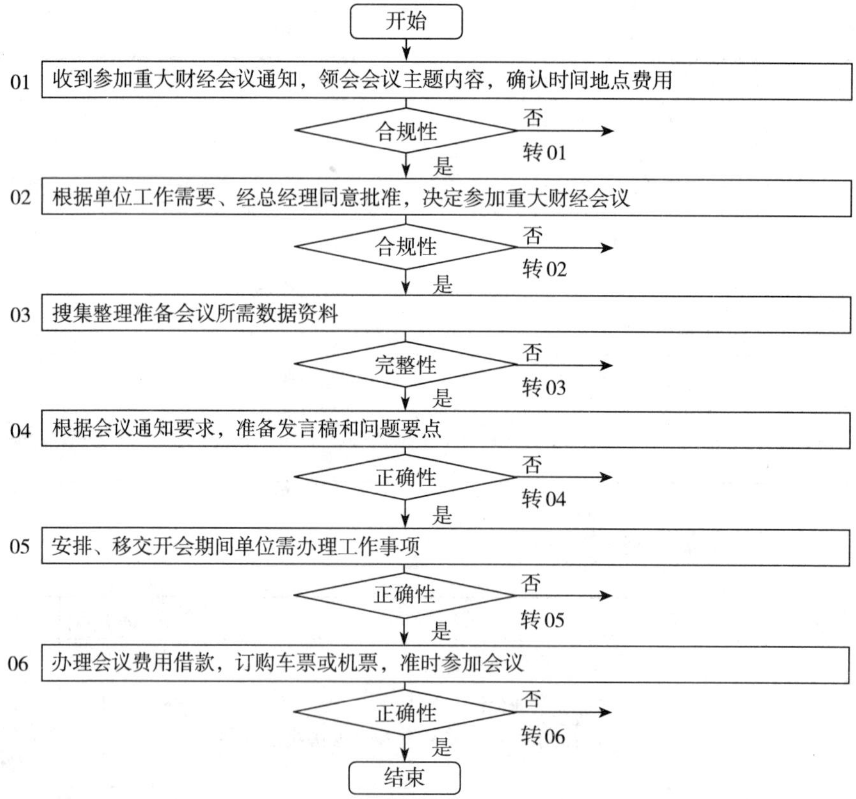

3.6 财务审批工作

3.6.1 财务审批工作标准

标准编码：2406

标准名称：财务审批工作标准

工作标准名称释义

财务审批工作标准是指企业负有财务审批权限的管理部门领导或职能管理工作岗位在业务经济事项办理中完成财务审批的工作规范。

工作标准基本内容

工作核心目标	完成办理业务事项的财务审批工作	
工作开始时间	整理、准备需审批的有关经济业务事项时	
工作结束时间	经济事项经各级审批完成时	
相关工作地点	业务部门办公地 财务部门办公地	各职能管理部门所在地 董事会办公地
相关工作单位	财务部门 各职能管理部门	业务经办单位 董事会
相关工作人员	会计机构负责人 相关会计工作人员 业务经办人	审批人 法人代表 业务经办单位负责人
备　注		

工作标准所需资料

资料类型	编码	资料名称	单位	原件数	复印数
事前准备资料	01	财务审批格式资料	份	1	1
	02	财务申报资料	份	1	0
	03	财务审批经济事项说明资料	份	1	0
事中产生资料	04	财务审批意见资料	份	1	0
事后结果资料	05	经签字或用印完成的审批资料	份	1	0

续表

资料类型	编码	资料名称	单位	原件数	复印数
技术要求资料	06	企业财务管理制度	册	1	0
	07	企业会计核算制度	册	1	0
	08	企业内部控制规范指引	册	1	0

相关工作标准

标准编码	标准名称
2403	财务审批流程设置工作标准

工作标准流程图

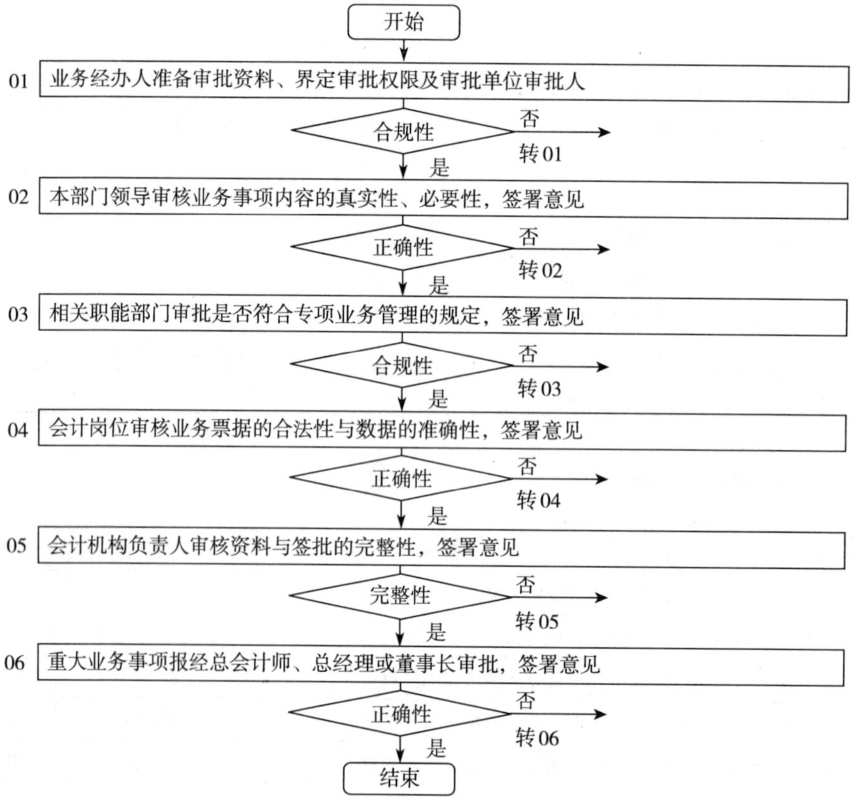

3.6.2 财务公文处理工作标准

标准编码：2310

标准名称：财务公文处理工作标准

工作标准名称释义

财务公文处理工作标准是指财务部门处理政府机关、上级机关、社会相关机构公文及企业内部会签文件等文件，按照文件处理规定进行文件登记、办理的工作规范。

工作标准基本表格

工作核心目标	完成文件规定工作内容	
工作开始时间	接受公文	
工作结束时间	公文处理完毕	
相关工作地点	会计机构负责人办公地 总经理办公室	相关部门办公地 财务部门办公地
相关工作单位	财务部门 各相关部门	总经理办公室 财务总监办公室
相关工作人员	会计机构负责人 会计档案管理岗	相关部门负责人 财务总监
备　　注		

工作标准所需资料

资料类型	编码	资料名称	单位	原件数	复印数
事前准备资料	01	空白收文登记簿	份	1	0
	02	公文收文簿	份	1	1
	03	文件	份	1	1
事中产生资料	04	公文处理拟办意见	份	1	0
事后结果资料	05	文件处理结果	份	1	0
技术要求资料	06	公文处理工作规定	册	1	0

相关工作标准

标准编码	标准名称
2403	财务审批流程设置工作标准

工作标准流程图

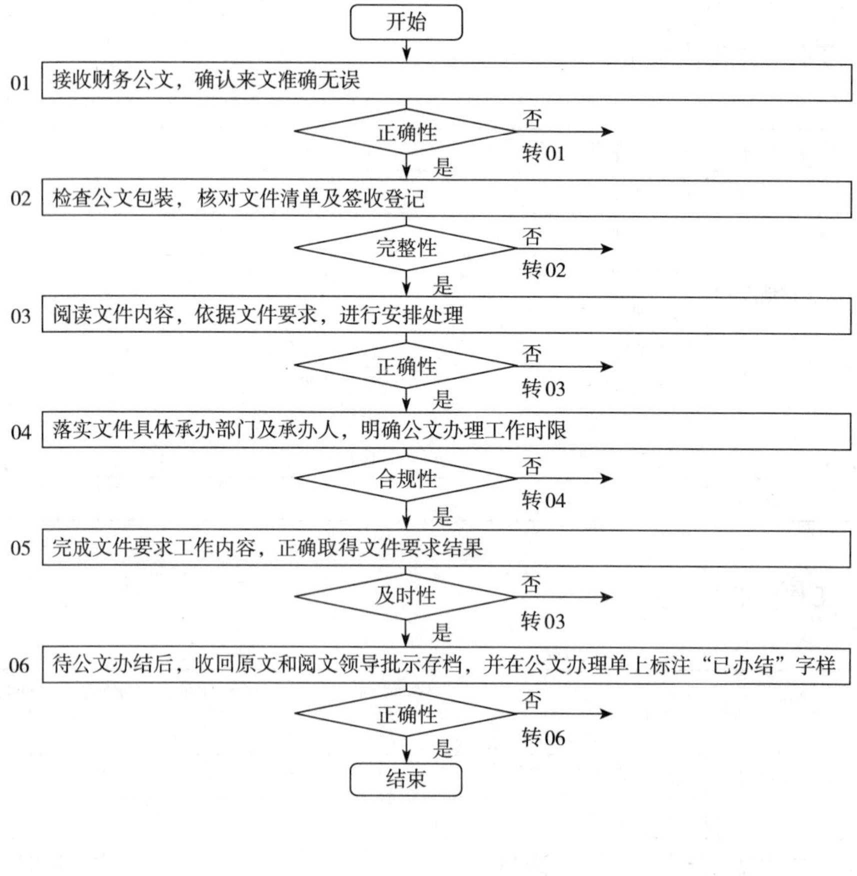

3.7 财务战略规划工作

3.7.1 长期财经目标规划工作标准

标准编码：090101

标准名称：长期财经目标规划工作标准

工作标准名称释义

长期财经目标规划工作标准是指财务总监岗位依据企业长期战略经营目标制定企业长期财经目标的工作规范。

工作标准基本表格

工作核心目标	完成企业长期财经战略目标规划的制定	
工作开始时间	企业长期经营战略目标经董事会、股东会批准	
工作结束时间	企业长期战略财经目标规划经董事会审批通过	
相关工作地点	会计机构负责人办公地 董事会办公地	财务总监办公地
相关工作单位	财务部门 财务总监办公室 股东会	相关管理部门 董事会 总经理办公会
相关工作人员	会计机构负责人岗位 董事长	财务总监 总经理
备　注		

工作标准所需资料

资料类型	编码	资料名称	单位	原件数	复印数
事前准备资料	01	企业长期战略经营目标规划资料	份	1	1
	02	企业固定资产投资长期战略规划	份	1	0
	03	企业销售收入长期战略规划	份	1	0
	04	企业对外投资长期战略规划	份	1	1

续表

资料类型	编码	资料名称	单位	原件数	复印数
事中产生资料	05	拟定的长期战略财经目标规划初稿	份	1	1
	06	经相关部门共同讨论修订的“长期战略财经目标规划”	份	1	1
事后结果资料	07	经董事会审批的“长期战略财经目标规划”	份	1	0
技术要求资料	08	企业内部控制基本规范	册	1	0
	09	总会计师条例	册	1	0

相关工作标准

标准编码	标准名称
090102	单位中长期战略财经目标规划工作标准

工作标准流程图

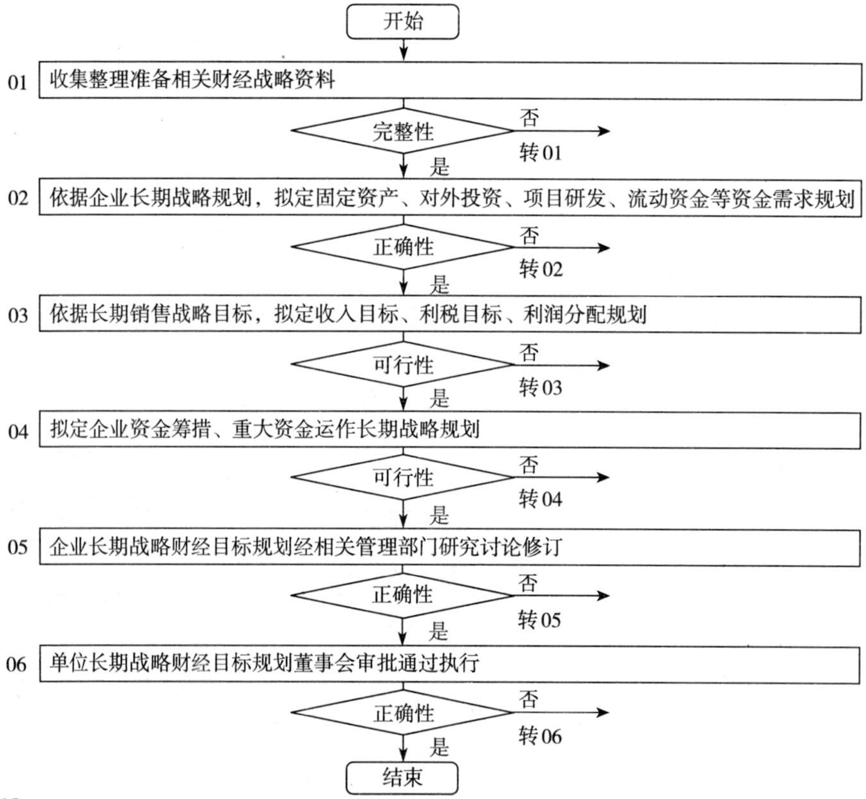

3.7.2　单位中长期战略财经目标规划工作标准

标准编码：090102

标准名称：单位中长期战略财经目标规划工作标准

工作标准名称释义

单位中长期战略财经目标规划工作标准是指财务总监岗位依据企业长期战略财经目标规划，进行时间分解，进而制定企业中长期财经目标规划的工作规范。

工作标准基本表格

工作核心目标	完成企业中长期财经战略目标规划的制定
工作开始时间	整理准备相关资料
工作结束时间	企业中长期战略财经目标规划经董事会审批通过
相关工作地点	会计机构负责人办公地　　财务总监办公地 董事会办公地
相关工作单位	财务部门　　相关管理部门 财务总监办公室　　董事会 股东会
相关工作人员	会计机构负责人　　财务总监 董事长
备　　注	

工作标准所需资料

资料类型	编码	资料名称	单位	原件数	复印数
事前准备资料	01	企业长期战略财经目标规划资料	份	1	1
	02	企业固定资产投资中长期战略规划	份	1	0
	03	企业销售收入中长期战略规划	份	1	0
	04	企业对外投资中长期战略规划	份	1	1
事中产生资料	05	拟定的中长期战略财经目标规划初稿	份	1	1
	06	经相关部门讨论修订的“中长期战略财经目标规划”	份	1	1

续表

资料类型	编码	资料名称	单位	原件数	复印数
事后结果资料	07	经董事会讨论通过的“中长期战略财经目标规划”	份	1	0
技术要求资料	08	企业内部控制基本规范	册	1	0
	09	总会计师工作条例	册	1	0

相关工作标准

标准编码	标准名称
090101	单位长期战略财经目标规划工作标准

工作标准流程图

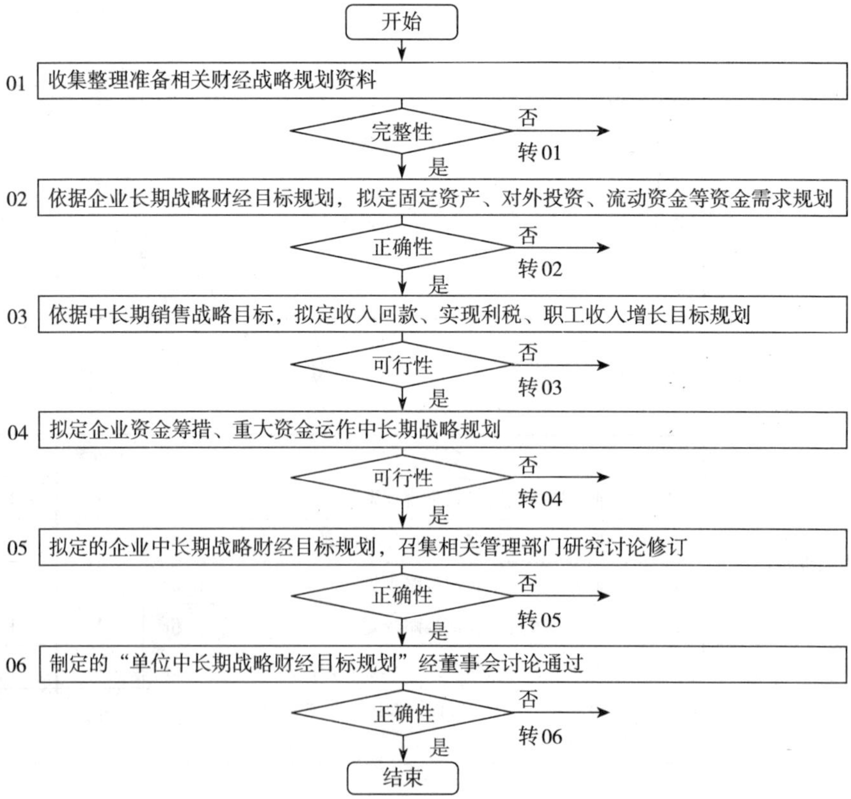

3.7.3 单位年度财务收入计划编制工作标准

标准编码：090106

标准名称：单位年度财务收入计划编制工作标准

工作标准名称释义

单位年度财务收入计划编制工作标准是指财务总监岗位依据企业年度生产经营计划、组织财务部门编制下年度财务收入计划的工作规范。

工作标准基本表格

工作核心目标	完成企业下年度财务收入计划的编制	
工作开始时间	收集准备审核相关计划资料	
工作结束时间	年度财务收入计划经会议讨论、董事会审批。	
相关工作地点	财务总监办公地 财务部办公地	预算委员会办公地 生产管理部门办公地
相关工作单位	财务部门 生产经营管理部门	预算委员会 销售部门
相关工作人员	总会计师（财务总监） 预算管理岗位 预算委员会成员	会计机构负责人 生产经营管理部门负责人 销售部经理
备　　注		

工作标准所需资料

资料类型	编码	资料名称	单位	原件数	复印数
事前准备资料	01	企业年度经营计划	份	1	0
	02	年度产品与劳务销售预算明细表	份	1	0
	03	辅助生产部门年度经营预算	份	1	0
	04	固定资产年度投资预算	份	1	0
事中产生资料	05	企业产品销售收入计划	份	1	0
	06	其他业务销售收入计划	份	1	1
	07	重大固定资产项目处理计划	份	1	1
	08	部门年度财务收入计划	份	1	0

续表

资料类型	编码	资料名称	单位	原件数	复印数
事后结果资料	09	董事会审批的年度财务收入计划书	份	1	0
技术要求资料	10	企业会计准则——收入	册	1	0
	11	总会计师条例	册	1	0

相关工作标准

标准编码	标准名称
06020117	年度财务收入预算编制工作标准

工作标准流程图

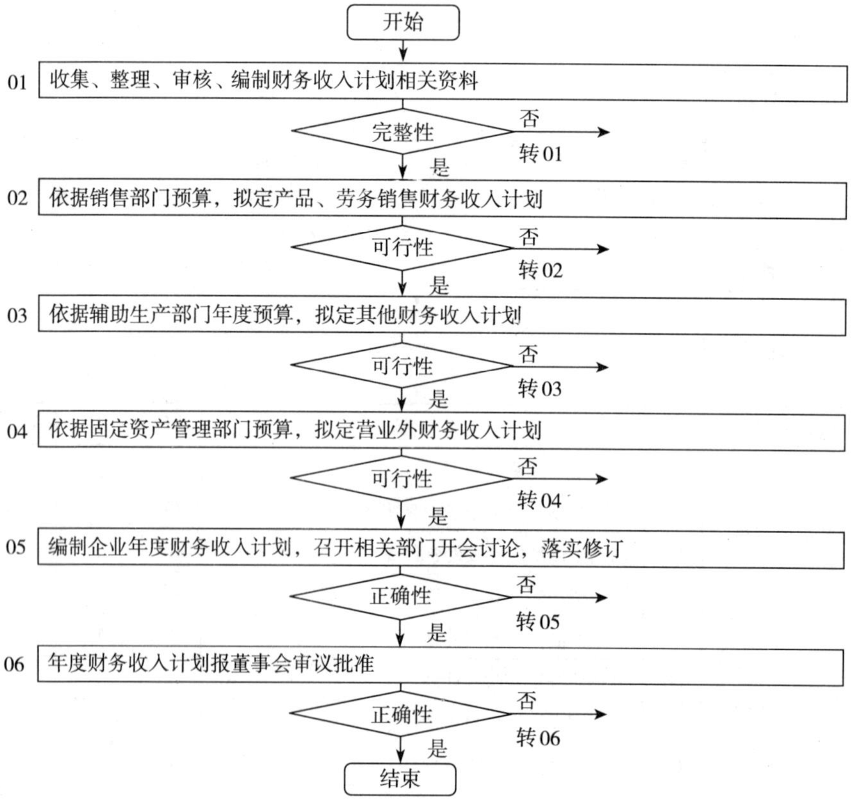

3.7.4　单位年度财务支出计划编制工作标准

标准编码：090107

标准名称：单位年度财务支出计划编制工作标准

工作标准名称释义

单位年度财务支出计划编制工作标准是指财务总监岗位依据企业下年度生产经营目标及相关业务预算组织编制下年度财务支出计划的工作规范。

工作标准基本表格

工作核心目标	完成下年度财务支出计划的编制	
工作开始时间	接到企业下年度生产经营目标与有关业务预算时	
工作结束时间	年度财务支出计划经审核批准时	
相关工作地点	各相关部门办公地 财务部门办公地	预算委员会办公地 董事会办公地
相关工作单位	预算委员会 董事会	其他相关管理部门 财务部门
相关工作人员	总会计师（财务总监） 各部门预算编制人员 董事会成员	会计机构负责人 预算委员会成员
备　　注		

工作标准所需资料

资料类型	编码	资料名称	单位	原件数	复印数
事前准备资料	01	企业年度经营预算	份	1	0
	02	企业年度材料采购预算	份	1	1
	03	企业年度管理费用预算	份	1	0
	04	企业年度销售费用支出预算	份	1	0
	05	企业年度生产成本预算	份	1	0
事中产生资料	06	各部门财务支出预算汇总表	份	1	1
	07	年度财务支出计划草案	份	1	0
事后结果资料	08	经审批的年度财务支出计划	份	1	0
技术要求资料	09	总会计师条例	册	1	0
	10	企业财务通则	册	1	0

相关工作标准

标准编码	标准名称
0602	年度收入预算编制工作标准
0605	年度预算编制工作标准

工作标准流程图

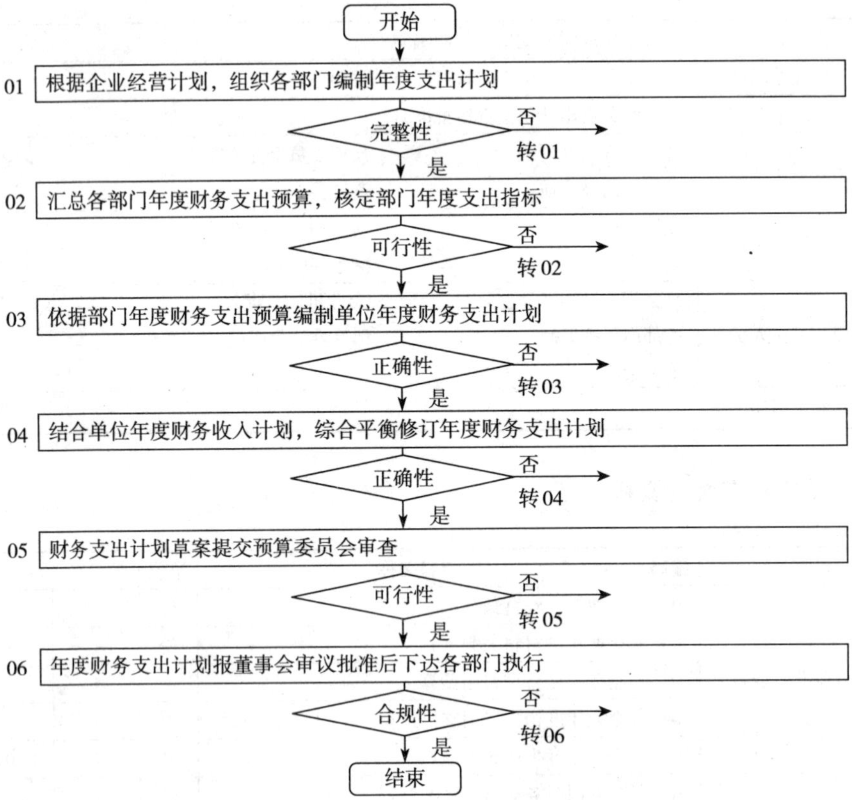

3.8 全面预算工作

3.8.1 全面预算管理制度制定工作标准

标准编码：090201

标准名称：全面预算管理制度制定工作标准

工作标准名称释义

全面预算管理制度制定工作标准是指企业财务总监岗位组织制定全面预算管理制度的工作规范。

工作标准基本表格

工作核心目标	完成企业全面预算管理制度的制定	
工作开始时间	准备相关资料	
工作结束时间	制定的全面预算管理制度经董事会审批	
相关工作地点	财务总监办公地 董事会办公地	行政人事部门办公地
相关工作单位	财务总监办公室 董事会	行政人事部 财务部
相关工作人员	财务人员 行政人事总监	董事长 总经理
备　注		

工作标准所需资料

资料类型	编码	资料名称	单位	原件数	复印数
事前准备资料	01	董事会关于实行全面预算管理的决议	份	1	1
事中产生资料	02	全面预算管理制度初稿	份	1	1
	03	全面预算管理制度相关部门会议讨论修订稿	份	1	0
事后结果资料	04	企业全面预算管理制度文件	份	1	0
技术要求资料	05	总会计师条例	册	1	0
	06	企业内部控制基本规范	册	1	0

相关工作标准

标准编码	标准名称
060103	预算管理机构设置工作标准

工作标准流程图

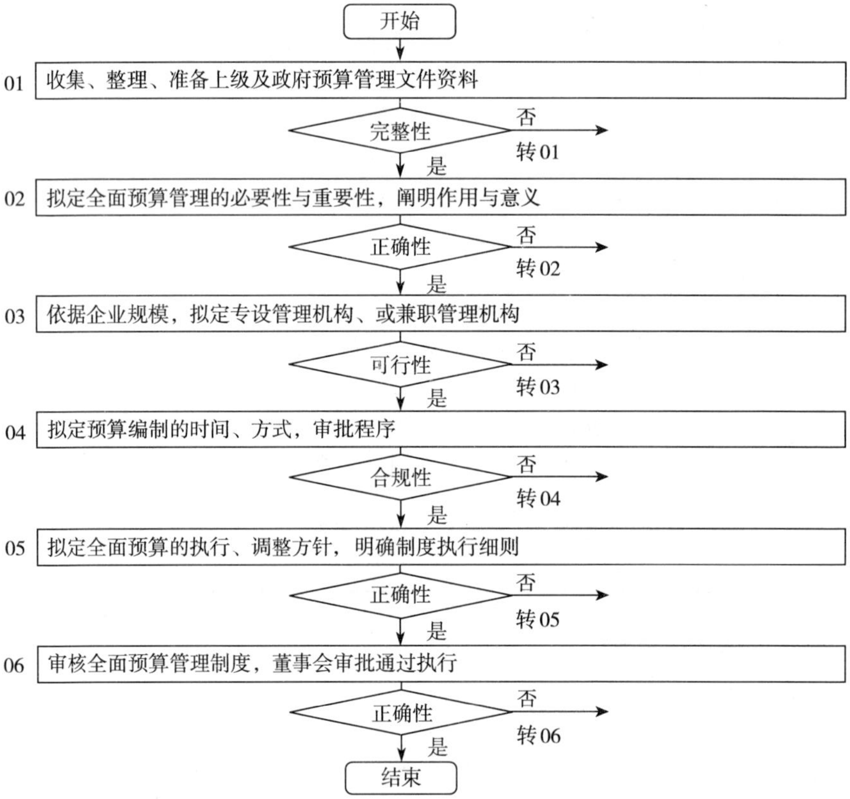

3.8.2 预算方案审批工作标准

标准编码：090204

标准名称：预算方案审批工作标准

工作标准名称释义

预算方案审批工作标准是指财务总监岗位对于预算管理机构组织编制的部门预算方案或项目预算方案进行审核批准的工作规范。

工作标准基本表格

工作核心目标	完成预算方案审批工作	
工作开始时间	规定时间	
工作结束时间	规定时间	
相关工作地点	财务总监办公地 预算委员会办公地	预算编制小组办公地 董事会办公地
相关工作单位	财务总监办公室 预算委员会	预算编制小组 董事会
相关工作人员	财务总监岗位 部门预算编制人员	董事长 预算委员会成员
备　　注		

工作标准所需资料

资料类型	编码	资料名称	单位	原件数	复印数
事前准备资料	01	部门预算方案	份	1	1
	02	项目预算方案	份	1	0
	03	企业中长期战略财经目标规划	份	1	0
事中产生资料	04	财务部门对预算方案专项意见书	份	1	1
	05	预算方案修改意见	份	1	1
事后结果资料	06	研究批准的预算方案	份	1	0
	07	预算方案审批文件	份	1	2
技术要求资料	08	总会计师条例	册	1	0
	09	企业内部控制规范	册	1	0

相关工作标准

标准编码	标准名称
090201	全面预算管理制度制定工作标准

工作标准流程图

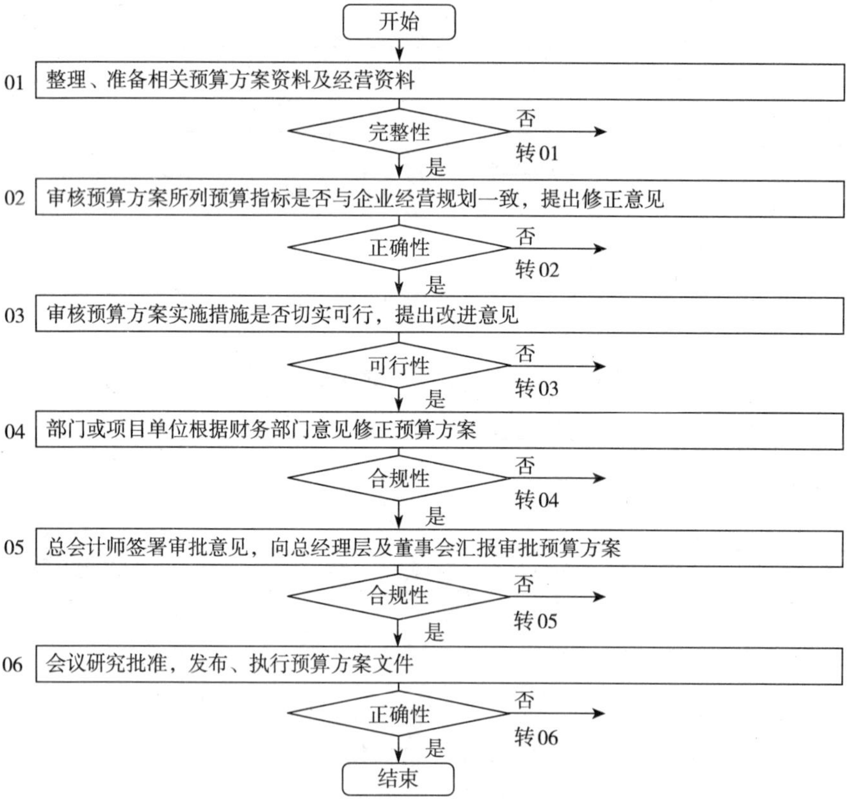

3.8.3　预算指标拟定工作标准

标准编码：090203

标准名称：预算指标拟定工作标准

工作标准名称释义

预算指标拟定工作标准是指财务部门组织编制企业预算、拟定预算指标、审批预算方案、下达预算指标的工作规范。

工作标准基本表格

工作核心目标	完成预算指标的拟定	
工作开始时间	收集整理审核准备相关资料	
工作结束时间	拟定的预算指标被采纳	
相关工作地点	财务总监办公地 生产经营管理部门所在地	各辅助生产部门所在地
相关工作单位	财务部门 相关责任单位	总经理办公室 预算指标相关部门
相关工作人员	会计机构负责人岗位 董事长 财务总监	主管总经理 相关部门负责人
备　　注		

工作标准所需资料

资料类型	编码	资料名称	单位	原件数	复印数
事前准备资料	01	企业上年财务报表	份	1	1
	02	企业上年主要经济技术指标统计表	份	0	0
	03	企业近期主要经济技术指标统计表	份	1	0
	04	同行业同类经济技术指标资料	份	1	0
	05	相关产品生产技术工艺指标资料	份	1	1
事中产生资料	06	指标差异计算表	份	1	1
	07	指标差异原因分析	份	1	0
	08	预算指标体系草案	份	1	0

续表

资料类型	编码	资料名称	单位	原件数	复印数
事后结果资料	09	经审核批准的预算指标体系	份	1	0
技术要求资料	10	总会计师条例	册	1	0
	11	企业内部控制基本规范	册	1	0

相关工作标准

标准编码	标准名称
090201	全面预算管理制度制定工作标准

工作标准流程图

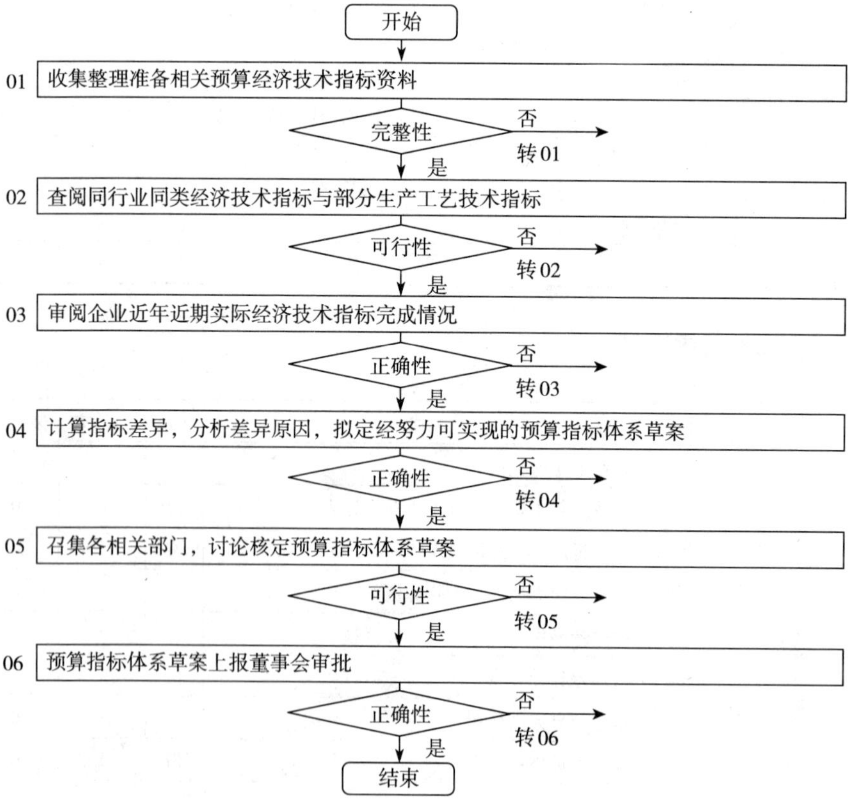

3.9 重大财经项目方案工作

3.9.1 重大财经项目方案编制工作标准

标准编码：090301

标准名称：重大财经项目方案编制工作标准

工作标准名称释义

重大财经项目方案编制工作标准是指财务总监岗位对企业重大投资、收购、出让、重组、筹资等重大财经项目计划方案编制或组织编制的工作规范。

工作标准基本表格

工作核心目标	完成重大财经项目方案的编制		
工作开始时间	规定时间		
工作结束时间	规定时间		
相关工作地点	财务总监办公地 总经理办公地	相关职能管理部门办公室 董事会办公地	
相关工作单位	财务总监办公室、 相关职能部门	预算管理岗位 董事会	 总经理办公室
相关工作人员	主管总经理 总会计师（财务总监）	董事长 相关职能部门负责人	
备　　注			

工作标准所需资料

资料类型	编码	资料名称	单位	原件数	复印数
事前准备资料	01	董事会重大筹资项目决议	份	1	1
	02	董事会重大投资项目决议	份	1	0
	03	董事会重大资产出让项目决议	份	1	0
	04	董事会重大资产重组项目决议	份	1	0
	05	重大财经项目可行性论证报告	份	1	1
事中产生资料	06	重大财经项目实施草案	份	2	0
	07	选择修改的较佳方案	份	1	0

续表

资料类型	编码	资料名称	单位	原件数	复印数
事后结果资料	08	经董事会审批的重大财经项目方案	份	1	0
技术要求资料	09	总会计师条例	册	1	0
	10	企业内部控制配套指引	册	1	0

相关工作标准

标准编码	标准名称
1204	投资项目可行性研究工作标准
0107	参与企业重大融资方案决策工作标准

工作标准流程图

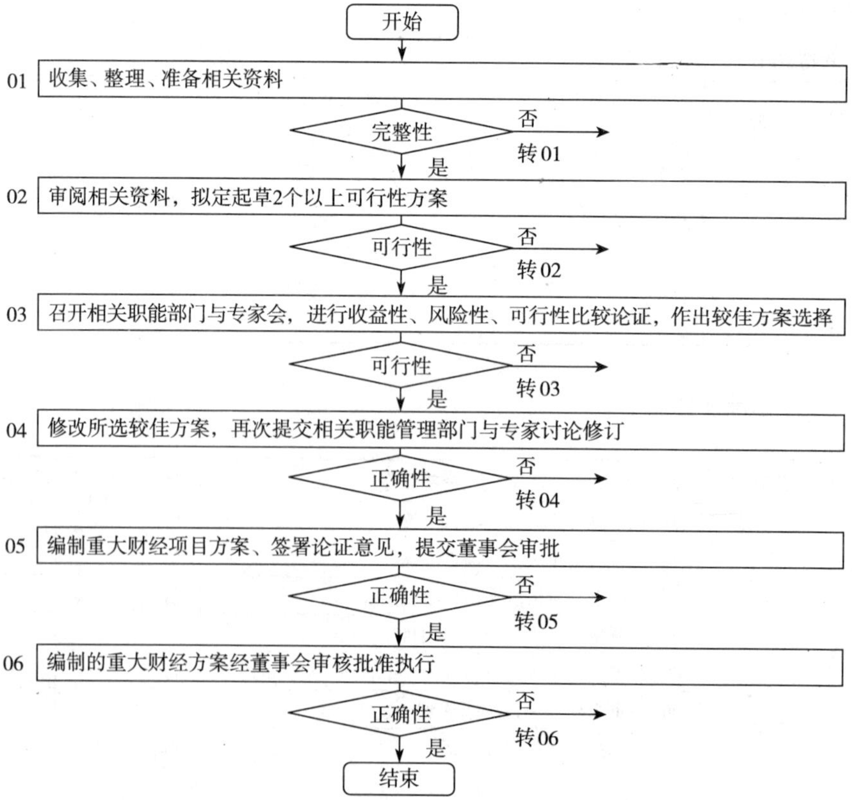

3.9.2 重大财经项目方案实施工作标准

标准编码：090302

标准名称：重大财经项目方案实施工作标准

工作标准名称释义

重大财经项目方案实施工作标准是指财务总监岗位组织或参与重大财经项目方案实施的工作规范。

工作标准基本表格

工作核心目标	完成重大财经项目方案的实施工作	
工作开始时间	重大财经项目方案经董事会审批	
工作结束时间	重大财经项目实施完成	
相关工作地点	财务总监办公地 各责任单位办公地 总经理办公地	相关责任单位办公地 相关职能管理部门办公室 投资管理部门办公地
相关工作单位	总经理办公室 相关职能部门	财务总监办公室 投资管理部门　投资单位
相关工作人员	财务总监岗位 相关职能部门负责人 总经理	相关责任单位负责人 投资管理部门负责人 投资伙伴
备　注		

工作标准所需资料

资料类型	编码	资料名称	单位	原件数	复印数
事前准备资料	01	董事会重大财经项目决议	份	1	1
	02	重大财经项目实施方案	份	1	0
事中产生资料	03	重大财经项目方案实施管理机构设置文件	份	1	1
	04	重大财经项目方案实施预算	份	1	1
	05	重大财经项目方案实施招标书	份	1	1
	06	重大财经项目方案实施合同	份	1	0
	07	重大财经项目方案实施跟踪记录	份	1	0
	08	重大财经项目方案实施完工质量鉴定单	份	1	0

续表

资料类型	编码	资料名称	单位	原件数	复印数
事后结果资料	09	重大财经项目方案实施完工验收单	份	1	0
	10	重大财经项目方案实施完工决算	份	1	0
	11	重大财经项目方案实施结果总结	份	1	0
技术要求资料	12	企业内部控制制度	册	1	0

相关工作标准

标准编码	标准名称
090301	重大财经项目方案编制工作标准

工作标准流程图

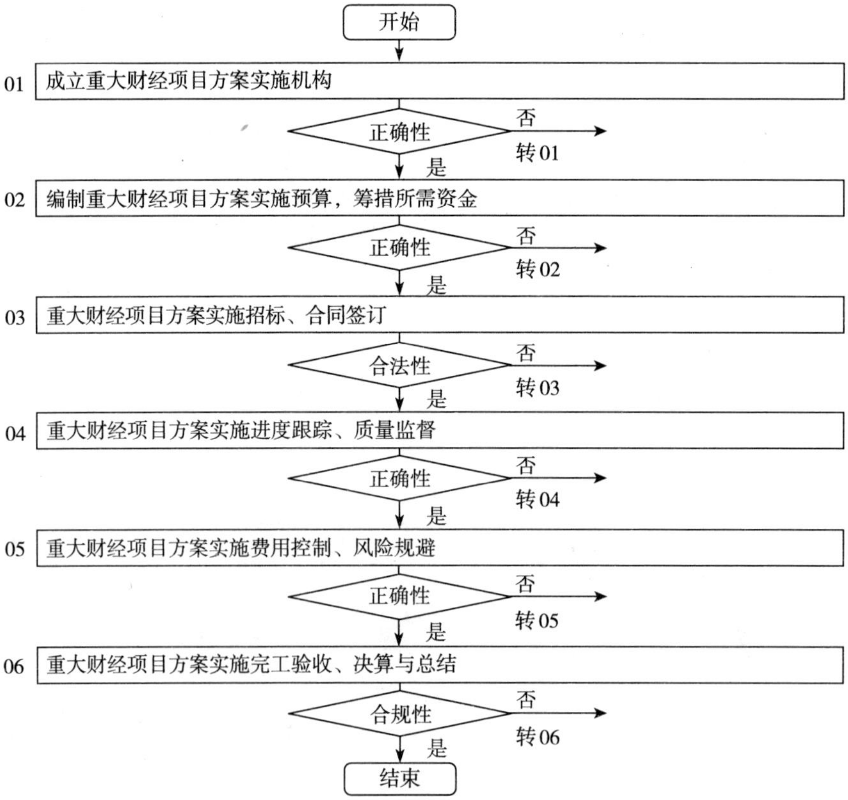

3.9.3　重大财经项目方案实施结果验收工作标准

标准编码：090304

标准名称：重大财经项目方案实施结果验收工作标准

工作标准名称释义

重大财经项目方案实施结果验收工作标准是指企业在重大财经项目方案实施结果组织相关职能部门、专业技术人员与专业管理人员等进行合格验收的工作标准。

工作标准基本表格

工作核心目标	完成重大财经项目方案实施结果验收工作	
工作开始时间	收到承包商《竣工验收报告》	
工作结束时间	取得《重大财经项目方案实施结果验收报告》	
相关工作地点	财务总监办公地 总经理办公地	重大财经项目管理机构办公地
相关工作单位	总经理办公室 重大财经项目管理机构 项目承建单位	财务总监办公室 相关职能部门 工程监理部门
相关工作人员	主管总经理 相关职能管理部门负责人 承建单位负责人	总会计师（财务总监） 工程监理
备　　注		

工作标准所需资料

资料类型	编码	资料名称	单位	原件数	复印数
事前准备资料	01	重大财经项目方案	份	1	1
	02	建设工程竣工验收报告	份	1	0
	03	重大财经项目方案实施报告	份	1	0
	04	重大工程项目发包承建合同	份	1	1
事中产生资料	05	重大财经项目验收小组名单	份	1	1
	06	重大财经项目方案验收数据记录	份	1	0
	07	验收会议评价、意见、结论记录	份	1	0

续表

资料类型	编码	资料名称	单位	原件数	复印数
事后结果资料	08	重大财经项目方案实施验收报告	份	2	1
技术要求资料	09	总会计师条例	册	1	0
	10	企业内部控制配套指引	册	1	0

相关工作标准

标准编码	标准名称
090303	重大财经项目方案实施结果汇报工作标准

工作标准流程图

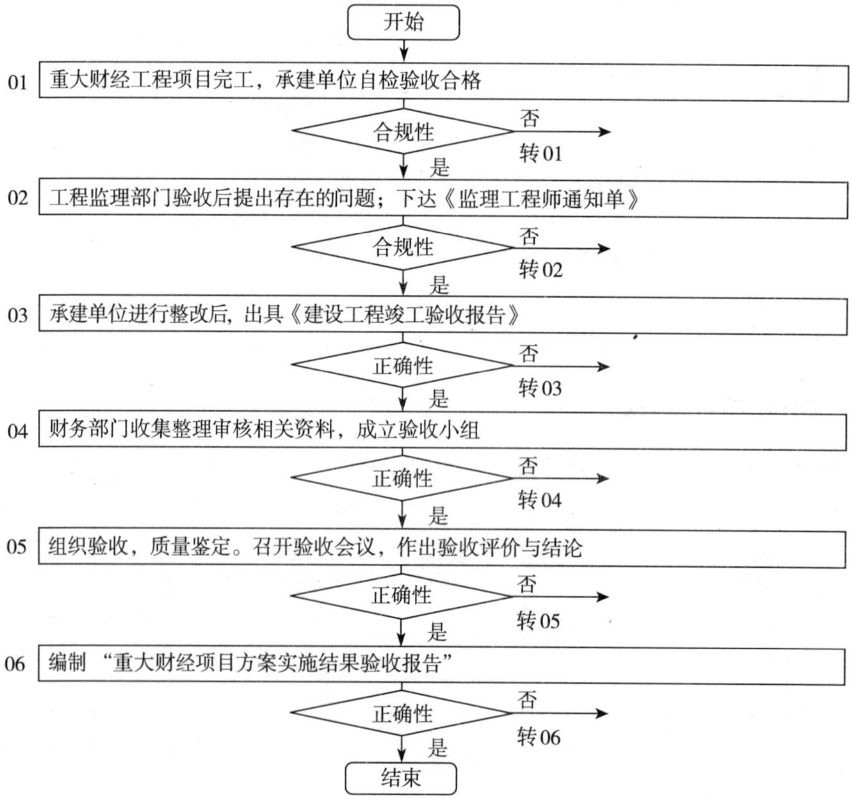

3.10 资产评估工作

3.10.1 资产评估方案制定工作标准

标准编码：090501

标准名称：资产评估方案制定工作标准

工作标准名称释义

资产评估方案制定工作标准是指企业为了满足特别需要进行资产评估，在财务总监的指导和组织下，编制制定资产评估方案的工作规范。

工作标准基本表格

工作核心目标	编制完成资产评估方案	
工作开始时间	资产评估立项报告被批准	
工作结束时间	取得经审核批准后的资产评估工作方案	
相关工作地点	财务总监办公地 相关责任单位办公地	财务处长办公地
相关工作单位	财务部门 财务总监办公室	相关管理部门
相关工作人员	会计机构负责人岗位 相关责任单位负责人	总会计师（财务总监）
备　　注		

工作标准所需资料

资料类型	编码	资料名称	单位	原件数	复印数
事前准备资料	01	资产评估任务书	份	1	
	02	资产评估立项报告	份	1	1
事中产生资料	03	资产评估工作方案（草案）	份	1	0
事后结果资料	04	资产评估工作方案	份	1	1
技术要求资料	05	资产评估准则——评估程序	册	1	0

相关工作标准

标准编码	标准名称
090502	资产评估方案实施结果验收工作标准

工作标准流程图

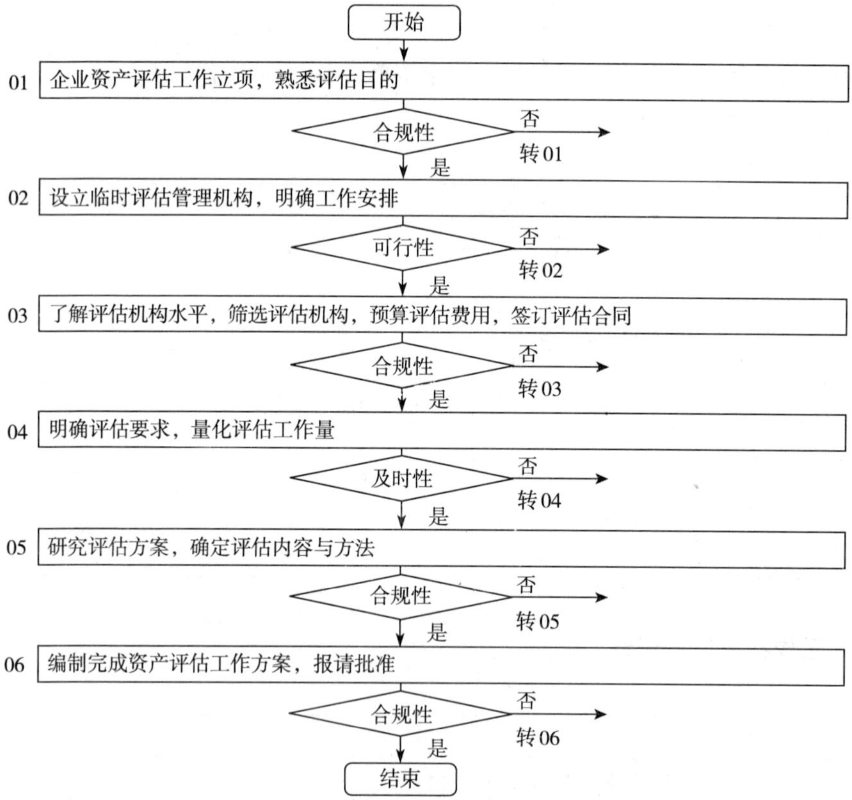

3.10.2 资产评估方案实施结果验收工作标准

标准编码：090502

标准名称：资产评估方案实施结果验收工作标准

工作标准名称释义

资产评估方案实施结果验收工作标准是指财务总监岗位组织相关部门人员，对评估方案实施结果实施验收的工作规范。

工作标准基本表格

工作核心目标	完成对资产评估方案实施结果的验收工作	
工作开始时间	规定时间	
工作结束时间	规定时间	
相关工作地点	财务总监办公地	相关单位办公地
相关工作单位	相关管理部门	财务总监办公室
相关工作人员	总会计师（财务总监） 内部审计人员	相关责任单位负责人 会计机构负责人
备　　注		

工作标准所需资料

资料类型	编码	资料名称	单位	原件数	复印数
事前准备资料	01	资产评估立项资料	份	1	1
	02	资产评估报告初稿	份	1	5
事中产生资料	03	资产评估方案实施结果评价与修正意见	份	1	1
事后结果资料	04	资产评估报告	份	1	1
	05	资产评估方案实施结果验收报告	份	1	0
技术要求资料	06	资产评估准则	册	1	1

相关工作标准

标准编码	标准名称
090501	资产评估方案制定工作标准

工作标准流程图

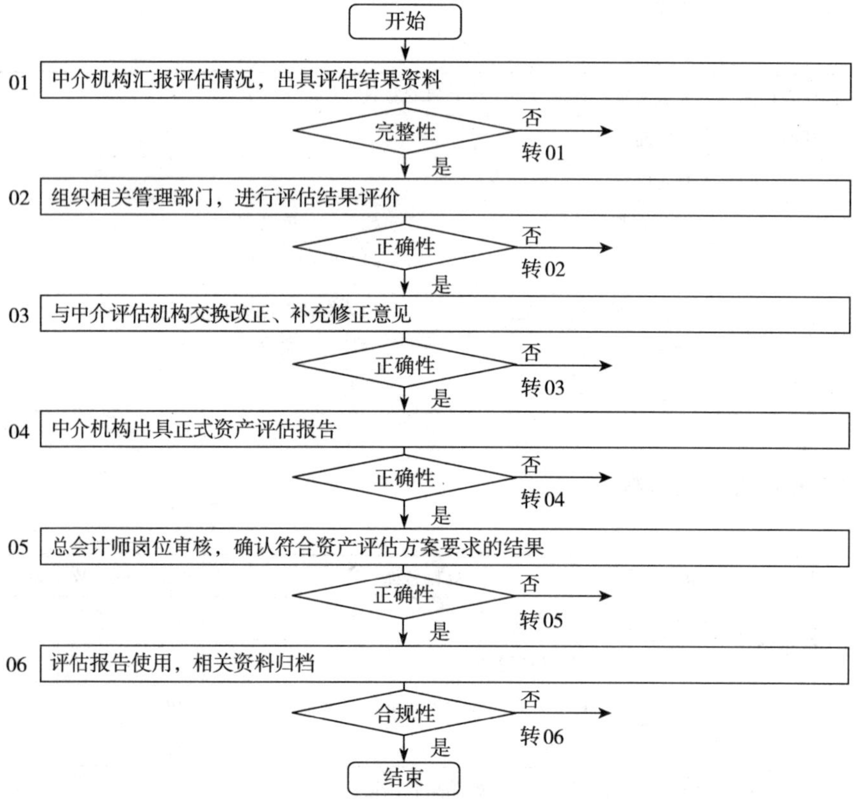

3.11　新设机构工作

3.11.1　新设机构方案制定工作标准

标准编码：090601

标准名称：新设机构方案制定工作标准

工作标准名称释义

新设机构方案制定工作标准是指企业根据经营管理需要设立经营机构，同时新设会计机构的工作规范。

工作标准基本表格

工作核心目标	完成新设会计机构方案的制定
工作开始时间	收到新设会计机构决定
工作结束时间	新设会计机构方案经总经理与人事部批准
相关工作地点	会计机构负责人办公地　财务总监办公地 劳动人事部门办公地
相关工作单位	总经理办公室　财务总监办公室 人事部
相关工作人员	会计机构负责人　主管总经理 财务总监岗位　人事部经理
备　　注	

工作标准所需资料

资料类型	编码	资料名称	单位	原件数	复印数
事前准备资料	01	新设会计机构董事会决议	份	1	1
	02	新设会计机构服务单位信息资料	份	1	1
事中产生资料	03	新设会计机构草案	份	1	0
	04	新设会计机构草案修订意见	份	1	0
事后结果资料	05	新设会计机构方案	份	1	0
技术要求资料	06	会计基础工作规范	册	1	0
	07	中华人民共和国会计法	册	1	0
	08	总会计师条例	册	1	0

相关工作标准

标准编码	标准名称
040302	企业下级财会机构设置工作标准

工作标准流程图

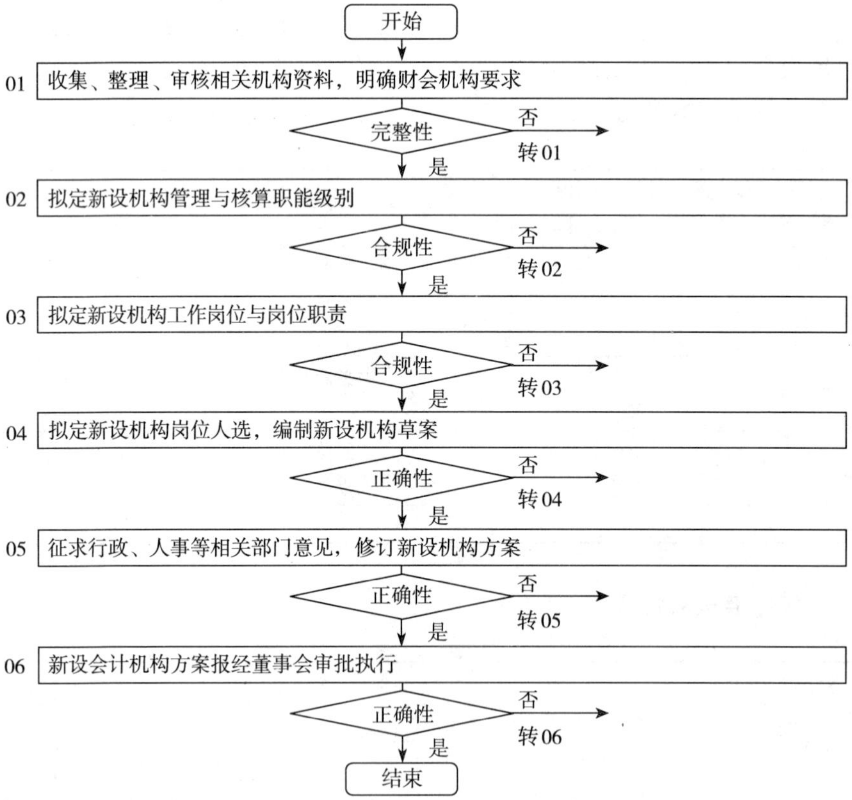

3.11.2　新设机构方案实施结果验收工作标准

标准编码：090602

标准名称：新设机构方案实施结果验收工作标准

工作标准名称释义

新设机构方案实施结果验收工作标准是指财务总监岗位组织相关部门人员对新设机构方案实施结果进行检查验收的工作规范。

工作标准基本表格

工作核心目标	完成新设机构方案实施结果验收工作	
工作开始时间	拟定验收方案	
工作结束时间	作出验收结果评价与改进规定	
相关工作地点	会计机构负责人办公地 新设会计机构办公地	财务总监办公地
相关工作单位	财务部门 新设会计机构	财务总监办公室 劳动人事部
相关工作人员	会计机构负责人 新设机构负责人	财务总监岗位 人事部经理
备　　注		

工作标准所需资料

资料类型	编码	资料名称	单位	原件数	复印数
事前准备资料	01	新设机构方案	份	1	1
	02	新设机构人员聘任文件	份	1	1
事中产生资料	03	新设机构方案实施结果验收方案	份	1	1
	04	验收小组名单	份	1	1
	05	新设机构方案实施验收标准	份	1	1
	06	验收结果数据记录	份	1	0
事后结果资料	07	新设机构方案实施结果验收评价	份	1	1
	08	新设机构方案实施结果验收改进意见	份	1	0
技术要求资料	09	会计基础工作规范	册	1	1
	10	总会计师条例	册	1	0

相关工作标准

标准编码	标准名称
090601	新设机构方案制定工作标准

工作标准流程图

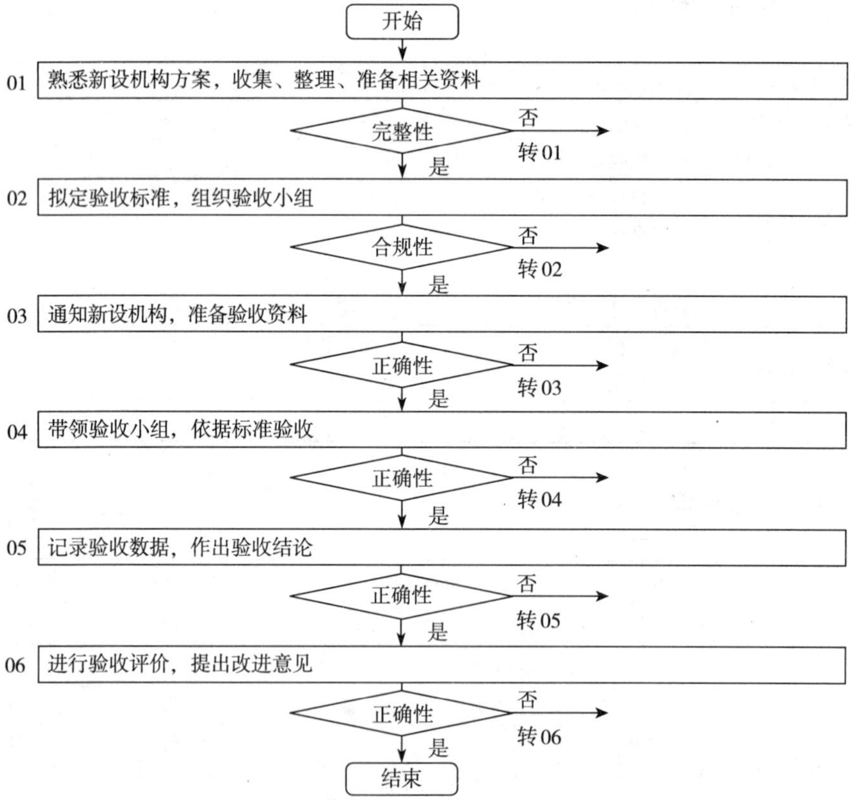

3.12 单位分割会计组织工作

3.12.1 单位分割会计工作方案制定工作标准

标准编码：090701

标准名称：单位分割会计工作方案制定工作标准

工作标准名称释义

单位分割会计工作方案制定工作标准是指财务总监岗位对企业因机构改制、单位分割的会计工作方案制定工作规范。

工作标准基本表格

工作核心目标	完成单位分割会计工作方案制定工作	
工作开始时间	收到单位分割文件	
工作结束时间	单位分割会计工作方案经董事会批准	
相关工作地点	会计机构负责人办公地 劳动人事部门办公地	财务总监办公地
相关工作单位	财务部门 劳资人事部门	财务总监办公室 董事会
相关工作人员	会计机构负责人 董事长	财务总监岗位 劳动人事部门负责人
备　注		

工作标准所需资料

资料类型	编码	资料名称	单位	原件数	复印数
事前准备资料	01	单位改制分割文件	份	1	1
	02	现有单位财务机构设置资料	份	1	1
	03	单位最近资产负债表	份	1	0
	04	单位分割资产负债分割明细表	份	1	1
事中产生资料	05	财务机构分割方案	份	1	1
	06	财务机构人员分割方案	份	1	0
	07	单位分割相关资产负债分割会计处理方案	份	1	1
	08	原单位会计档案资料保管方案	份	1	0
	09	单位分割会计工作草案	份	1	1

续表

资料类型	编码	资料名称	单位	原件数	复印数
事后结果资料	10	单位分割会计工作方案	份	1	0
技术要求资料	11	会计基础工作规范	册	1	1
	12	中华人民共和国会计法	册	1	0
	13	总会计师条例	册	1	0

相关工作标准

标准编码	标准名称
090702	单位分割会计工作方案实施结果验收工作标准

工作标准流程图

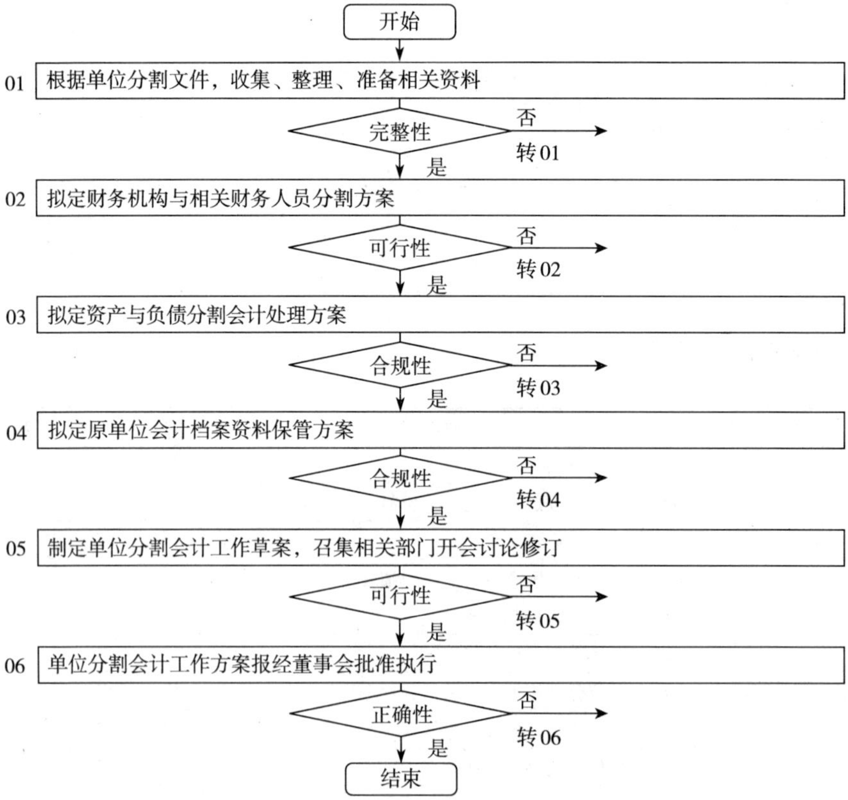

3.12.2　单位分割会计工作方案实施结果验收工作标准

标准编码：090702

标准名称：单位分割会计工作方案实施结果验收工作标准

工作标准名称释义

单位分割会计工作方案实施结果验收工作标准是指财务总监岗位组织相关部门人员对单位分割会计工作方案实施结果进行验收的工作规范。

工作标准基本表格

工作核心目标	完成单位分割会计工作方案实施结果验收工作	
工作开始时间	拟定验收方案	
工作结束时间	作出验收结果评价与改进规定	
相关工作地点	会计机构负责人办公地 新设会计机构办公地	财务总监办公地
相关工作单位	财务部门 新设会计机构	财务总监办公室 劳动人事部
相关工作人员	会计机构负责人 新设机构负责人	财务总监岗位 人事部经理
备　注		

工作标准所需资料

资料类型	编码	资料名称	单位	原件数	复印数
事前准备资料	01	单位分割会计工作方案	份	1	1
	02	新设会计机构人员聘任文件	份	1	1
事中产生资料	03	单位分割会计工作方案实施结果验收方案	份	1	1
	04	验收小组名单	份	1	1
	05	单位分割会计工作方案实施验收标准	份	1	1
	06	验收结果数据记录	份	1	0
事后结果资料	07	单位分割会计工作方案实施结果验收评价	份	1	1
	08	单位分割会计工作方案实施结果验收改进意见	份	1	0
技术要求资料	09	会计基础工作规范	册	1	1
	10	总会计师条例	册	1	0

相关工作标准

标准编码	标准名称
090701	单位分割会计工作方案制定工作标准

工作标准流程图

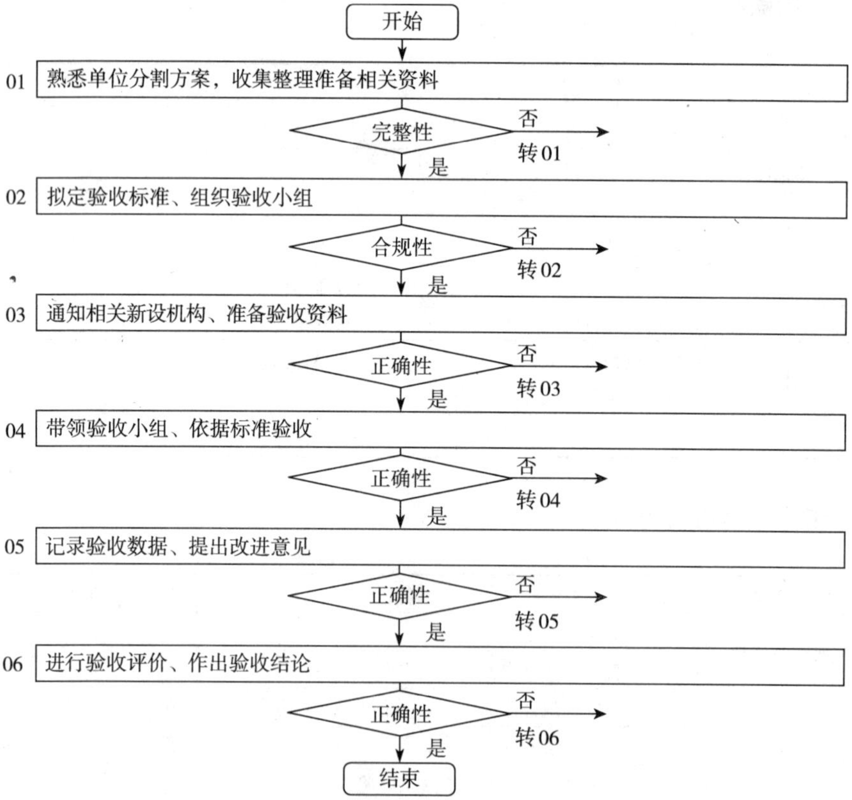

3.13　重组会计组织工作

3.13.1　单位重组会计方案制定工作标准

标准编码：090801

标准名称：单位重组会计方案制定工作标准

工作标准名称释义

单位重组会计方案制定工作标准是指财务总监岗位依据单位重组方案组织制定相关会计部门重组方案的工作规范。

工作标准基本表格

工作核心目标	完成单位重组会计方案制定工作	
工作开始时间	收到单位重组文件	
工作结束时间	单位重组会计方案经董事会批准	
相关工作地点	会计机构负责人办公地 劳动人事部门办公地	财务总监办公地
相关工作单位	财务部门 劳资人事部门	财务总监办公室 董事会
相关工作人员	会计机构负责人 董事长	财务总监岗位 劳动人事部门负责人
备　　注		

工作标准所需资料

资料类型	编码	资料名称	单位	原件数	复印数
事前准备资料	01	单位重组会议决议文件	份	1	1
	02	现有单位财务机构设置资料	份	1	1
	03	单位最近资产负债表	份	1	0
	04	单位重组资产与负债组合分割明细	份	1	1
事中产生资料	05	财务机构重组方案	份	1	1
	06	财务机构人员重组配备方案	份	1	0
	07	单位重组资产与负债会计处理方案	份	1	1
	08	原单位会计档案资料保管方案	份	1	0
	09	单位重组会计工作草案	份	1	1

续表

资料类型	编码	资料名称	单位	原件数	复印数
事后结果资料	10	单位重组会计工作方案	份	1	0
技术要求资料	11	会计基础工作规范	册	1	1
	12	中华人民共和国会计法	册	1	0
	13	总会计师条例	册	1	0

相关工作标准

标准编码	标准名称
090701	单位分割会计工作方案制定工作标准
090802	单位重组会计方案实施结果验收工作标准

工作标准流程图

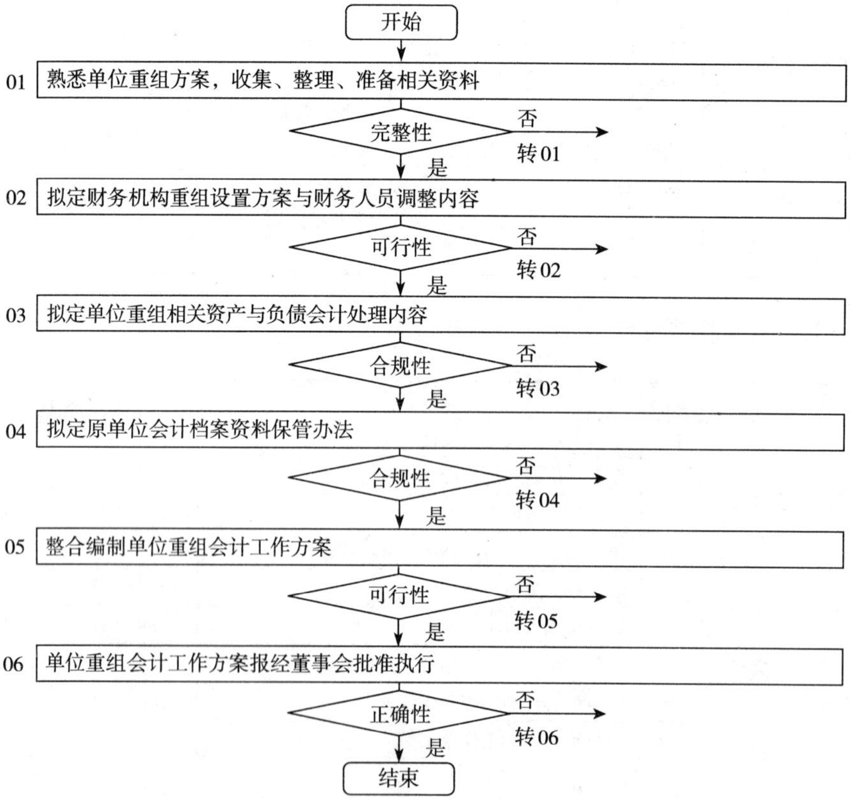

3.13.2 单位重组会计方案实施结果验收工作标准

标准编码：090802

标准名称：单位重组会计方案实施结果验收工作标准

工作标准名称释义

单位重组会计方案实施结果验收工作标准是指财务总监岗位组织相关部门人员对单位重组会计方案实施结果进行验收的工作规范。

工作标准基本表格

工作核心目标	完成单位重组会计工作方案实施结果验收工作	
工作开始时间	规定时间	
工作结束时间	规定时间	
相关工作地点	财务总监办公地 会计机构负责人办公地	新设会计机构办公地
相关工作单位	财务部门 新设会计机构	财务总监办公室 劳动人事部
相关工作人员	会计机构负责人 新设机构负责人	财务总监 人事部经理
备　注		

工作标准所需资料

资料类型	编码	资料名称	单位	原件数	复印数
事前准备资料	01	单位重组会计工作方案	份	1	1
	02	新设会计机构人员聘任文件	份	1	1
事中产生资料	03	单位重组会计工作方案实施结果验收方案	份	1	1
	04	验收小组名单	份	1	1
	05	单位重组会计工作方案实施验收标准	份	1	1
	06	验收结果数据记录	份	1	0
事后结果资料	07	单位重组会计工作方案实施结果验收评价	份	1	1
	08	单位重组会计工作方案实施结果验收改进意见	份	1	0
技术要求资料	09	会计基础工作规范	册	1	1
	10	总会计师条例	册	1	0

相关工作标准

标准编码	标准名称
090801	单位重组会计方案制定工作标准

工作标准流程图

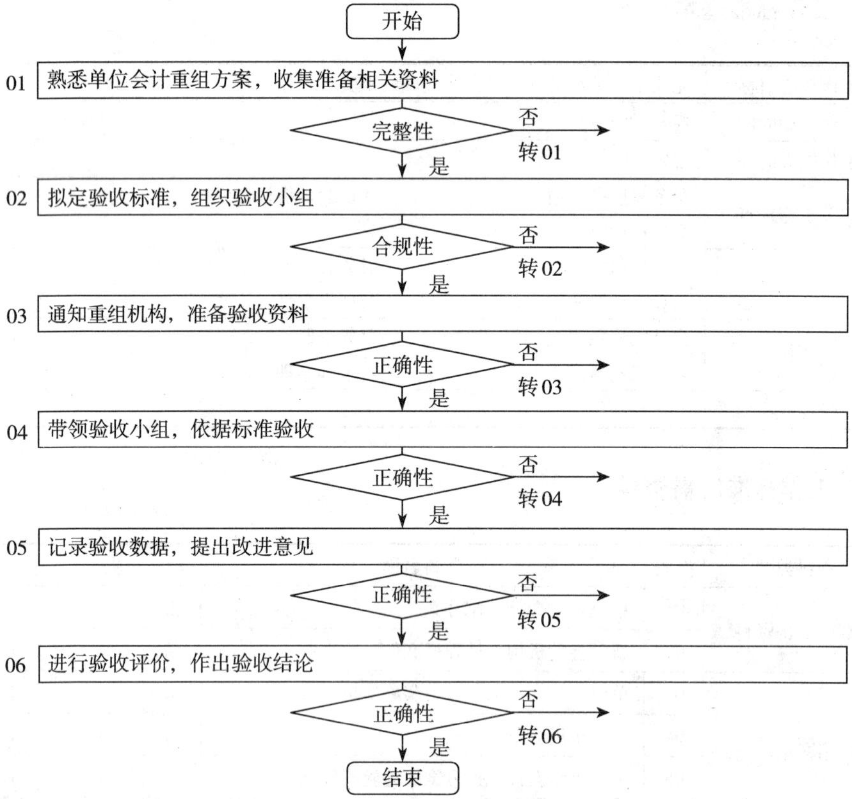

3.14 单位解散工作

3.14.1 单位解散会计工作方案制定工作标准

标准编码：090901

标准名称：单位解散会计工作方案制定工作标准

工作标准名称释义

单位解散会计工作方案制定工作标准是指财务总监岗位依据单位解散的董事会决议文件，制定单位解散会计工作方案的工作规范。

工作标准基本表格

工作核心目标	单位解散会计工作方案	
工作开始时间	收到单位解散决定文件	
工作结束时间	制定的单位解散会计工作方案经董事会审批	
相关工作地点	会计机构负责人办公地 董事会办公地	财务总监办公地 公司解散清算小组办公地
相关工作单位	财务部门 监事会 董事会	财务总监办公室 内部审计部门 公司解散清算小组
相关工作人员	会计机构负责人 财务总监 内部审计人员	相关会计工作岗 董事长 公司解散清算小组组长

工作标准所需资料

资料类型	编码	资料名称	单位	原件数	复印数
事前准备资料	01	单位解散决议文件	份	1	1
	02	单位最近资产负债表	份	1	1
事中产生资料	03	会计机构参与财产清查方案	份	1	0
	04	会计机构参与债权债务核对方案	份	1	0
	05	会计机构参与清算小组工作方案	份	1	0
	06	会计机构办理税务注销方案	份	1	0
	07	会计档案处置工作方案	份	1	0
	08	解散单位会计工作草案	份	1	0

续表

资料类型	编码	资料名称	单位	原件数	复印数
事后结果资料	09	经审批的解散单位会计工作方案	份	1	0
技术要求资料	10	会计基础工作规范	册	1	0
	11	中华人民共和国会计法	册	1	0
	12	总会计师条例	册	1	0
	13	企业内部控制配套指引	册	1	0

相关工作标准

标准编码	标准名称
090902	单位解散会计工作方案实施结果验收工作标准

工作标准流程图

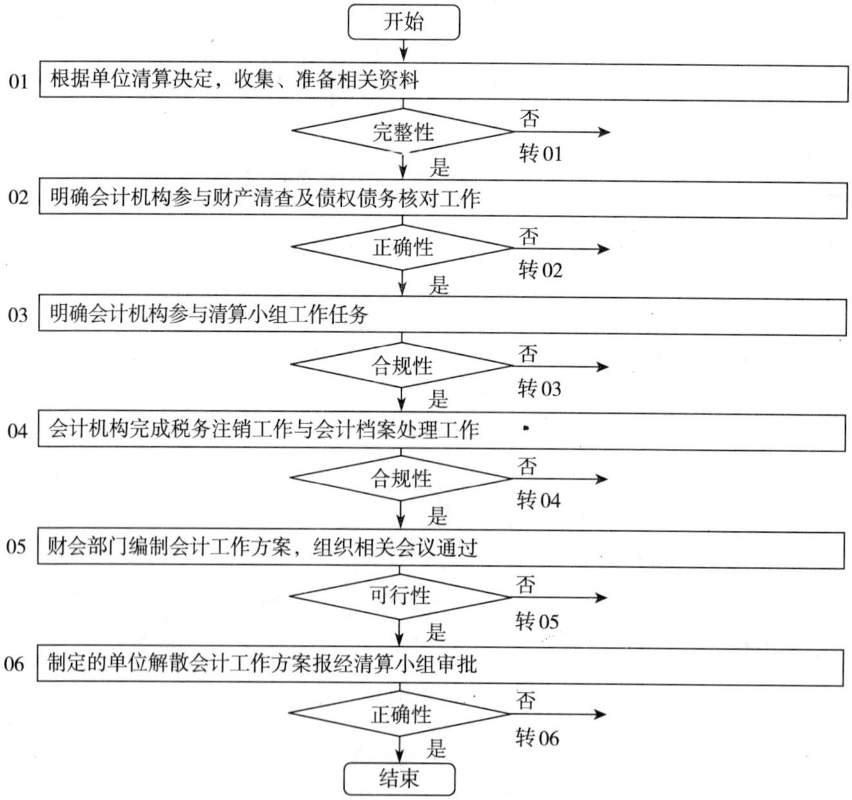

3.14.2 单位解散会计工作方案实施结果验收工作标准

标准编码：090902

标准名称：单位解散会计工作方案实施结果验收工作标准

工作标准名称释义

单位解散会计工作方案实施结果验收工作标准是指财务总监岗位组织相关部门人员对单位解散会计工作方案实施结果进行验收的工作规范。

工作标准基本表格

工作核心目标	完成单位解散会计工作方案实施结果验收工作	
工作开始时间	拟定验收方案	
工作结束时间	作出验收结果评价与纠正决定	
相关工作地点	会计机构负责人办公地 监事会办公地 公司解散清算小组办公地	财务总监办公地 内部审计部门办公地
相关工作单位	财务部门 监事会 公司解散清算小组	财务总监办公室 内部审计部门
相关工作人员	财务总监 相关会计工作岗位 内部审计人员	会计机构负责人 监事会成员 公司解散清算小组组长
备　　注		

工作标准所需资料

资料类型	编码	资料名称	单位	原件数	复印数
事前准备资料	01	单位解散会计工作方案	份	1	1
事中产生资料	02	单位解散会计工作方案实施结果检查方案	份	1	1
	03	清算小组名单	份	1	1
	04	单位解散会计工作实施结果报告	份	1	1
	05	验收结果数据记录	份	1	0
事后结果资料	06	单位解散会计工作检查报告	份	1	1
	07	单位解散会计工作遗留问题处理决定	份	1	0

续表

资料类型	编码	资料名称	单位	原件数	复印数
技术要求资料	08	会计基础工作规范	册	1	1
	09	总会计师条例	册	1	0
	10	企业内部控制配套指引	册	1	0

相关工作标准

标准编码	标准名称
090901	单位解散会计工作方案制定工作标准

工作标准流程图

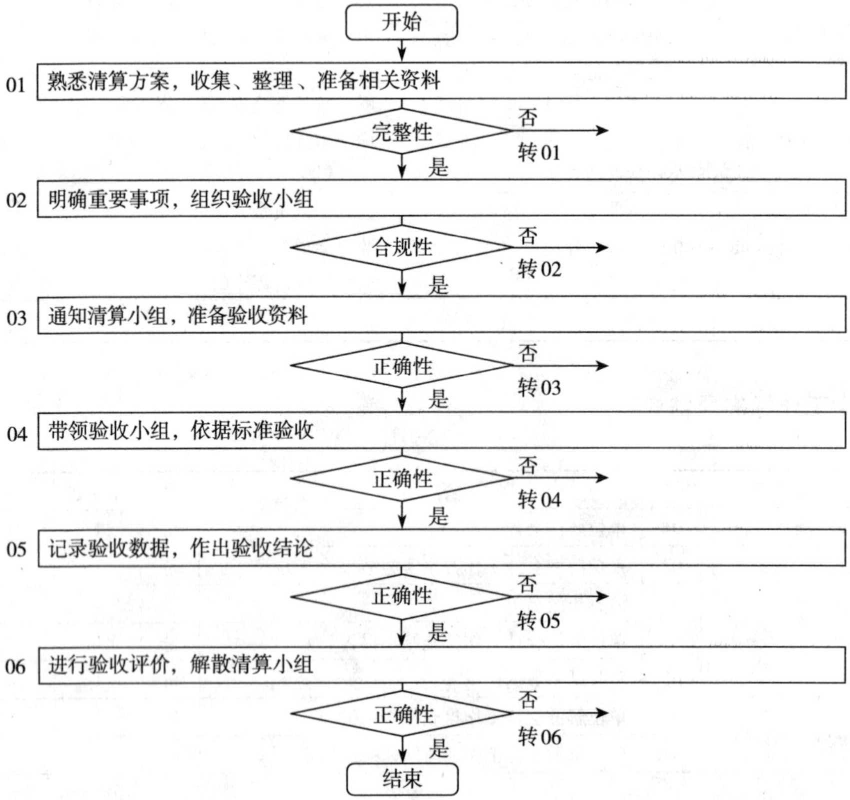

3.15 单位注销工作

3.15.1 单位注销会计工作方案制定工作标准

标准编码：091001

标准名称：单位注销会计工作方案制定工作标准

工作标准名称释义

单位注销会计工作方案制定工作标准是指财务总监岗位在单位因合并、分立或解散等原因，编制工商登记注销会计方案的工作规范。

工作标准基本表格

工作核心目标	完成单位注销会计工作方案制定工作	
工作开始时间	收到单位注销决议文件时	
工作结束时间	编制的单位注销会计工作方案经报董事会审批	
相关工作地点	会计机构负责人岗位 财务总监办公地	会计机构负责人办公地 财务部门办公地
相关工作单位	财务部门 董事会	财务总监办公室
相关工作人员	会计机构负责人 董事长	财务总监 总经理
备　注		

工作标准所需资料

资料类型	编码	资料名称	单位	原件数	复印数
事前准备资料	01	单位注销决议文件	份	1	1
	02	注销单位资产负债表	份	1	1
事中产生资料	03	单位注销清算方案	份	1	0
	04	银行账户注销方案	份	1	0
	05	相关资产、债权债务会计处理方案	份	1	0
	06	税务登记注销方案	份	1	0
	07	会计档案资料保管处置方案	份	1	0

续表

资料类型	编码	资料名称	单位	原件数	复印数
事后结果资料	08	注销单位会计工作方案	份	1	0
技术要求资料	09	会计基础工作规范	册	1	0
	10	中华人民共和国会计法	册	1	0
	11	总会计师条例	册	1	0
	12	企业内部控制配套指引	册	1	0

相关工作标准

标准编码	标准名称
091002	单位注销会计工作方案实施结果验收工作标准

工作标准流程图

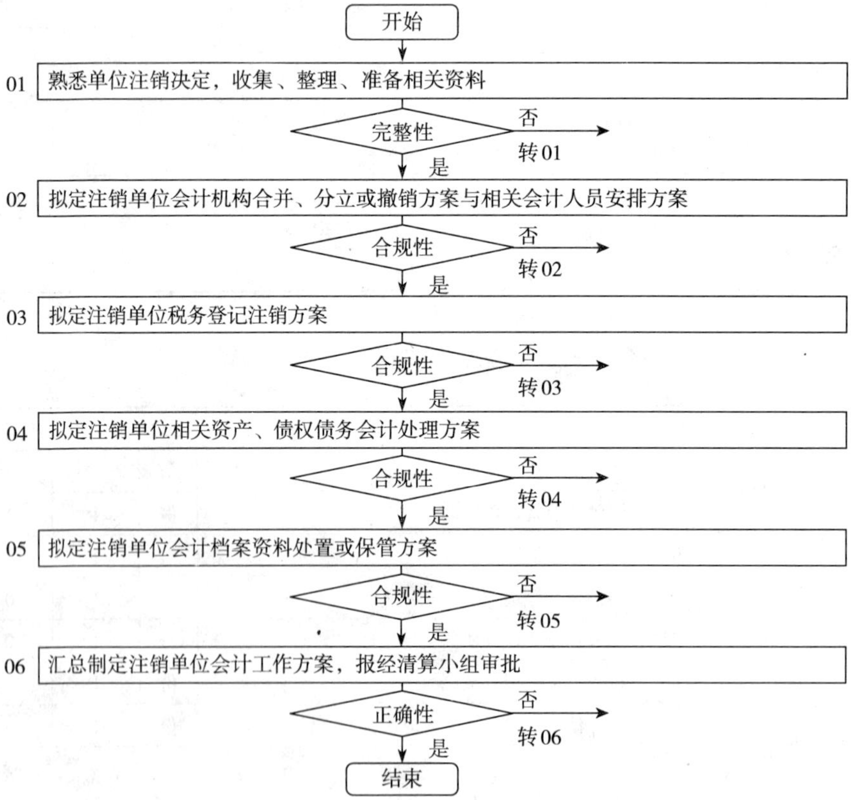

3.15.2 单位注销会计工作方案实施结果验收工作标准

标准编码：091002

标准名称：单位注销会计工作方案实施结果验收工作标准

工作标准名称释义

单位注销会计工作方案实施结果验收工作标准是指财务总监岗位组织相关部门人员对单位注销会计工作方案实施结果进行验收的工作规范。

工作标准基本表格

工作核心目标	完成单位注销会计工作方案实施结果验收工作	
工作开始时间	拟定验收方案	
工作结束时间	作出验收结果评价与纠正决定	
相关工作地点	财务总监办公地 财务部门办公地	内部审计部门办公地
相关工作单位	财务部门 内部审计部门	财务总监办公室 劳资人事部门
相关工作人员	财务总监 相关会计工作岗位	会计机构负责人 内部审计人员
备　　注		

工作标准所需资料

资料类型	编码	资料名称	单位	原件数	复印数
事前准备资料	01	单位注销会计工作方案	份	1	1
事中产生资料	02	单位注销会计工作方案实施结果验收方案	份	1	1
	03	验收小组名单	份	1	1
	04	单位注销会计工作方案实施验收标准	份	1	1
	05	验收结果数据记录	份	1	0
事后结果资料	06	单位注销会计工作方案实施结果验收评价	份	1	1
	07	单位注销会计工作方案实施结果验收问题纠正意见	份	1	0

续表

资料类型	编码	资料名称	单位	原件数	复印数
	08	会计基础工作规范	册	1	1
技术要求资料	09	总会计师条例	册	1	0
	10	企业内部控制配套指引	册	1	0

相关工作标准

标准编码	标准名称
091001	单位注销会计工作方案制定工作标准

工作标准流程图

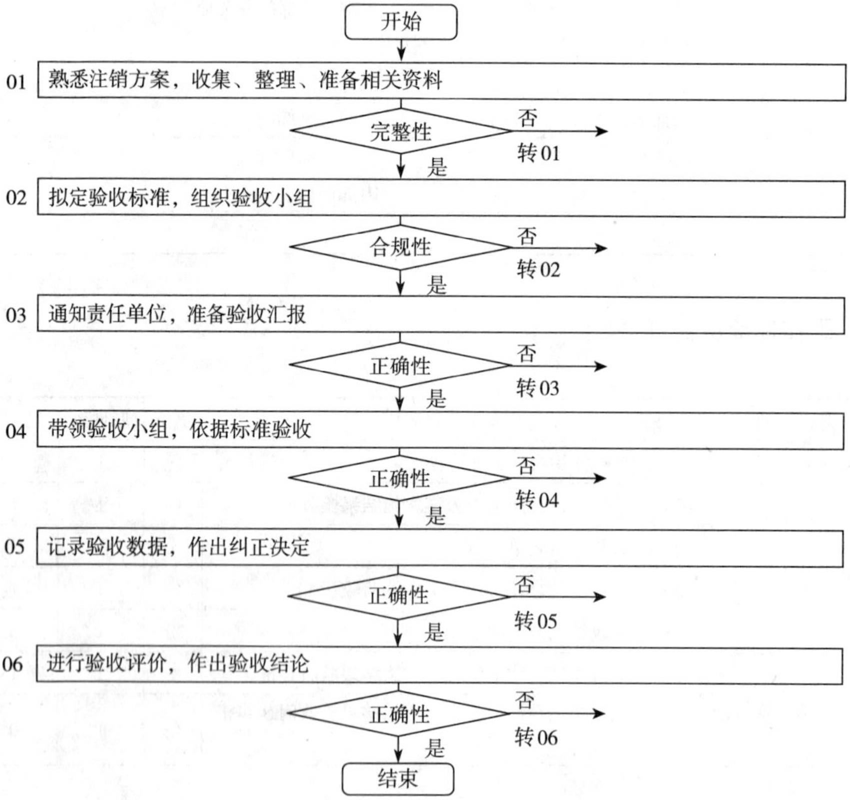

3.16　筹资工作

3.16.1　筹资方案制定工作标准

标准编码：091101

标准名称：筹资方案制定工作标准

工作标准名称释义

筹资方案制定工作标准是指财务总监岗位依据企业筹资需求和企业实际条件，制定可执行的筹资方案的工作规范。

工作标准基本表格

工作核心目标	完成企业筹资方案的制定工作	
工作开始时间	收集整理准备相关资料	
工作结束时间	制定的筹资方案经董事会与股东大会审批	
相关工作地点	会计机构负责人办公地 融资部办公地	财务总监办公地 董事会办公地
相关工作单位	财务部门 融资部 股东会	财务总监办公室 董事会
相关工作人员	会计机构负责人 董事长	财务总监 融资管理与核算岗位
备　　注		

工作标准所需资料

资料类型	编码	资料名称	单位	原件数	复印数
事前准备资料	01	企业年度预算	份	1	1
	02	企业投资项目预算	份	1	0
	03	企业财务收支预算	份	1	0
	04	董事会筹资决议	份	1	0

续表

资料类型	编码	资料名称	单位	原件数	复印数
事中产生资料	05	拟定的多个筹资方案	份	1	1
	06	筛选的较佳筹资方案	份	1	0
	07	筹资方案修订意见记录	份	1	0
事后结果资料	08	上报董事会与股东大会审批的筹资方案	份	1	0
技术要求资料	09	总会计师条例	册	1	0
	10	企业内部控制配套指引	册	1	0
	11	中华人民共和国公司法	册	1	0

相关工作标准

标准编码	标准名称
0107	参与企业重大融资方案决策工作标准

工作标准流程图

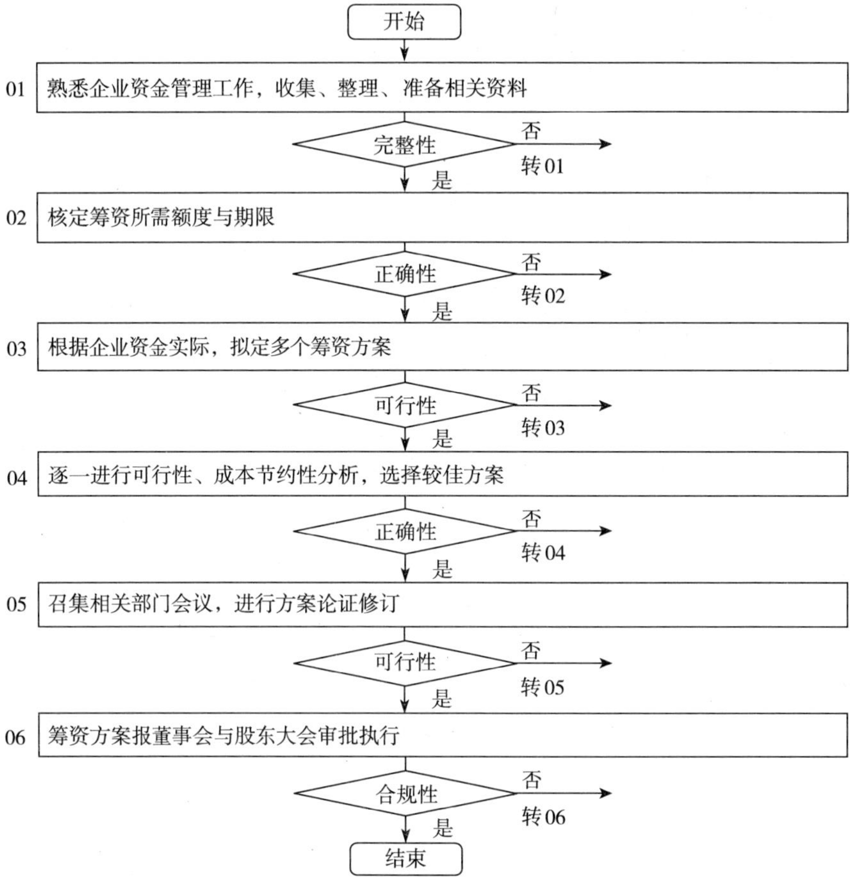
开始
01 熟悉企业资金管理工作，收集、整理、准备相关资料
完整性
否
转01
是
02 核定筹资所需额度与期限
正确性
否
转02
是
03 根据企业资金实际，拟定多个筹资方案
可行性
否
转03
是
04 逐一进行可行性、成本节约性分析，选择较佳方案
正确性
否
转04
是
05 召集相关部门会议，进行方案论证修订
可行性
否
转05
是
06 筹资方案报董事会与股东大会审批执行
合规性
否
转06
是
结束

3.16.2 筹资方案审批工作标准

标准编码：091103

标准名称：筹资方案审批工作标准

工作标准名称释义

筹资方案审批工作标准是指财务总监岗位对经过可行性论证的筹资方案组织履行审批程序的工作规范。

工作标准基本表格

工作核心目标	完成筹资方案的审批工作	
工作开始时间	收集整理审核相关资料	
工作结束时间	筹资方案完成审批程序	
相关工作地点	财务总监办公地 企业主管部门办公地 股东大会办公地	融资部办公地 董事会办公地
相关工作单位	财务总监办公室 企业主管部门 股东会	融资部 董事会
相关工作人员	财务总监 企业上级主管部门负责人 董事会成员	董事长 全体股东
备　　注		

工作标准所需资料

资料类型	编码	资料名称	单位	原件数	复印数
事前准备资料	01	经论证选择的筹资方案	份	1	1
	02	筹资方案论证资料	份	1	1
事中产生资料	03	财务总监签署的审批意见	份	1	0
	04	董事会审批筹资方案决议	份	1	0
事后结果资料	05	董事会成员同意筹资方案签名	份	1	0
	06	股东大会审批决议及股东会成员签名	份	2	0
	07	企业主管上级部门审批意见	份	1	0

续表

资料类型	编码	资料名称	单位	原件数	复印数
技术要求资料	08	总会计师条例	册	1	0
	09	中华人民共和国公司法	册	1	0
	10	企业内部控制配套指引	册	1	0

相关工作标准

标准编码	标准名称
091102	筹资方案论证工作标准

工作标准流程图

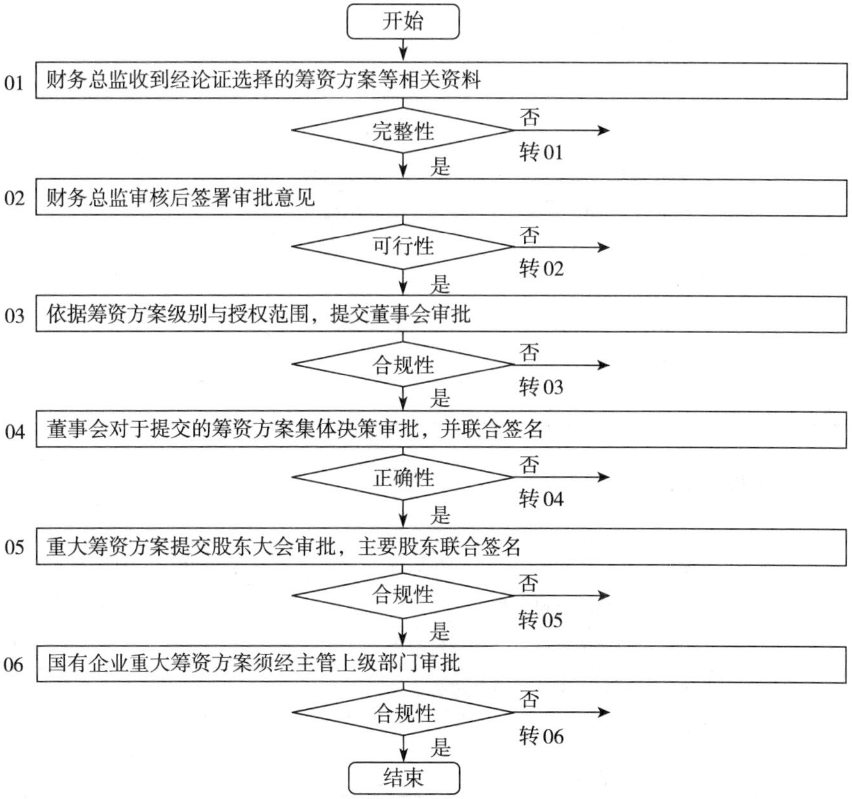

3.17 投资工作

3.17.1 投资项目筛选工作标准

标准编码：091202

标准名称：投资项目筛选工作标准

工作标准名称释义

投资项目筛选工作标准是指投资管理部门对企业投资项目通过科学论证、分析，确定最优投资项目的工作规范。

工作标准基本表格

工作核心目标	确定最佳投资项目	
工作开始时间	规定时间	
工作结束时间	规定时间	
相关工作地点	投资管理部门办公地 董事会办公地	财务部门办公地 股东大会办公地
相关工作单位	投资管理部门 财务部门	董事会 股东会
相关工作人员	投资分析专员 会计机构负责人 董事会成员	投资管理部门负责人 全体股东
备　　注		

工作标准所需资料

资料类型	编码	资料名称	单位	原件数	复印数
事前准备资料	01	投资项目可行性方案	份	1	0
事中产生资料	02	投资方案的可行性分析报告	份	1	1
	03	投资方案价值分析报告	份	1	
事后结果资料	04	项目投资方案	份	1	1
技术要求资料	05	企业内部控制规范	册	1	1

相关工作标准

标准编码	标准名称
1204	投资项目可行性研究工作标准
1211	投资项目审批工作标准

工作标准流程图

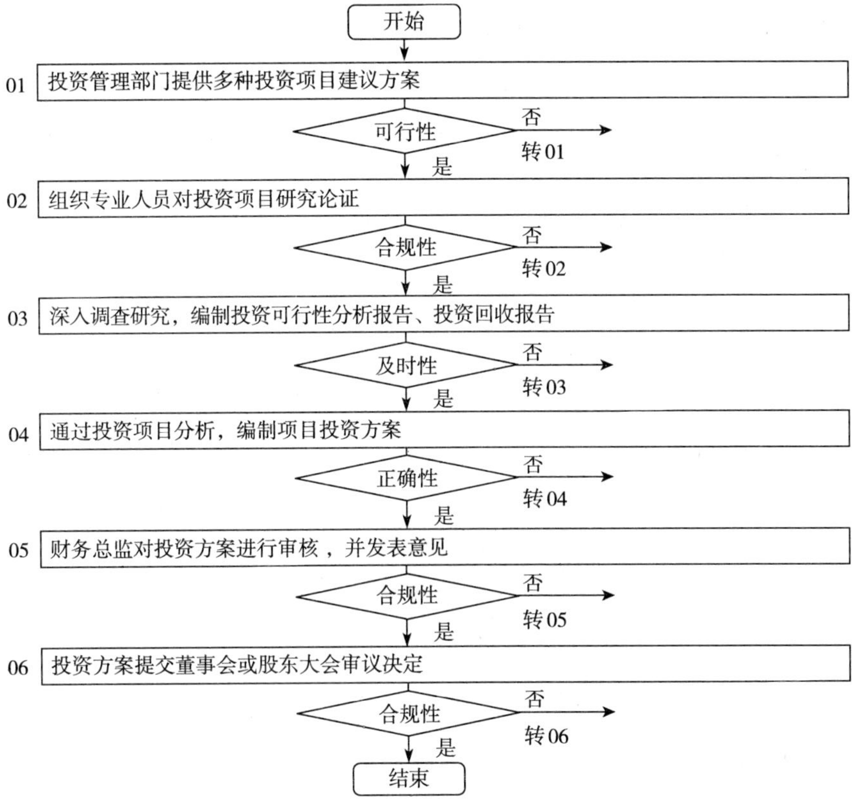

3.17.2 投资效益评价工作标准

标准编码：091205

标准名称：投资效益评价工作标准

工作标准名称释义

投资效益评价工作标准是指财务总监组织人员开展对对外投资持有期内的投资项目收益进行评价的工作规范。

工作标准基本表格

工作核心目标	对外投资项目效益评价报告	
工作开始时间	规定时间	
工作结束时间	规定时间	
相关工作地点	会计机构负责人办公地 投资管理部门办公地	财务总监办公地
相关工作单位	财务总监办公室 投资管理部门	财务部门
相关工作人员	会计机构负责人 投资管理与核算岗位	总会计师（财务总监） 投资管理部门负责人
备　　注		

工作标准所需资料

资料类型	编码	资料名称	单位	原件数	复印数
事前准备资料	01	对外投资项目明细账	份	1	0
	02	投资项目收益明细账	份	1	0
	03	被投资单位财务会计报告	份	1	0
	04	对外投资合同	份	1	1
事中产生资料	05	投资效益分析表	份	1	1
	06	投资累计收益统计表	份	1	1
事后结果资料	07	投资效益评价报告	份	1	1
技术要求资料	08	企业财务通则	册	1	0
	09	企业内部控制规范	册	1	0

相关工作标准

标准编码	标准名称
1201	投资收益管理工作标准
1202	对外投资管理工作标准

工作标准流程图

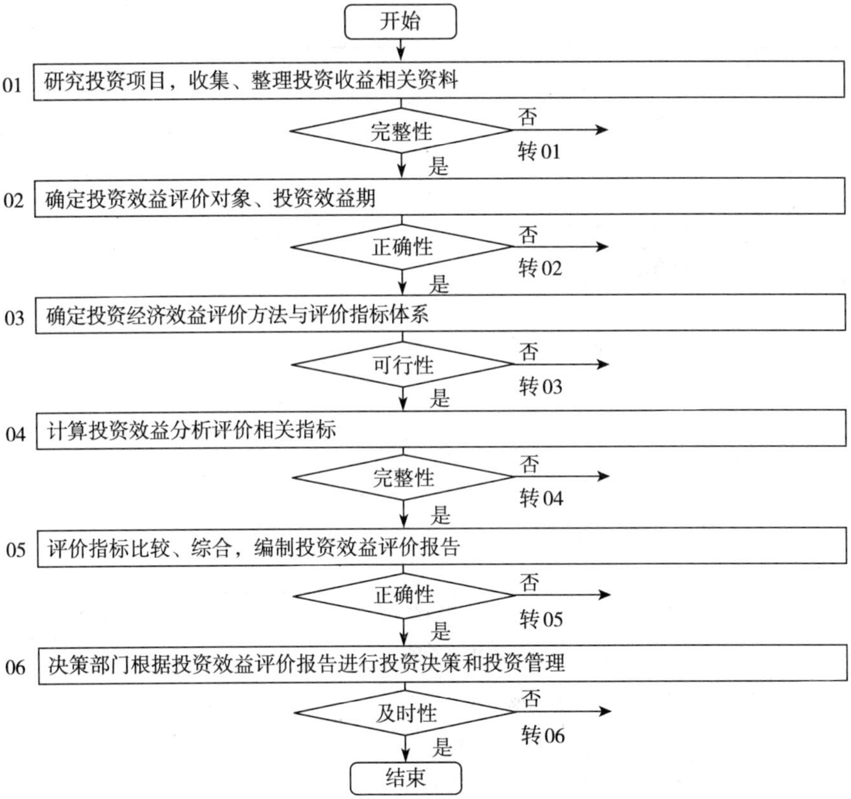

3.17.3 投资损失责任追究工作标准

标准编码：091206

标准名称：投资损失责任追究工作标准

工作标准名称释义

投资损失责任追究工作标准是指企业通过对外投资评价，对因重大决策失误、未履行审批程序、越权审批和不按规定执行对外投资政策等行为，造成投资损失，进行责任追究的工作规范。

工作标准基本表格

工作核心目标	追究投资损失责任	
工作开始时间	规定时间	
工作结束时间	对相关责任人作出损失责任处罚时	
相关工作地点	会计机构负责人办公地 投资管理部门办公地	财务总监办公地 总经理办公室
相关工作单位	财务部门 财务总监办公室	总经理办公室 投资管理部门
相关工作人员	会计机构负责人 法人代表 投资管理部门负责人	总会计师（财务总监） 投资运作员
备　注		

工作标准所需资料

资料类型	编码	资料名称	单位	原件数	复印数
事前准备资料	01	被投资单位破产法律文件	份	1	1
	02	投资损失其他相关资料	份	1	1
事中产生资料	03	投资损失责任认定稿	份	1	1
事后结果资料	04	投资损失责任处罚决定	份	1	1
技术要求资料	05	企业财务通则	册	1	0
	06	企业内部控制规范	册	1	0
	07	中央企业资产损失责任追究暂行办法	册	1	0

相关工作标准

标准编码	标准名称
1202	对外投资管理工作标准

工作标准流程图

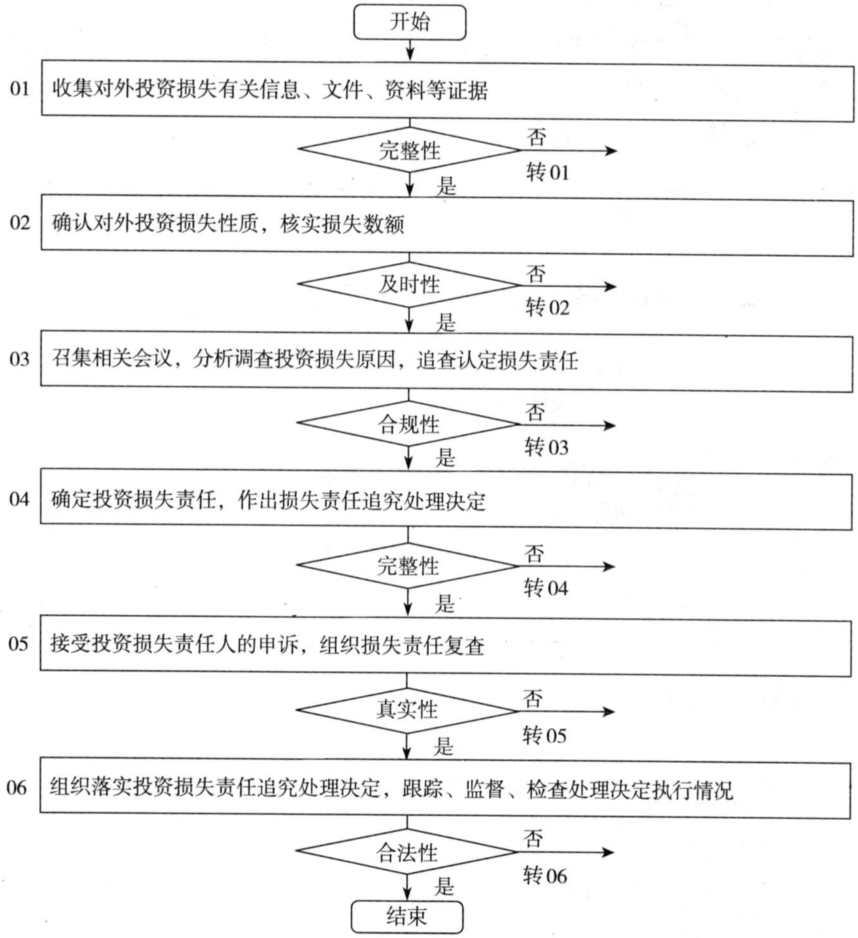

3.18 采购业务工作

3.18.1 物资采购体系建立工作标准

标准编码：091301

标准名称：物资采购体系建立工作标准

工作标准名称释义

物资采购体系建立工作标准是指企业建立材料物资采购计划、审批、实施、验收等工作体系的工作规范。

工作标准基本表格

工作核心目标	建立物资采购体系	
工作开始时间	企业内部机构设置确定时	
工作结束时间	物资采购体系建立运行时	
相关工作地点	会计机构负责人办公地 财务部门办公地 材料物资管理部门办公地	财务总监办公地 采购部办公地
相关工作单位	财务总监办公室 物资管理部门	财务部门 采购部门
相关工作人员	会计机构负责人 采购经办人 物资管理部门计划员	总会计师（财务总监） 库房验收员 存货管理部门负责人
备　注		

工作标准所需资料

资料类型	编码	资料名称	单位	原件数	复印数
事前准备资料	01	企业存货管理制度	份	1	0
	02	企业内部机构设置明细表	份	1	0
事中产生资料	03	物资采购体系设置方案	份	1	1
事后结果资料	04	物资采购工作标准体系	份	1	1
技术要求资料	05	企业内部控制规范	册	1	0

相关工作标准

标准编码	标准名称
1402	采购入库工作标准
1407	存货计划成本核算体系建立工作标准
1408	存货实际成本核算体系建立工作标准
1411	外购材料请购工作标准

工作标准流程图

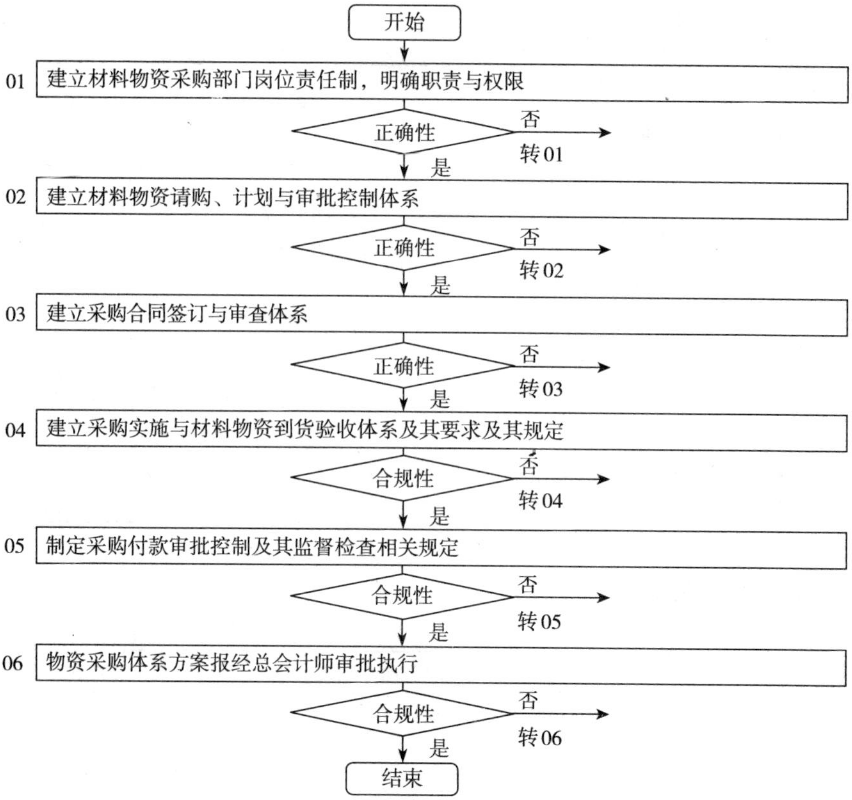

3.18.2 大宗物资采购招标工作标准

标准编码：091303

标准名称：大宗物资采购招标工作标准

工作标准名称释义

大宗物资采购招标工作标准是指物资采购部门根据企业当年生产计划、材料物资请购申请，为保证材料物资质量，节约采购成本，在选择物资供应商时，对大宗材料物资采取招标方式采购的工作规范。

工作标准基本表格

工作核心目标	完成大宗物资的招标采购	
工作开始时间	规定时间	
工作结束时间	中标单位确定时	
相关工作地点	财务部门办公地 质检部所在地	采购部门办公地 材料物资管理部门办公地
相关工作单位	财务部门 材料质量检验部门	采购部门 材料物资管理部门
相关工作人员	总会计师（财务总监） 批量采购指定人员 质量检验员 法人代表	采购经办人 供应厂商 物资管理部门计划员 会计机构负责人
备　　注		

工作标准所需资料

资料类型	编码	资料名称	单位	原件数	复印数
事前准备资料	01	年度材料物资采购计划	份	1	1
	02	材料物资请购申请	份	1	1
事中产生资料	03	大宗物资采购招标公告或投标邀请函	份	1	1
	04	大宗物资采购招标书	份	1	1
事后结果资料	05	大宗物资采购招标中标通知	份	1	1
技术要求资料	06	中华人民共和国招标投标法	册	1	1

相关工作标准

标准编码	标准名称
1401	采购业务会计处理工作标准
1411	外购材料请购工作标准

工作标准流程图

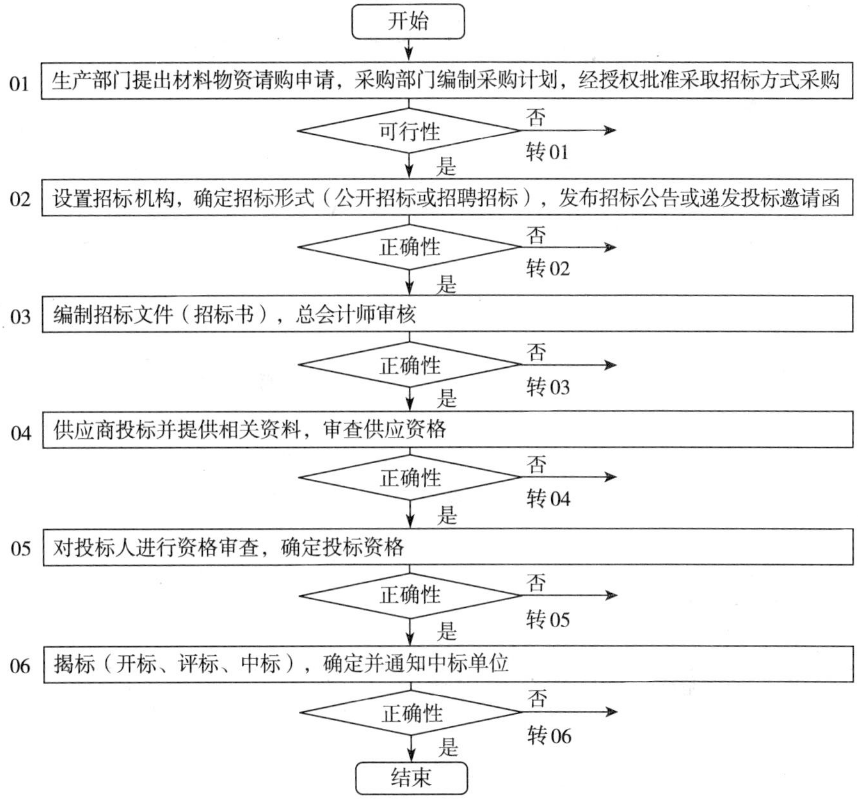

3.18.3 物资采购预付款工作标准

标准编码：091305

标准名称：物资采购预付款工作标准

工作标准名称释义

物资采购预付款工作标准是指采购部门根据购货合同的约定，在采购到货前办理向供应商预付部分或全部货款的工作规范。

工作标准基本表格

工作核心目标	办理物资采购预付款	
工作开始时间	合同规定时间	
工作结束时间	规定时间	
相关工作地点	财务总监办公地 开户银行所在地	采购部门办公地 财务部门办公地
相关工作单位	出纳岗位 财务部门 供应厂商	开户银行 采购部门
相关工作人员	会计机构负责人 出纳岗位 供应厂商工作人员	总会计师（财务总监） 采购经办人 采购部门负责人
备　　注	企业预付货款要充分考虑银行承兑汇票、商业承兑汇票等结算方式	

工作标准所需资料

资料类型	编码	资料名称	单位	原件数	复印数
事前准备资料	01	材料物资采购计划	份	2	1
	02	材料物资采购合同	份	1	0
事中产生资料	03	材料物资采购预付款审批单	份	1	0
事后结果资料	04	银行付款凭证	份	1	0
技术要求资料	05	企业内部控制规范	册	1	0

相关工作标准

标准编码	标准名称
110401	银行付款工作标准

工作标准流程图

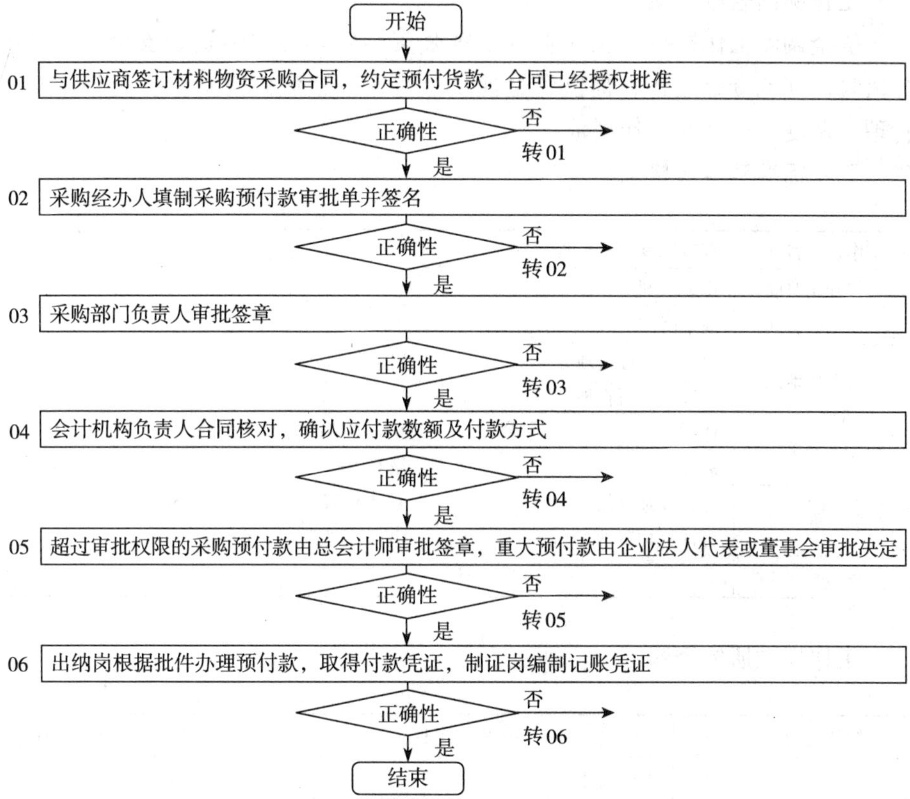

3.19 资金运营工作

3.19.1 资金调度工作标准

标准编码：091403

标准名称：资金调度工作标准

工作标准名称释义

资金调度工作标准是指企业为了加强资金管理，保障资金安全，防范财务风险，规范资金运作，提供资金使用效率，对企业内部资金实施集中统一管理、调度、调剂的工作规范。

工作标准基本表格

工作核心目标	有效调度和调剂资金	
工作开始时间	规定时间	
工作结束时间	规定时间	
相关工作地点	财务总监办公地 结算中心所在地	财务部门办公地
相关工作单位	计划部 财务部门	相关职能部门 结算中心
相关工作人员	总会计师（财务总监） 会计机构负责人	法人代表 生产管理部门负责人
备　注		

工作标准所需资料

资料类型	编码	资料名称	单位	原件数	复印数
事前准备资料	01	生产期经营预算计划	份	1	1
	02	调度期生产经营预算计划进度统计表	份	1	1
	03	生产经营资金预算计划完成情况资料	份	1	1
事中产生资料	04	计划期资金支出需求报告	份	1	0
事后结果资料	05	资金调度和调剂安排计划	份	1	0
技术要求资料	06	企业财务通则	册	1	1

相关工作标准

标准编码	标准名称
091401	资金预算工作标准

工作标准流程图

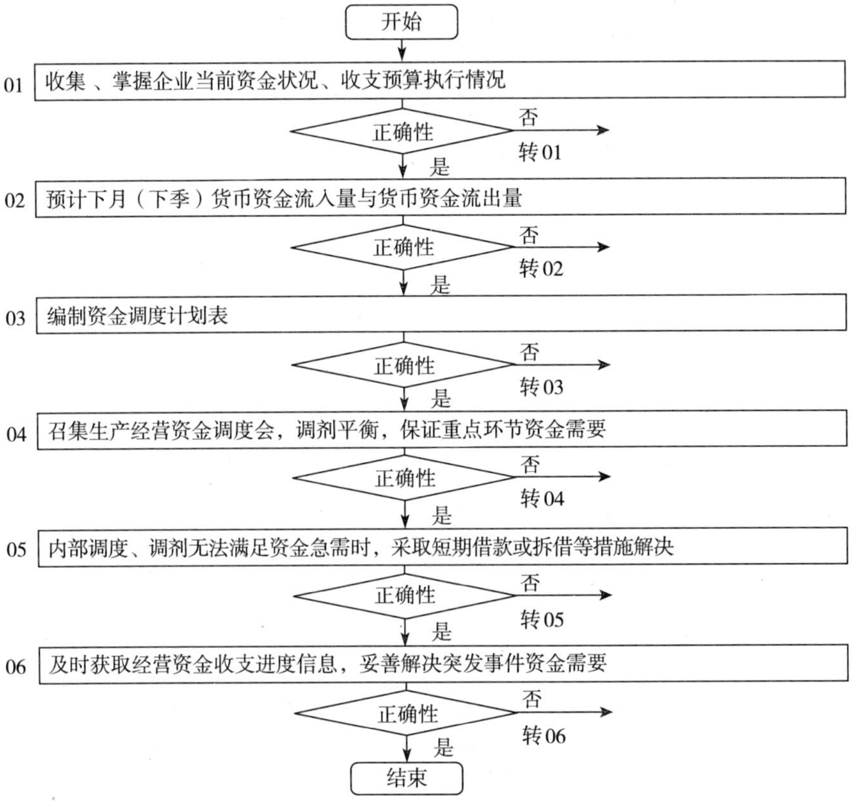

3.19.2 货币资金控制工作标准

标准编码：091405

标准名称：货币资金控制工作标准

工作标准名称释义

货币资金控制工作标准是指企业财务部门按照一定的权限和程序，对涉及货币资金的筹集、流入、调剂、使用、支付等的各项财务活动实施管理的工作规范。

工作标准基本表格

工作核心目标	实施对货币资金的有效控制	
工作开始时间	企业筹备之日起	
工作结束时间	企业注销登记时	
相关工作地点	会计机构负责人办公地 财务部门办公地 股东大会办公地	财务总监办公地 董事会办公地 总经理办公室所在地
相关工作单位	董事会 股东会	财务部门
相关工作人员	法人代表 总会计师（财务总监） 全体股东	会计机构负责人 出纳岗位 董事会成员
备　注		

工作标准所需资料

资料类型	编码	资料名称	单位	原件数	复印数
事前准备资料	01	企业内部组织机构设置图	份	1	1
	02	企业会计工作岗位设置图	份	1	1
事中产生资料	03	企业货币资金内部控制方案	份	1	1
事后结果资料	04	企业货币资金内部控制制度	份	1	5
技术要求资料	05	企业财务通则	册	1	0
	06	企业内部控制规范	册	1	0

相关工作标准

标准编码	标准名称
091403	资金调度工作标准

工作标准流程图

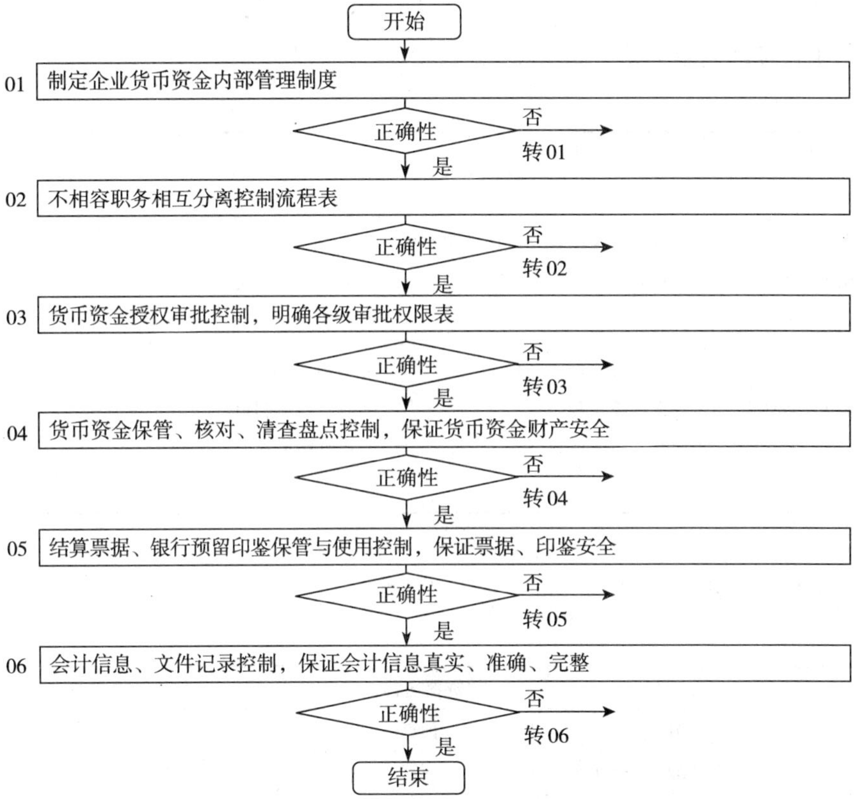

3.19.3 资金平衡工作标准

标准编码：091402

标准名称：资金平衡工作标准

工作标准名称释义

资金平衡工作标准，是指财务总监对各部门编制的年（季、月）度预算，审核、汇总编制收入总预算和支出总预算，并对收支预算进行总额平衡的工作规范。

工作标准基本表格

工作核心目标	完成资金收支平衡	
工作开始时间	规定时间	
工作结束时间	对收入、支出预算作出平衡处理时	
相关工作地点	预算委员会办公地	财务部门办公地
相关工作单位	预算委员会	财务部门
相关工作人员	总会计师（财务总监） 各责任单位领导 预算委员会成员	预算管理岗位 部门预算编制员 会计机构负责人
备　　注		

工作标准所需资料

资料类型	编码	资料名称	单位	原件数	复印数
事前准备资料	01	年（季、月）度收入预算汇总表	份	1	1
	02	年（季、月）度支出预算汇总表	份	1	0
事中产生资料	03	年（季、月）度收支预算缺口表	份	1	0
	04	年（季、月）度预算资金缺口解决方案	份	1	0
事后结果资料	05	年（季、月）度资金预算平衡表	份	1	0
技术要求资料	06	企业财务通则	册	1	0

相关工作标准

标准编码	标准名称
060201	年度预算编制工作标准
06020117	年度财务收入预算编制工作标准
06020118	年度财务支出预算编制工作标准

工作标准流程图

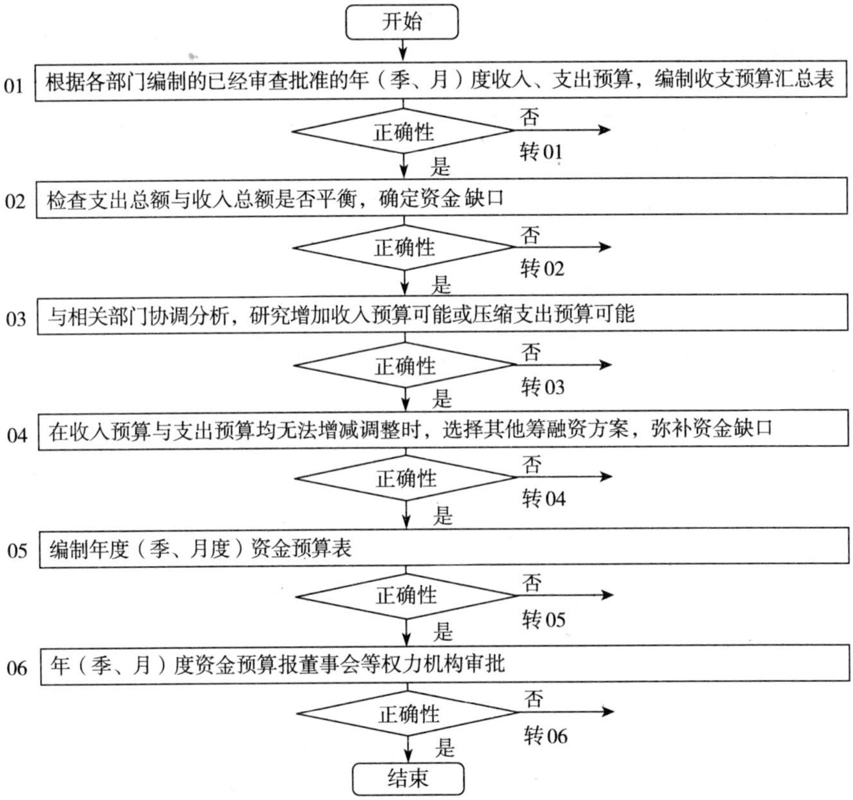

3.20 资产管理工作

3.20.1 重大物资保险工作标准

标准编码：09150103

标准名称：重大物资保险工作标准

工作标准名称释义

重大物资保险工作标准是指企业为防范意外损失对库存或运输途中高价值、重要物资办理财产保险的工作规范。

工作标准基本表格

工作核心目标	办理重大物资保险
工作开始时间	规定时间
工作结束时间	规定时间
相关工作地点	物资管理部门办公地　设备管理部门办公地 保险公司办公地　财务部门办公地 销售部门办公地
相关工作单位	财务部门　销售部门 物资管理部门　设备管理部门 保险公司
相关工作人员	财务总监岗位　会计机构负责人 风险控制与保险岗位　物资部门工作人员 设备管理部门工作人员
备　注	

工作标准所需资料

资料类型	编码	资料名称	单位	原件数	复印数
事前准备资料	01	材料物资明细账	份	1	1
	02	固定资产明细账	份	1	0
	03	商品（产品）发货清单	份	1	0
	04	材料物资购货发票	份	1	1

续表

资料类型	编码	资料名称	单位	原件数	复印数
事中产生资料	05	重大物资投保方案	份	1	1
事后结果资料	06	保险合同	份	1	1
技术要求资料	07	企业财务通则	册	1	0
	08	保险法	册	1	0

相关工作标准

标准编码	标准名称
250301	财产保险投保方案制定工作标准
250302	财产保险投保办理工作标准

工作标准流程图

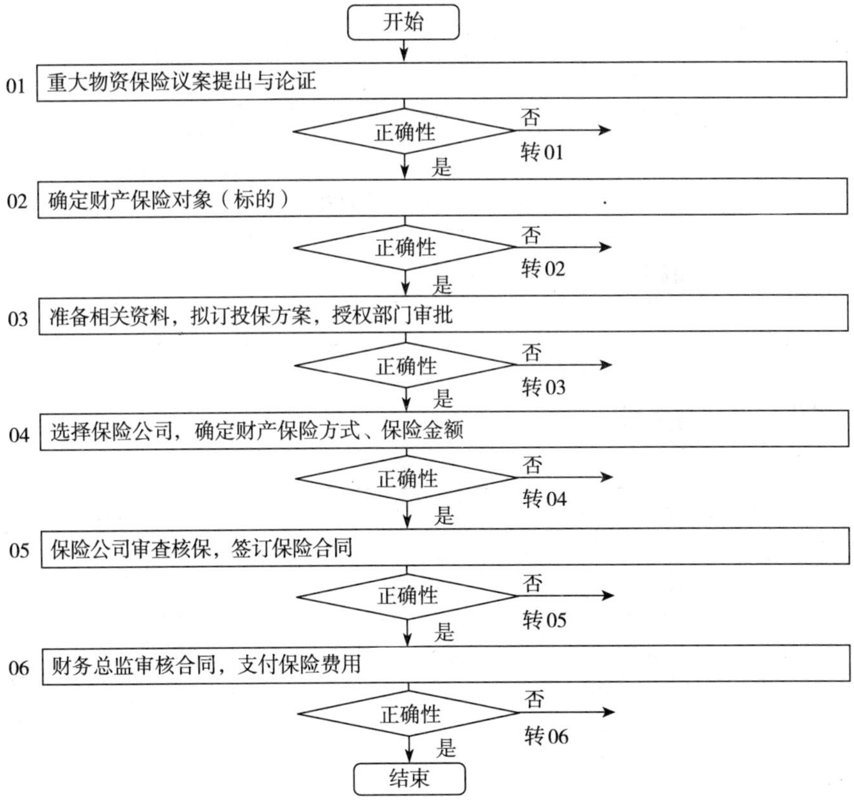

3.20.2 固定资产管理体系建立工作标准

标准编码：09150201

标准名称：固定资产管理体系建立工作标准

工作标准名称释义

固定资产管理体系建立工作标准是指企业依据国家有关法规制度，结合本单位特点建立的固定资产购建、使用、维修、保管、核算、报废、处置等管理体系的工作规范。

工作标准基本表格

工作核心目标	完成固定资产管理体系建立工作
工作开始时间	企业成立时
工作结束时间	固定资产管理体系方案组织实施时
相关工作地点	固定资产管理部门办公地　　财务部门办公地 董事会办公地
相关工作单位	财务部门　　固定资产管理部门 董事会
相关工作人员	总会计师（财务总监）　　总经理 会计机构负责人　　固定资产管理与核算岗位 固定资产管理部门负责人
备　注	

工作标准所需资料

资料类型	编码	资料名称	单位	原件数	复印数
事前准备资料	01	固定资产管理部门设置文件	份	1	0
	02	固定资产管理团队	份	1	0
	03	固定资产卡片	份	1	0
	04	固定资产核算明细账	份	1	0
	05	固定资产资料档案	份	1	0

续表

资料类型	编码	资料名称	单位	原件数	复印数
事中产生资料	06	固定资产核算制度	份	1	0
	07	固定资产管理制度	份	1	0
	08	固定资产管理方案	份	1	0
事后结果资料	09	固定资产工作标准体系	份	1	0
技术要求资料	10	企业会计准则——固定资产	册	1	0
	11	企业内部控制规范	册	1	0

工作标准流程图

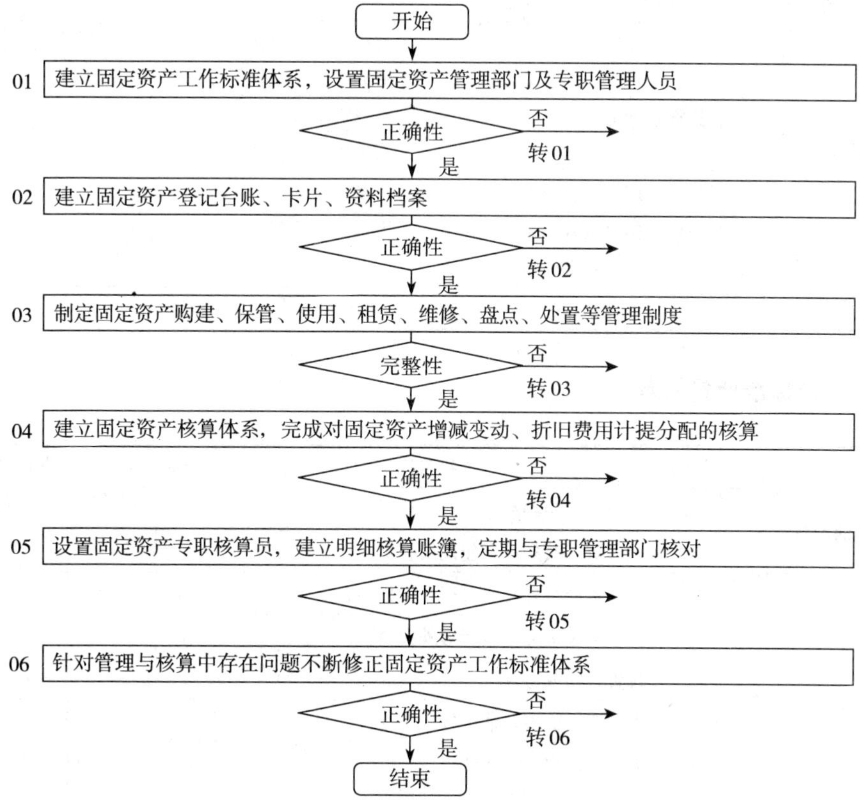

3.20.3 无形资产对外投资工作标准

标准编码：09150303

标准名称：无形资产对外投资工作标准

工作标准名称释义

无形资产对外投资工作标准是指企业将拥有的无形资产向其他单位投资以取得投资收益的工作规范。

工作标准基本表格

工作核心目标	完成利用无形资产对外投资的办理	
工作开始时间	签订投资合同或协议时	
工作结束时间	编制对外投资记账凭证时	
相关工作地点	投资管理部门办公地 无形资产管理部门办公地	被投资单位所在地 财务部门办公地
相关工作单位	投资管理部门 财务部门	被投资单位 无形资产管理部门
相关工作人员	投资管理部门负责人 会计机构负责人 无形资产管理部门经办人	财务总监 无形资产管理与核算岗位
备　注		

工作标准所需资料

资料类型	编码	资料名称	单位	原件数	复印数
事前准备资料	01	无形资产明细账	份	1	0
	02	无形资产对外投资建议报告	份	1	1
事中产生资料	03	无形资产对外投资可行性分析报告	份	1	0
	04	董事会关于无形资产对外投资决议	份	1	0
	05	投资合同或协议	份	1	0
	06	无形资产价值评估报告	份	1	0
	07	无形资产权属转移证明	份	1	1
	08	无形资产对外投资成本计算表	份	1	1

续表

资料类型	编码	资料名称	单位	原件数	复印数
事后结果资料	09	无形资产投资的出资证明	份	1	0
	10	无形资产对外投资记账凭证	份	1	0
技术要求资料	11	企业会计准则——无形资产	册	1	0

相关工作标准

标准编码	标准名称
1606	无形资产原值确认工作标准

工作标准流程图

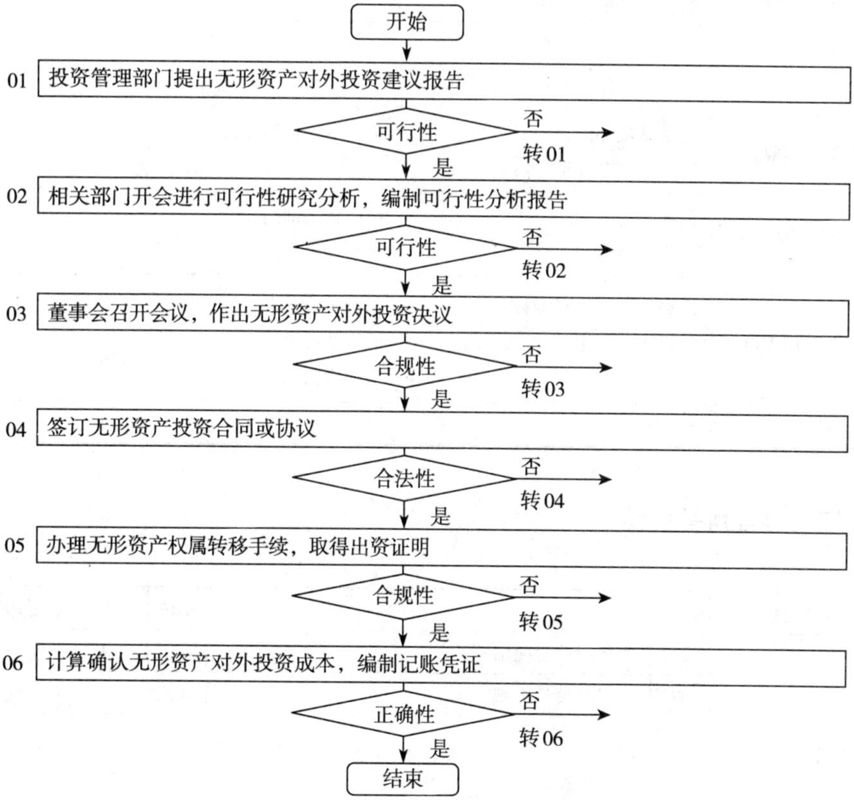

3.21 销售业务工作

3.21.1 销售定价工作标准

标准编码：09160103

标准名称：销售定价工作标准

工作标准名称释义

销售定价工作标准是指企业价格管理部门根据产品分析、市场调研，采取适合本企业的价格策略和定价方法，确定产品销售价格的工作规范。

工作标准基本表格

工作核心目标	确定产品销售价格
工作开始时间	制订产品销售价格方案时
工作结束时间	产品销售价格授权批准执行时
相关工作地点	价格管理部门办公地　销售管理部门办公地 财务部门办公地
相关工作单位	财务部门　价格管理部门 销售管理部门
相关工作人员	总会计师（财务总监）　价格管理岗位 价格领导小组　销售部门负责人 法人代表　会计机构负责人
备　注	

工作标准所需资料

资料类型	编码	资料名称	单位	原件数	复印数
事前准备资料	01	产品设计说明书	份	1	0
	02	新产品设计图纸	份	1	0

续表

资料类型	编码	资料名称	单位	原件数	复印数
事中产生资料	03	新产品分析报告	份	1	0
	04	新产品市场调研报告	份	1	0
	05	新产品价格策略选定报告	份	1	0
	06	产品销售价格定价方法选用报告	份	1	0
	07	产品制造成本测算资料	份	1	0
	08	产品管理费用、销售费用测算资料	份	1	0
	09	产品销售价格定价方案	份	1	0
事后结果资料	10	批准执行的产品销售价格定价方案	份	1	0
技术要求资料	11	企业财务通则	册	1	0
	12	企业内部控制规范	册	1	0

相关工作标准

标准编码	标准名称
09160201	企业市场定位工作标准

工作标准流程图

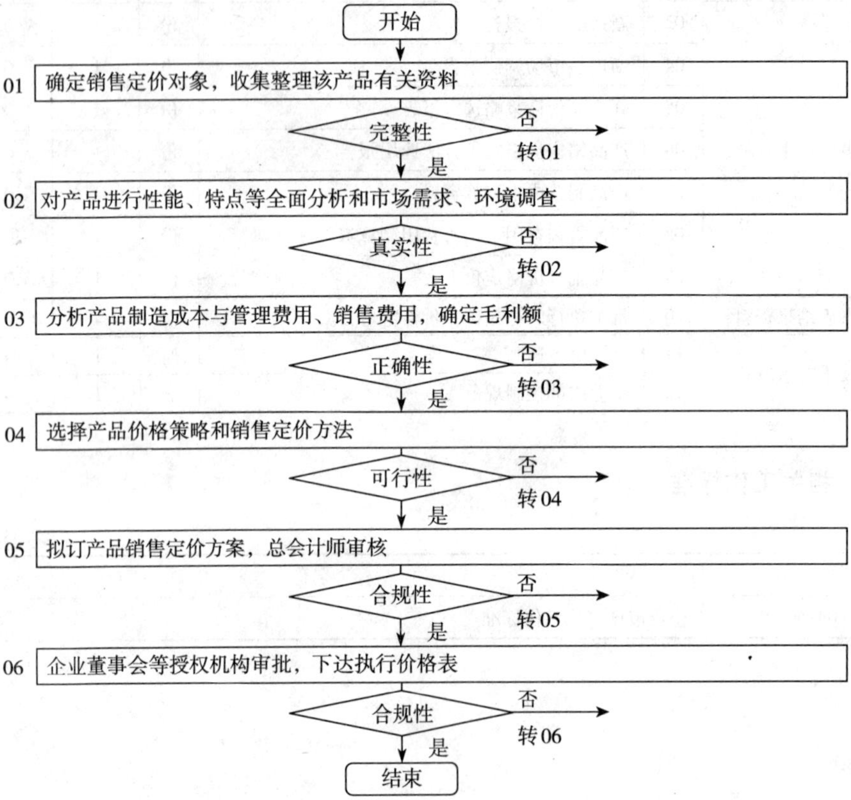
开始
01
确定销售定价对象，收集整理该产品有关资料
完整性
否
转01
是
02
对产品进行性能、特点等全面分析和市场需求、环境调查
真实性
否
转02
是
03
分析产品制造成本与管理费用、销售费用，确定毛利额
正确性
否
转03
是
04
选择产品价格策略和销售定价方法
可行性
否
转04
是
05
拟订产品销售定价方案，总会计师审核
合规性
否
转05
是
06
企业董事会等授权机构审批，下达执行价格表
合规性
否
转06
是
结束

3.21.2 企业市场定位工作标准

标准编码：09160201

标准名称：企业市场定位工作标准

工作标准名称释义

企业市场定位工作标准是指企业根据自身和产品特点与竞争优势，在市场建立和保持竞争领先位置的工作规范。

工作标准基本表格

工作核心目标	确定企业及其产品的市场定位	
工作开始时间	对企业及产品特性进行分析认定时	
工作结束时间	明确企业及产品市场位置时	
相关工作地点	会计机构负责人办公地 企业法人代表办公地	财务总监办公地 各相关部门办公地
相关工作单位	财务部门 相关管理部门	总经理办公室 财务总监办公室
相关工作人员	法人代表 相关部门负责人	会计机构负责人 总会计师（财务总监）
备　　注		

工作标准所需资料

资料类型	编码	资料名称	单位	原件数	复印数
事前准备资料	01	企业主要产品目录	份	1	0
	02	企业行业调查报告	份	1	0
	03	企业市场调查报告	份	1	0
事中产生资料	04	企业产品优势、技术优势分析资料	份	1	0
	05	企业市场竞争优势分析报告	份	1	0
	06	企业在行业位置定位分析报告	份	1	0
事后结果资料	07	企业产品市场定位分析报告	份	1	0
技术要求资料	08	企业内部控制规范	册	1	0

相关工作标准

标准编码	标准名称
220203	企业发展战略制定工作标准

工作标准流程图

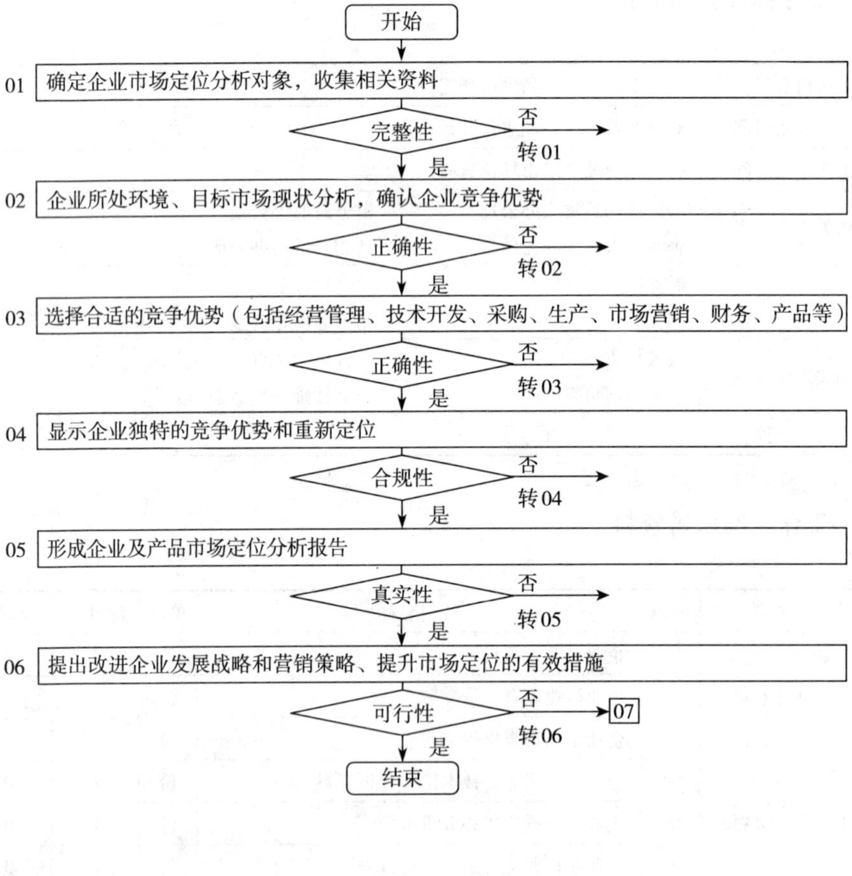

3.21.3 赊销管理工作标准

标准编码：09160404

标准名称：赊销管理工作标准

工作标准名称释义

赊销管理工作标准是指企业组织销售部门及财务部门，为了扩大产品销售，制定产品赊销政策及销售管理的工作规范。

工作标准基本表格

工作核心目标	赊销政策管理	
工作开始时间	规定时间	
工作结束时间	赊销货款收回时	
相关工作地点	财务总监办公地 财务部门办公地	销售部门办公地
相关工作单位	财务部门	销售部门
相关工作人员	总会计师（财务总监） 销售管理部门负责人 会计机构负责人	往来款项管理与核算岗位 销售业务经办人
备　　注		

工作标准所需资料

资料类型	编码	资料名称	单位	原件数	复印数
事前准备资料	01	客户档案	册	1	0
	02	应收账款明细账	册	1	0
	03	应收账款辅助台账	册	1	0
事中产生资料	04	赊销销售审批制度	册	1	0
	05	产品销售合同	册	1	0
	06	与客户往来对账函	册	1	0
事后结果资料	07	收回赊销货款记账凭证	册	1	0
技术要求资料	08	企业财务通则	册	1	0
	09	企业内部控制规范	册	1	0

相关工作标准

标准编码	标准名称
09160302	重点客户管理工作标准
09160401	销售回款责任制定工作标准

工作标准流程图

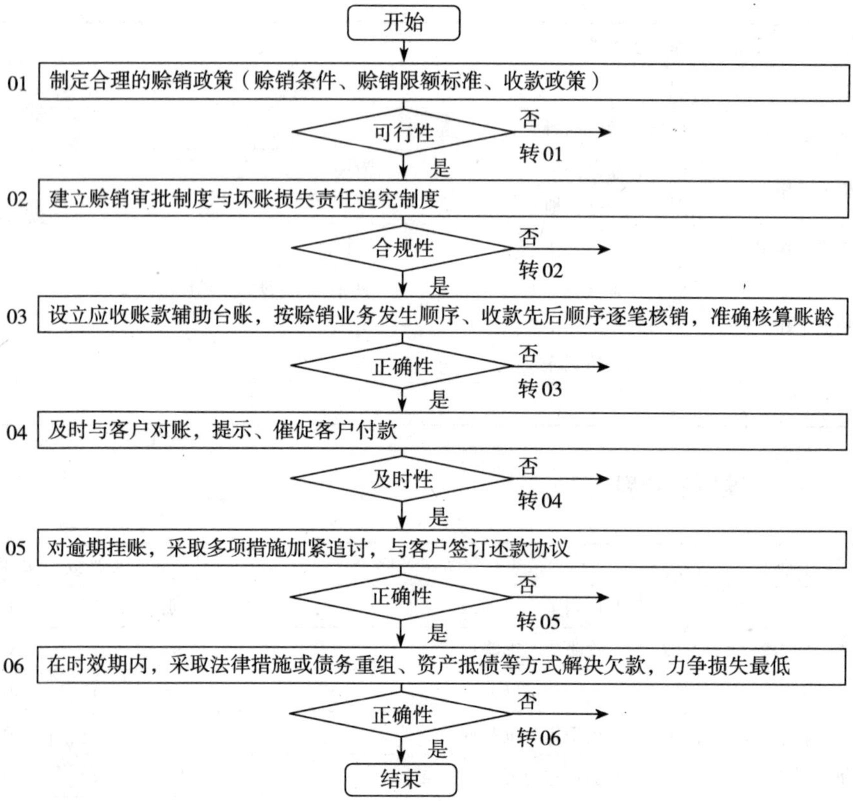

3.21.4 会计系统销售监控工作标准

标准编码：09160502

标准名称：会计系统销售监控工作标准

工作标准名称释义

会计系统销售监控工作标准是指财务总监组织指导财务、会计系统对产品销售全过程进行审查、监督、控制的工作规范。

工作标准基本表格

工作核心目标	实施销售监控	
工作开始时间	销售合同签订时	
工作结束时间	销售货款全部收回时	
相关工作地点	销售管理部门办公地	财务部门办公地
相关工作单位	财务部门	销售部门
相关工作人员	会计机构负责人 总会计师（财务总监） 销售部门负责人 审计部门工作人员	稽核与内控岗位 往来款项管理与核算岗位 销售业务经办人
备　　注		

工作标准所需资料

资料类型	编码	资料名称	单位	原件数	复印数
事前准备资料	01	企业内部组织机构设置图	份	1	0
	02	企业销售业务工作流程图	份	1	0
	03	企业销售管理制度	份	1	0
	04	企业产品销售价格目录	份	1	0
事中产生资料	05	产品销售合同	份	1	0
	06	产品销售发货清单	份	1	0
	07	产品销售发票	份	1	0
	08	产品销售回款收账通知等收款凭证	份	1	0
	09	应收账款催款单、对账函	份	1	0

续表

资料类型	编码	资料名称	单位	原件数	复印数
事后结果资料	10	债权重组协议或客户资产抵债协议	份	1	0
	11	销售收款等会计处理记账凭证	份	1	0
技术要求资料	12	企业内部控制规范	册	1	0
	13	企业财务通则	册	1	0

相关工作标准

标准编码	标准名称
09160401	销售回款责任制定工作标准

工作标准流程图

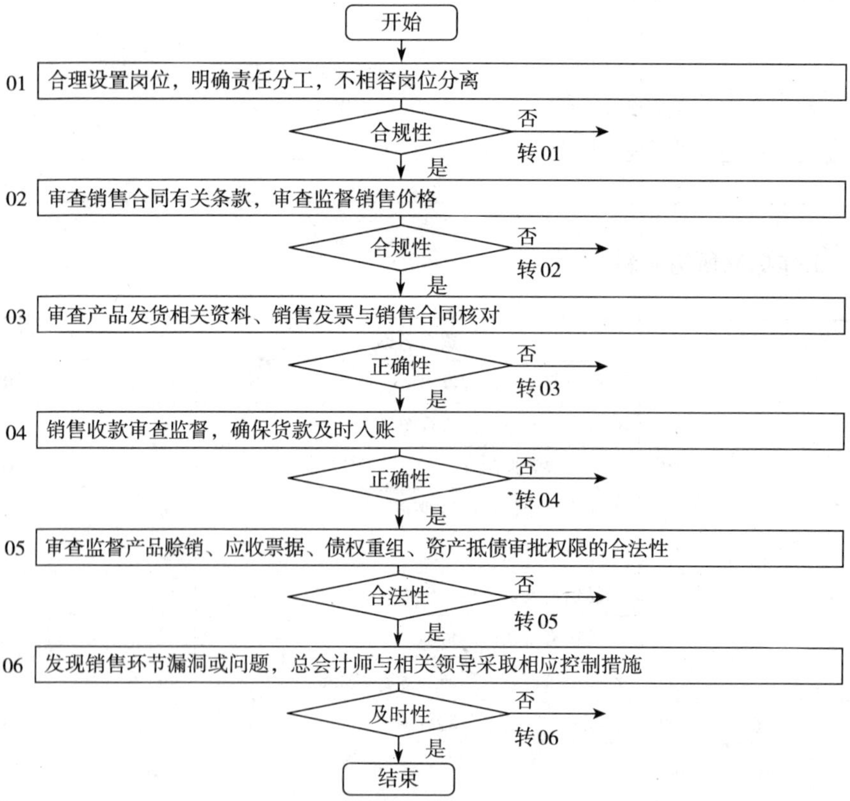

3.22　政府补贴工作

3.22.1　政府补贴项目申请工作标准

标准编码：091702

标准名称：政府补贴项目申请工作标准

工作标准名称释义

政府补贴项目申请工作标准是指企业依据政府补贴政策文件，选择企业符合政府补贴的项目，申请取得政府补贴的工作规范。

工作标准基本表格

工作核心目标	企业申请政府补贴项目	
工作开始时间	收到政府补贴项目文件	
工作结束时间	政府补贴项目申请获得批准	
相关工作地点	财务总监办公地 政府管理部门办公地	总经理办公地 企业项目部办公地
相关工作单位	总经理办公室 政府管理部门 国家科技计划项目中心	财务总监办公室 企业项目部
相关工作人员	总经理 政府补贴管理与核算岗位 政府补贴项目受理人	财务总监岗位 政府补贴项目申报人
备　　注		

工作标准所需资料

资料类型	编码	资料名称	单位	原件数	复印数
事前准备资料	01	企业项目可行性报告	份	1	0
	02	政府补贴项目申请所需其他资料	份	1	0
	03	政府补贴项目文件	份	1	1
事中产生资料	04	政府补贴项目申请书	份	1	0
	05	政府补贴项目审批表	份	1	1
	06	政府核查补充资料	份	1	1

续表

资料类型	编码	资料名称	单位	原件数	复印数
事后结果资料	07	政府补贴项目合同或协议	份	1	1
	08	政府补贴项目批准文件	份	1	0
技术要求资料	09	企业会计准则——政府补助	册	1	0

相关工作标准

标准编码	标准名称
2007	重大节能项目补贴申请工作标准

工作标准流程图

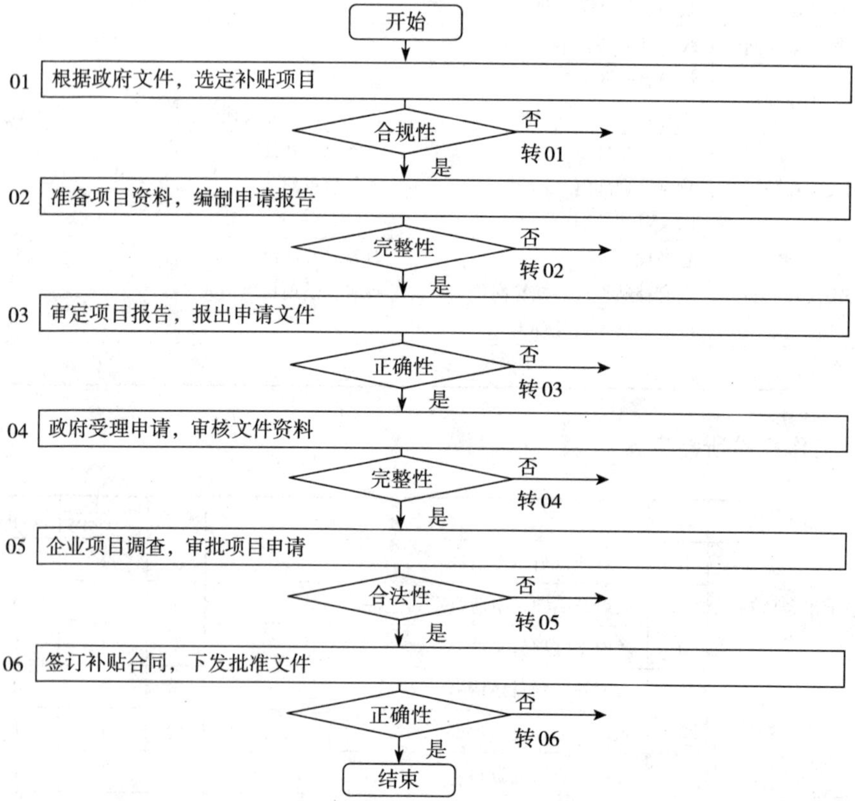

3.22.2 政府补贴项目执行工作标准

标准编码：091703

标准名称：政府补贴项目执行工作标准

工作标准名称释义

政府补贴项目执行工作标准是指企业申请承担政府补贴项目后，积极组织团队完成政府补贴项目，保证按照项目计划完成规定任务的工作规范。

工作标准基本表格

工作核心目标	完成政府补贴项目工作	
工作开始时间	签订政府补贴项目合同或协议	
工作结束时间	项目完成验收合格	
相关工作地点	财务总监办公地 总经理办公地 企业项目部办公地	相关责任单位办公地 政府管理部门办公地
相关工作单位	财务部门 相关责任单位 政府管理部门	总经理办公室 财务总监办公室 企业项目部
相关工作人员	会计机构负责人 财务总监 政府补贴管理与核算岗位 项目负责人	主管总经理 相关责任单位负责人 政府补贴项目受理人 政府补贴项目管理部门负责人
备　　注		

工作标准所需资料

资料类型	编码	资料名称	单位	原件数	复印数
事前准备资料	01	企业政府补贴项目可行性分析报告	份	1	1
	02	政府补贴项目合同或协议	份	1	0
	03	政府补贴项目批准文件	份	1	1
事中产生资料	04	政府补贴项目执行计划	份	1	1
	05	政府补贴项目执行监管小组名单	份	1	0
	06	政府补贴项目完工验收单	份	1	0

续表

资料类型	编码	资料名称	单位	原件数	复印数
事后结果资料	07	政府主管部门项目复查鉴定表	份	1	0
	08	收到政府项目补贴记账凭证	份	1	0
技术要求资料	09	企业会计准则——政府补助	册	1	0
	10	总会计师条例	册	1	0

相关工作标准

标准编码	标准名称
091702	政府补贴项目申请工作标准

工作标准流程图

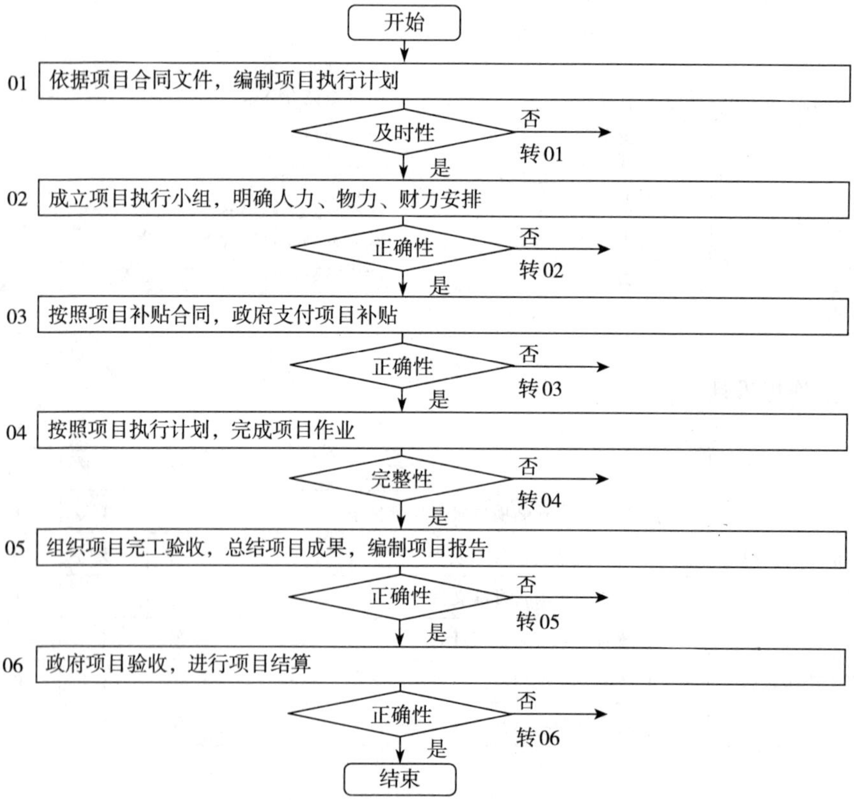

3.23 研究开发工作

3.23.1 研究开发项目立项论证工作标准

标准编码：091801

标准名称：研究开发项目立项论证工作标准

工作标准名称释义

研究开发项目立项论证工作标准是指企业对于研发部门申请立项的研究开发项目的科学性、可行性、经济性等组织论证的工作标准。

工作标准基本表格

工作核心目标	完成研究开发项目立项论证工作
工作开始时间	收到研发项目立项申请
工作结束时间	得出研究开发项目立项论证结论
相关工作地点	财务总监办公地　科学技术研究院所在地 总经理办公地　技术部门办公地 产品研发部门办公地
相关工作单位	总经理办公室　财务总监办公室 科学技术研究院　技术部门　产品研发部门
相关工作人员	会计机构负责人　主管总经理 财务总监　研发部负责人
备　注	

工作标准所需资料

资料类型	编码	资料名称	单位	原件数	复印数
事前准备资料	01	企业研究开发计划	份	1	1
	02	企业研发项目申请	份	1	1
事中产生资料	03	内部论证小组名单	份	1	1
	04	与外部受托论证机构签订的协议或合同	份	1	0
	05	内部机构论证结论	份	1	0
	06	外部专业机构论证结论	份	1	0

续表

资料类型	编码	资料名称	单位	原件数	复印数
事后结果资料	07	研究开发项目立项论证报告	份	1	1
技术要求资料	08	企业内部控制应用指南第 10 号——研究与开发	册	1	1
	09	总会计师条例	册	1	0

相关工作标准

标准编码	标准名称
091805	研发活动评价工作标准

工作标准流程图

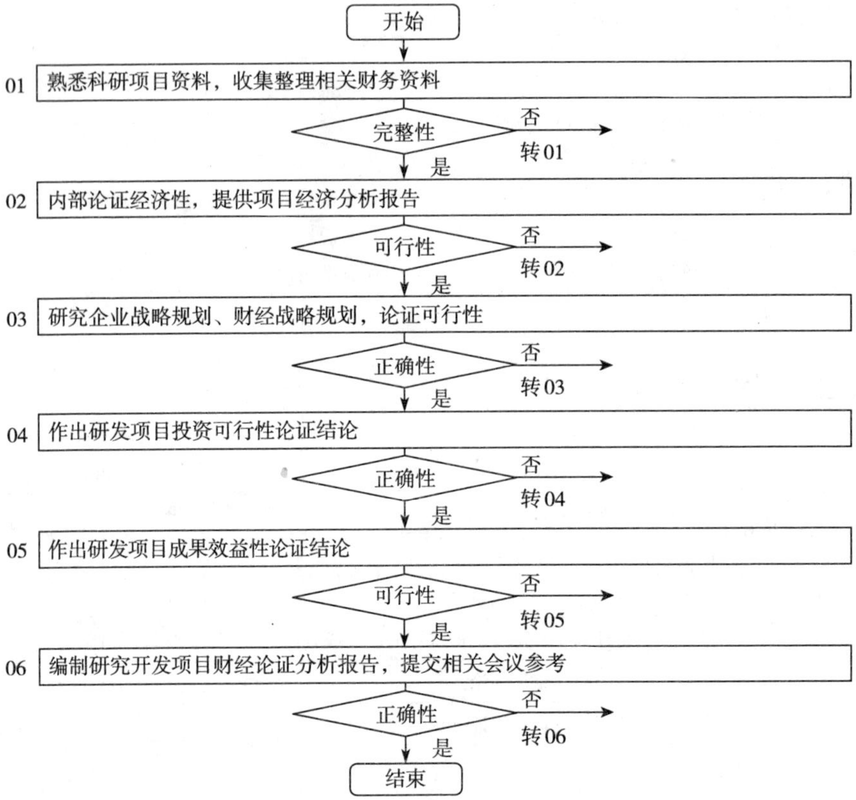

3.23.2 研发成果市场开发工作标准

标准编码：091804

标准名称：研发成果市场开发工作标准

工作标准名称释义

研发成果市场开发工作标准是指企业研发部门、技术部门、总工程师等职能管理部门，对于企业的研发成果组织市场开发的工作规范。

工作标准基本表格

工作核心目标	将科研成果进行市场开发工作	
工作开始时间	规定时间	
工作结束时间	研发产品获得市场认可，进行生产销售	
相关工作地点	财务总监办公地 合作开发单位所在地 总经理办公地 技术部门办公地	受托开发单位所在地 总工程师办公室所在地 研发部门办公地
相关工作单位	总经理办公室 企业研发机构 合作开发单位 技术部门	财务总监办公室 受托开发单位 总工程师办公室
相关工作人员	受托开发单位负责人 主管总经理 总工程师岗位 技术部门工作人员	合作开发单位负责人 总会计师（财务总监） 研发部负责人
备　　注		

工作标准所需资料

资料类型	编码	资料名称	单位	原件数	复印数
事前准备资料	01	研发项目立项论证报告	份	1	1
	02	研发项目结题验收报告	份	1	0
	03	研发成果技术资料	份	1	0

续表

资料类型	编码	资料名称	单位	原件数	复印数
事中产生资料	04	研发成果市场开发小组名单	份	1	1
	05	研发成果市场开发方案	份	1	0
	06	委托开发或合作开发合同	份	1	0
	07	产品试生产记录资料	份	1	0
	08	产品性能质量鉴定表	份	1	0
事后结果资料	09	产品市场推广方案	份	1	0
技术要求资料	10	企业内部控制应用指南第 10 号——研究与开发	册	1	0

相关工作标准

标准编码	标准名称
091801	研究开发项目立项论证工作标准

工作标准流程图

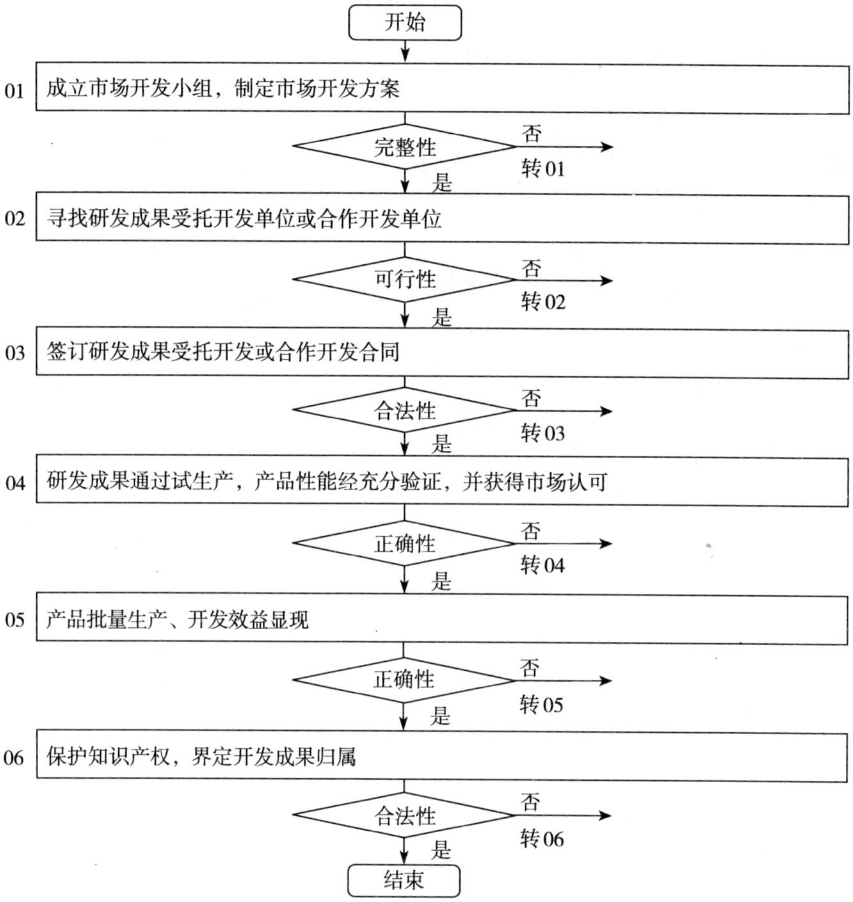

开始
01 成立市场开发小组，制定市场开发方案
完整性
否
转01
是
02 寻找研发成果受托开发单位或合作开发单位
可行性
否
转02
是
03 签订研发成果受托开发或合作开发合同
合法性
否
转03
是
04 研发成果通过试生产，产品性能经充分验证，并获得市场认可
正确性
否
转04
是
05 产品批量生产、开发效益显现
正确性
否
转05
是
06 保护知识产权，界定开发成果归属
合法性
否
转06
是
结束

3.24 工程项目工作

3.24.1 重大工程项目立项审批工作标准

标准编码：091903

标准名称：重大工程项目立项审批工作标准

工作标准名称释义

重大工程项目立项审批工作标准是指企业依据公司法、企业章程等对于重大工程项目立项履行审批程序的工作规范。

工作标准基本表格

工作核心目标	完成重大工程项目的立项审批工作	
工作开始时间	编制重大工程项目建议书	
工作结束时间	重大工程项目立项经股东大会批准	
相关工作地点	财务总监办公地 专业评审机构所在地 总经理办公地 股东大会办公地	重大财经项目方案实施管理机构办公地 总工程师办公室所在地 董事会办公地
相关工作单位	财务总监办公室 专业评审机构	重大财经项目方案实施管理机构 总工程师办公室
相关工作人员	财务总监岗位 总工程师岗位	董事长 代表2/3以上表决权的股东
备　注		

工作标准所需资料

资料类型	编码	资料名称	单位	原件数	复印数
事前准备资料	01	重大工程项目立项建议书	份	1	1
事中产生资料	02	重大工程项目可行性研究报告	份	1	0
	03	专业评审机构评审报告书	份	1	1
	04	国家专管机构评审批复书	份	1	1

续表

资料类型	编码	资料名称	单位	原件数	复印数
事中产生资料	05	董事会审批决议	份	1	0
事后结果资料	06	重大工程项目立项股东大会审批决议	份	1	1
技术要求资料	07	企业财务通则	册	1	0
	08	企业内部控制规范	册	1	0

相关工作标准

标准编码	标准名称
091901	工程项目立项工作标准
1303	在建工程立项审批工作标准

工作标准流程图

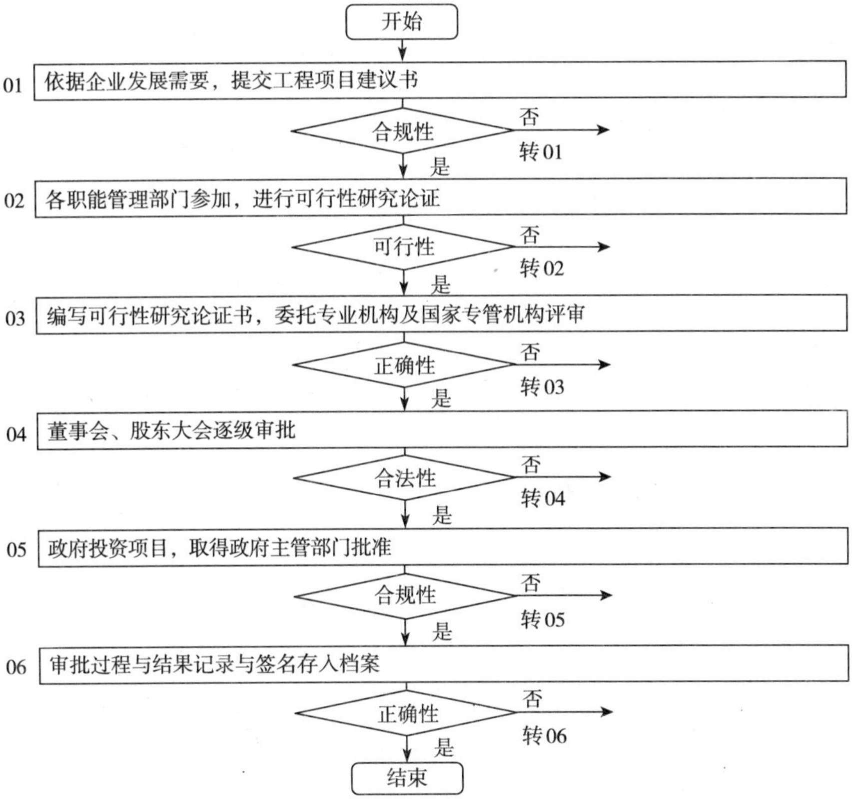

3.24.2 工程造价管理工作标准

标准编码：091905

标准名称：工程造价管理工作标准

工作标准名称释义

工程造价管理工作标准是指企业财务部门与工程建设管理部门对工程造价编制、审核、控制、管理的工作规范。

工作标准基本表格

工作核心目标	完成工程造价的管理工作	
工作开始时间	规定时间	
工作结束时间	工程竣工决算	
相关工作地点	会计机构负责人办公地 总工程师办公地 施工单位办公地	财务总监办公地 总经理办公地 工程项目设计单位所在地
相关工作单位	基建工程部 工程项目设计单位 财务总监办公室	工程监理部门 财务部门 项目承建单位
相关工作人员	总工程师岗位 在建工程管理与核算岗位 承建单位负责人	专业评审机构评审师 基建工程部部长 在建工程管理部门负责人
备　　注		

工作标准所需资料

资料类型	编码	资料名称	单位	原件数	复印数
事前准备资料	01	工程项目设计图	份	1	1
	02	工程项目各种批准文件	份	1	0
事中产生资料	03	工程造价控制管理制度	份	1	1
	04	工程概算的审核与审批	份	1	0
	05	工程预算的审核与审批资料	份	1	1
	06	工程招标底价的审批资料	份	1	0
	07	工程承包合同价格资料	份	1	1
	08	工程变更审批单	份	1	0
	09	工程竣工决算及审核审批资料	份	1	1

续表

资料类型	编码	资料名称	单位	原件数	复印数
事后结果资料	10	工程造价控制管理总结报告	份	1	1
技术要求资料	11	企业内部控制配套指引	册	1	0

相关工作标准

标准编码	标准名称
091904	工程概算审批工作标准
091906	工程变更增加价款审批工作标准
091910	工程项目费用审批工作标准

工作标准流程图

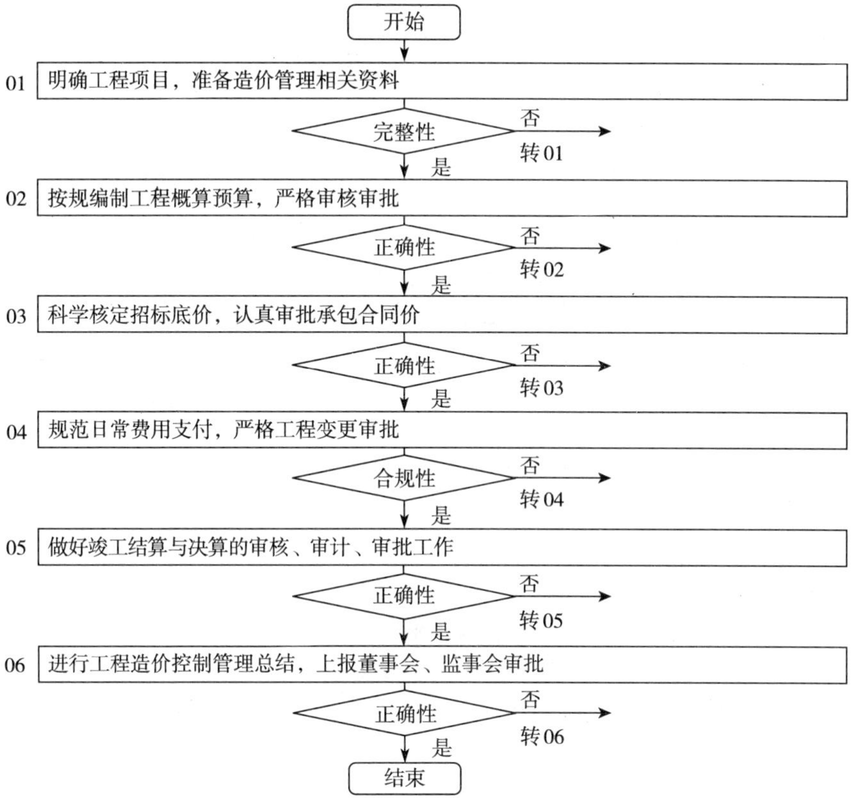

3.24.3 工程项目费用审批工作标准

标准编码：091910

标准名称：工程项目费用审批工作标准

工作标准名称释义

工程项目费用审批工作标准是指工程项目建设单位相关职能管理部门实施工程项目费用审批的工作规范。

工作标准基本表格

工作核心目标	完成工程项目费用的审批工作	
工作开始时间	制定工程项目费用审批制度	
工作结束时间	支付经审批后的工程项目费用	
相关工作地点	财务总监办公地 基建工程部办公地 工程监理人员办公地	总经理办公地 施工单位办公地 财务部门办公地
相关工作单位	总经理办公室 项目承建单位 工程监理部门	财务总监办公室 基建工程部 财务部门
相关工作人员	会计机构负责人 财务总监岗位 在建工程管理与核算岗 工程监理 承建单位负责人	主管总经理 出纳岗位 基建工程部部长 承建单位经办人 施工管理员
备　注		

工作标准所需资料

资料类型	编码	资料名称	单位	原件数	复印数
事前准备资料	01	工程承包合同	份	1	1
	02	当期与累计工程进度表	份	1	1
	03	已付工程价款结算单	份	1	0
	04	支付工程进度款审批单	份	1	0
事中发生资料	05	工程进度统计资料	份	1	0
	06	工程进度款支付申请书	份	1	0
	07	发票	份	1	0

续表

资料类型	编码	资料名称	单位	原件数	复印数
事后结果资料	08	工程进度款支付单	份	1	0
	09	银行转账支票	份	1	0
技术要求资料	10	企业内部控制规范	册	1	0

相关工作标准

标准编码	标准名称
1301	在建工程费用结算工作标准

工作标准流程图

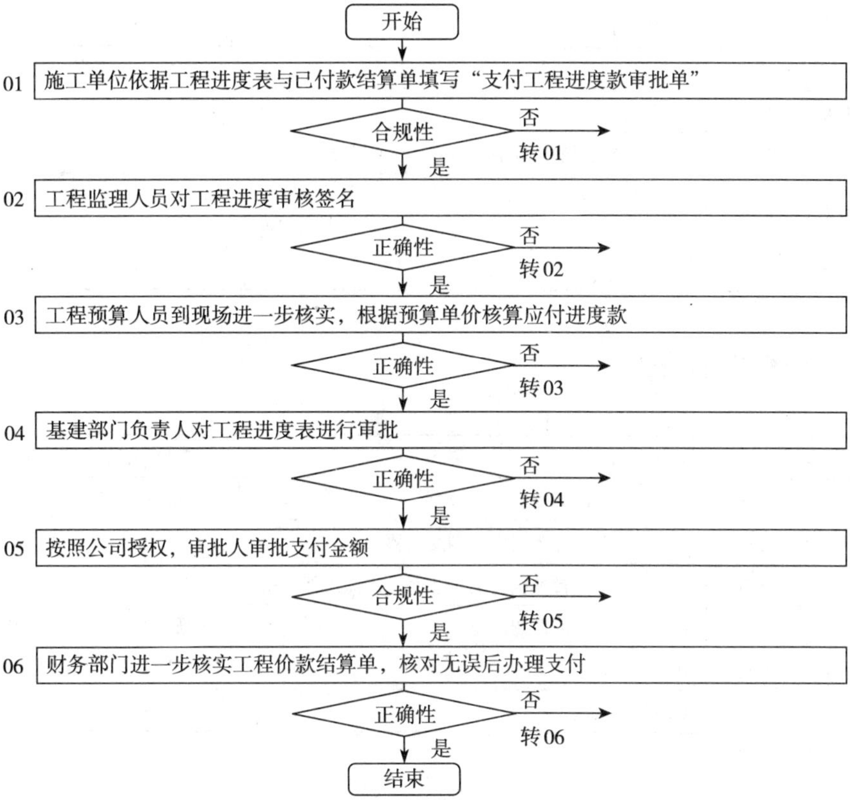

3.25 担保业务工作

3.25.1 企业担保内控制度制定工作标准

标准编码：092002

标准名称：企业担保内控制度制定工作标准

工作标准名称释义

企业担保内控制度制定工作标准是指企业为规范担保行为，防范担保风险，制定对外担保业务内部控制制度的工作规范。

工作标准基本表格

工作核心目标	完成对外担保业务控制制度制定	
工作开始时间	规定时间	
工作结束时间	规定时间	
相关工作地点	管理机构办公地	财务部门办公地
相关工作单位	重大财经项目管理机构	财务部门
相关工作人员	重大财经项目管理机构负责人 法人代表	总会计师（财务总监） 会计机构负责人
备　　注		

工作标准所需资料

资料类型	编码	资料名称	单位	原件数	复印数
事前准备资料	01	企业内部控制制度目录	份	1	0
事中产生资料	02	企业对外担保内控制度初稿	份	1	0
事后结果资料	03	经审查批准执行的企业对外担保内部控制制度	份	1	0
技术要求资料	04	企业内部控制规范	册	1	0
	05	合同法	册	1	0
	06	担保法	册	1	0

相关工作标准

标准编码	标准名称
092003	企业对外担保风险防范工作标准

工作标准流程图

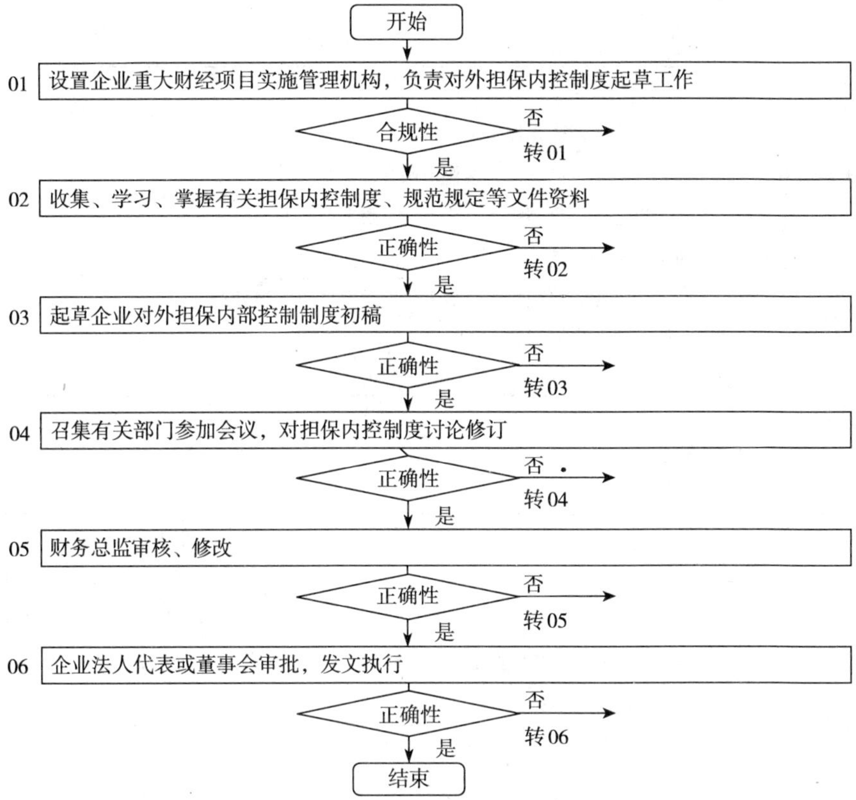

3.25.2 对担保申请人资信调查工作标准

标准编码：092004

标准名称：对担保申请人资信调查工作标准

工作标准名称释义

对担保申请人资信调查工作标准是指企业受理担保申请人担保申请后，组织对担保申请人的资信状况进行调查评估的工作规范。

工作标准基本表格

工作核心目标	完成对担保申请人的资信调查评估	
工作开始时间	受理担保申请人担保申请资料时	
工作结束时间	对担保申请人的资信状况作出调查评估结论时	
相关工作地点	重大财经项目管理机构办公地	财务部门办公地
相关工作单位	重大财经项目管理机构	财务部门
相关工作人员	重大财经项目管理机构负责人 风险控制与保险岗位	总会计师（财务总监） 会计机构负责人
备　注		

工作标准所需资料

资料类型	编码	资料名称	单位	原件数	复印数
事前准备资料	01	企业内部控制规范	份	1	0
	02	担保申请人担保申请资料	份	2	0
事中产生资料	03	被担保人基本情况调查资料	份	1	0
	04	担保风险评估报告	份	1	0
	05	法律顾问（或专家）担保意见书	份	1	0
	06	担保申请人提供反担保资产的评估报告	份	1	0
事后结果资料	07	董事会等权力机构有关对外担保事项的集体审批决定	份	1	1
技术要求资料	08	企业内部控制规范	册	1	0
	09	企业内部控制制度	册	1	0
	10	担保法	册	1	0

相关工作标准

标准编码	标准名称
092002	企业担保内控制度制定工作标准
092003	企业对外担保风险防范工作标准

工作标准流程图

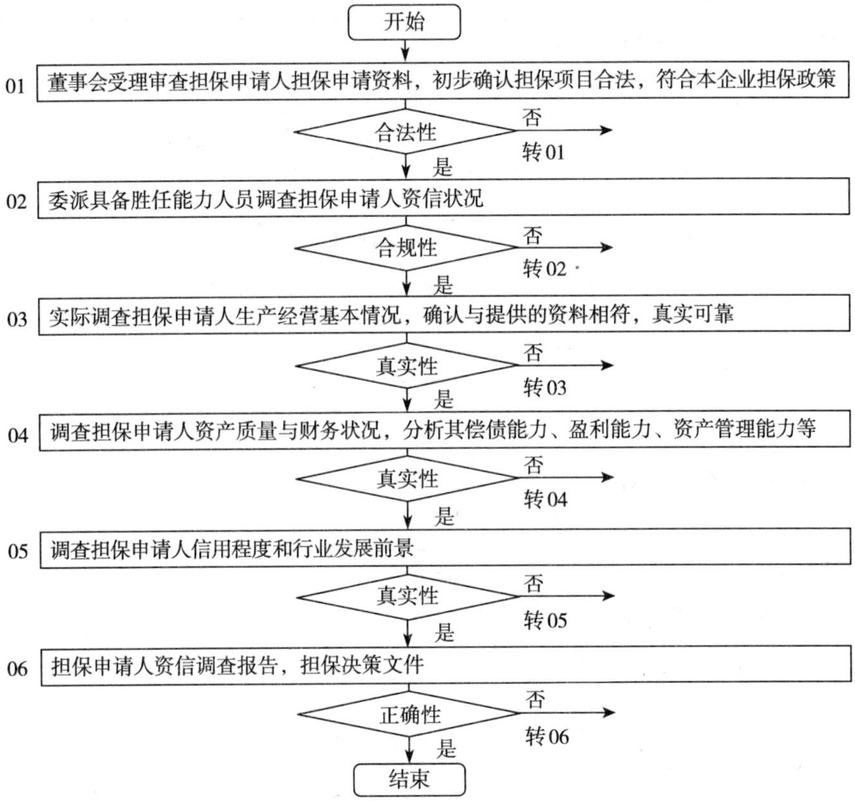

3.25.3 担保合同签订工作标准

标准编码：092011

标准名称：担保合同签订工作标准

工作标准名称释义

担保合同签订工作标准是指企业对外担保主管机构根据董事会、股东（大）会的对外担保审批决议，与担保申请人签订担保合同的工作规范。

工作标准基本表格

工作核心目标	完成担保合同的订立
工作开始时间	取得董事会、股东（大）会担保审批决定时
工作结束时间	合同签订盖章生效时
相关工作地点	重大财经项目方案实施管理机构办公地　担保申请人所在地 财务部门办公地
相关工作单位	财务部门　重大财经项目管理机构 担保申请人
相关工作人员	重大财经项目管理机构负责人　总会计师（财务总监） 被担保单位经办人
备　注	

工作标准所需资料

资料类型	编码	资料名称	单位	原件数	复印数
事前准备资料	01	担保申请人担保申请资料	份	1	0
	02	担保申请人财务经营状况调查、担保风险评估报告	份	1	0
	03	董事会、股东（大）会担保审批决议	份	1	0
事中产生资料	04	草签的担保合同	份	1	0
事后结果资料	05	经授权批准的担保合同	份	3	0
技术要求资料	06	担保法	册	1	0
	07	企业内部控制制度	册	1	0

相关工作标准

标准编码	标准名称
092002	企业担保内控制度制定工作标准

工作标准流程图

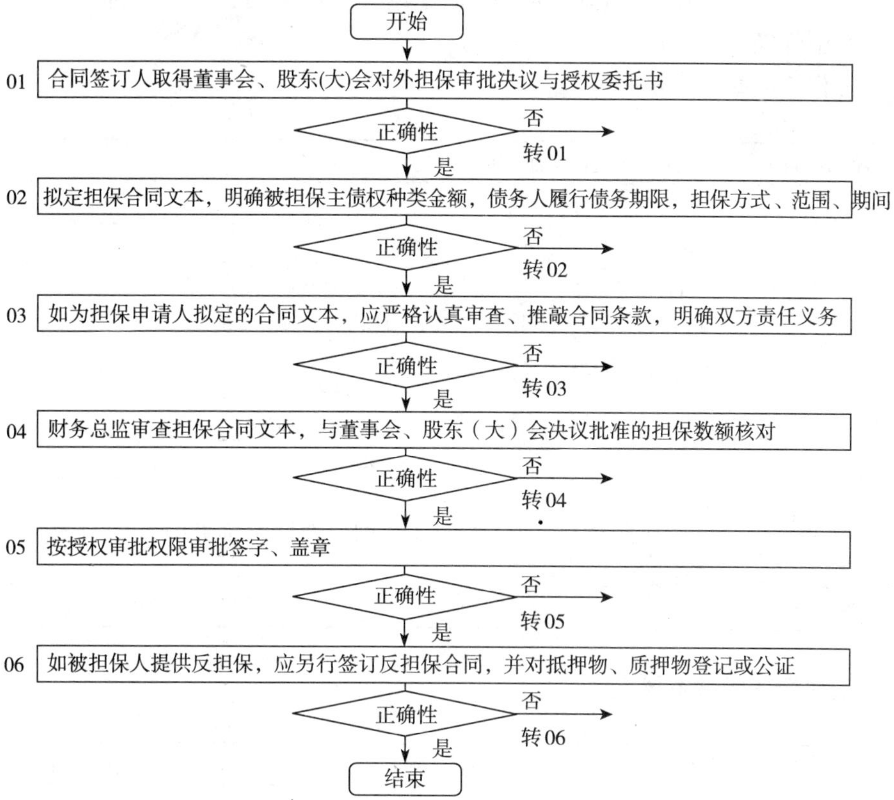

3.26 业务外包工作

3.26.1 企业业务外包管理工作标准

标准编码：092101

标准名称：企业业务外包管理工作标准

工作标准名称释义

企业业务外包管理工作标准是指企业经营管理部门会同财务部门对外包业务实施管理的工作规范。

工作标准基本表格

工作核心目标	完成企业外包业务的管理工作	
工作开始时间	制定外包业务管理制度	
工作结束时间	某项外包业务完工验收、加工费支付	
相关工作地点	财务总监办公地 总工程师办公室所在地 财务部门办公地	生产经营管理部门所在地 总经理办公地 董事会办公地
相关工作单位	财务部门 财务总监办公室 总工程师办公室	总经理办公室 生产经营管理部门 技术部门
相关工作人员	总经理 财务总监 往来款项管理与核算岗位	会计机构负责人 生产经营管理部门负责人 业务外协管理人员
备注		

工作标准所需资料

资料类型	编码	资料名称	单位	原件数	复印数
事前准备资料	01	企业年度生产计划	份	1	1
	02	业务外包管理制度	份	1	0
事中产生资料	03	业务外包范围审批表	份	1	1
	04	业务外包合同	份	1	1
	05	业务承包单位资质信息资料	份	1	0

续表

资料类型	编码	资料名称	单位	原件数	复印数
事后结果资料	06	外包业务完工验收单	份	1	0
	07	外包业务完工费用结算单	份	1	0
技术要求资料	08	总会计师条例	册	1	0
	09	企业内部控制应用指引第 13 号——业务外包	册	1	0

相关工作标准

标准编码	标准名称
092103	重大业务外包方案审批工作标准
092102	企业外包业务范围规定工作标准

工作标准流程图

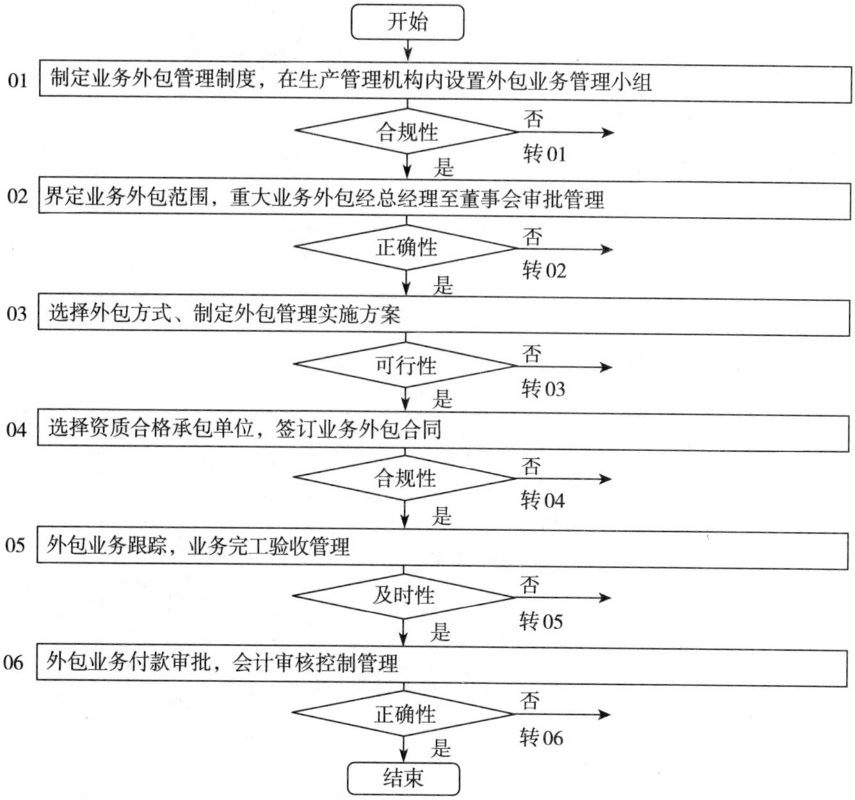

3.26.2 重大业务外包方案审批工作标准

标准编码：092103

标准名称：重大业务外包方案审批工作标准

工作标准名称释义

重大业务外包方案审批工作标准是指企业生产经营管理部门对于重大业务外包方案按照授权审批规定、履行审批程序的工作规范。

工作标准基本表格

工作核心目标	完成重大业务外包方案审批工作	
工作开始时间	制定重大业务外包方案	
工作结束时间	重大业务外包方案经最高授权机构批准	
相关工作地点	会计机构负责人办公地 生产经营管理部门所在地 总经理办公地	财务总监办公地 总工程师办公室所在地 财务部门办公地
相关工作单位	财务部门 财务总监办公室 生产经营管理部门	总经理办公室 总工程师办公室 董事会
相关工作人员	会计机构负责人 财务总监岗位 总工程师岗位	主管总经理 董事长 生产经营管理部门负责人
备　注		

工作标准所需资料

资料类型	编码	资料名称	单位	原件数	复印数
事前准备资料	01	外包业务事项	份	1	1
	02	企业外包业务管理制度	份	1	1
	03	企业外包业务授权审批规定	份	1	1
事中产生资料	04	重大外包业务草案	份	1	1
	05	重大外包业务修订方案	份	1	1
事后结果资料	06	经各授权管理部门审批通过的重大外包业务方案	份	1	1

续表

资料类型	编码	资料名称	单位	原件数	复印数
技术要求资料	07	总会计师条例	册	1	0
	08	企业内部控制规范——业务外包	册	1	0

相关工作标准

标准编码	标准名称
092101	企业业务外包管理工作标准
092102	企业外包业务范围规定工作标准

工作标准流程图

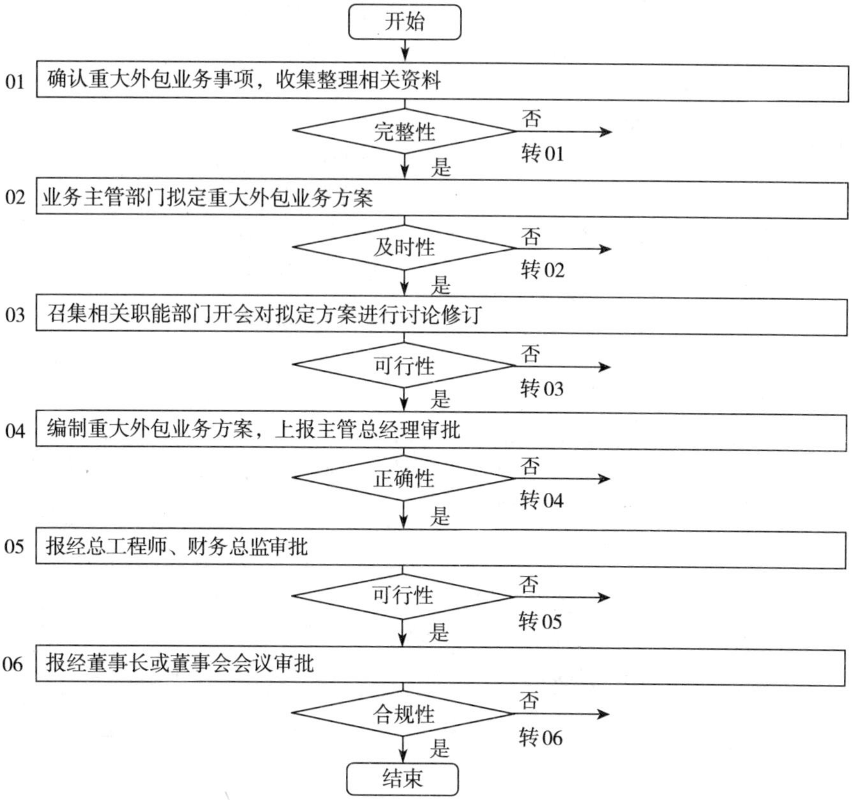

3.26.3 对外承包业务成本控制工作标准

标准编码：092105

标准名称：对外承包业务成本控制工作标准

工作标准名称释义

对外承包业务成本控制工作标准是指财务总监岗位组织外包业务经办部门与财务部门对外包业务成本实施控制的工作规范。

工作标准基本表格

工作核心目标	完成对外承包业务成本控制工作	
工作开始时间	制定某项对外承包业务方案时	
工作结束时间	对外承包业务成本分析总结	
相关工作地点	会计机构负责人办公地 生产经营管理部门所在地 财务部门办公地	财务总监办公地 总经理办公地
相关工作单位	财务部门 财务总监办公室	总经理办公室 生产经营管理部门
相关工作人员	会计机构负责人 财务总监岗位 业务经办人员	主管总经理 生产经营管理部门负责人 成本管理与核算岗位
备　注		

工作标准所需资料

资料类型	编码	资料名称	单位	原件数	复印数
事前准备资料	01	外包业务管理制度	份	1	1
	02	业务外包审批制度	份	1	1
事中产生资料	03	外包业务成本预算	份	1	1
	04	成本较低的外包业务方案	份	1	0
	05	外包业务定价审核审批资料	份	1	0
事后结果资料	06	外包业务成本内部审计报告	份	1	1
	07	外包业务成本分析总结	份	1	1

续表

资料类型	编码	资料名称	单位	原件数	复印数
技术要求资料	08	总会计师条例	册	1	1
	09	企业内部控制规范——业务外包	册	1	1

相关工作标准

标准编码	标准名称
092101	企业业务外包管理工作标准
092104	对外业务承包防止商业贿赂工作标准

工作标准流程图

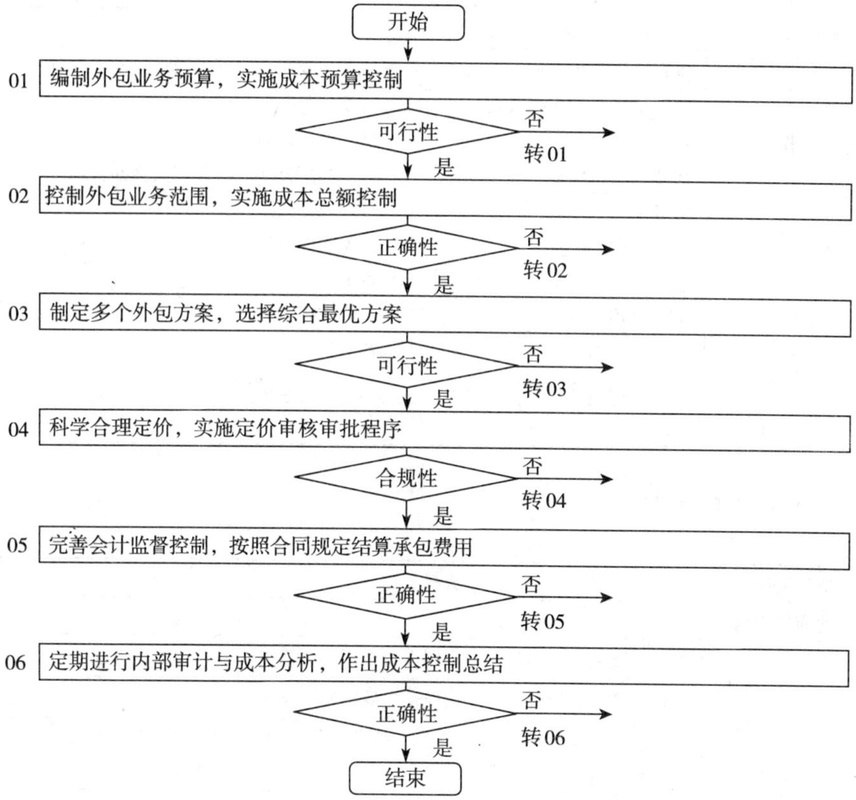

3.27 合同管理工作

3.27.1 签订合同分级授权工作标准

标准编码：092202

标准名称：签订合同分级授权工作标准

工作标准名称释义

签订合同分级授权工作标准是指企业董事会通过建立健全合同签订管理制度、明确岗位职责、制定签订合同分级授权管理制度、进行签订合同分级授权的工作规范。

工作标准基本表格

工作核心目标	完成签订合同分级授权工作	
工作开始时间	准备相关资料、拟定分级授权制度	
工作结束时间	签订合同分级授权管理制度，经董事会、股东会议审批通过，发文执行	
相关工作地点	会计机构负责人办公地 相关职能管理部门办公室 法律部门所在地	财务总监办公地 总经理办公地 董事会办公地　　股东大会办公地
相关工作单位	财务部门 财务总监办公室 法律事务办公室	总经理办公室 相关职能管理部门 董事会　　股东会
相关工作人员	会计机构负责人 财务总监岗位 合同或协议签订授权经办人	主管总经理 董事长 各职能管理部门负责人
备　注		

工作标准所需资料

资料类型	编码	资料名称	单位	原件数	复印数
事前准备资料	01	公司章程	份	1	1
事中产生资料	02	股东大会签订重大合同审批权限	份	1	1
	03	董事会划分签订合同权责、管理制度制定资料	份	2	2
	04	经理层合同谈判、签订、执行、控制等权限职责	份	1	1

续表

资料类型	编码	资料名称	单位	原件数	复印数
事中产生资料	05	监事会监督重大合同履行职责	份	1	1
事后结果资料	06	签订合同分级授权管理制度	份	1	3
技术要求资料	07	总会计师条例	册	1	0
	08	企业内部控制应用指引第 16 号——合同管理	册	1	0

相关工作标准

标准编码	标准名称
092203	重大经济合同签订工作标准

工作标准流程图

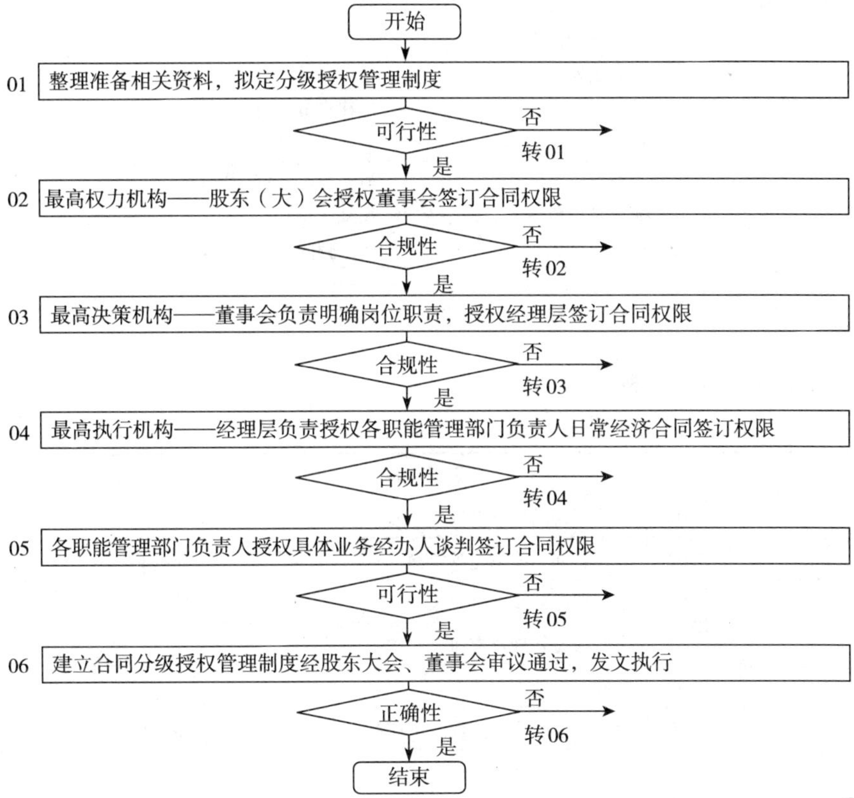

3.27.2 合同纠纷处理工作标准

标准编码：092205

标准名称：合同纠纷处理工作标准

工作标准名称释义

合同纠纷处理工作标准是指企业合同履行业务主管部门对于在合同履行过程中发生的合同纠纷进行处理的工作规范。

工作标准基本表格

工作核心目标	完成合同纠纷处理工作	
工作开始时间	发生合同纠纷时	
工作结束时间	合同纠纷处理结果书面报告	
相关工作地点	财务总监办公地 法律部门所在地 相关业务部门所在地	总经理办公地 客户单位所在地 供货单位所在地
相关工作单位	总经理办公室 客户单位 供货单位	财务总监办公室 法律事务办公室 业务经办部门
相关工作人员	主管总经理 相关业务部门负责人、经办人 供货单位经办人	财务总监岗位 往来单位经办人 法律顾问
备　注		

工作标准所需资料

资料类型	编码	资料名称	单位	原件数	复印数
事前准备资料	01	发生纠纷的经济合同	份	1	1
	02	发生合同纠纷的事项资料	份	1	1
事中产生资料	03	合同纠纷初步处理方案	份	1	1
	04	合同纠纷处理双方协商一致的协议	份	1	1
	05	合同纠纷处理起诉书	份	1	0
	06	合同纠纷处理法院调解书或判决书	份	1	0

续表

资料类型	编码	资料名称	单位	原件数	复印数
事后结果资料	07	合同纠纷处理结果报告	份	1	1
技术要求资料	08	总会计师条例	册	1	0
	09	企业内部控制应用指引第 16 号——合同管理	册	1	0

相关工作标准

标准编码	标准名称
092201	企业签订合同总体管理工作标准

工作标准流程图

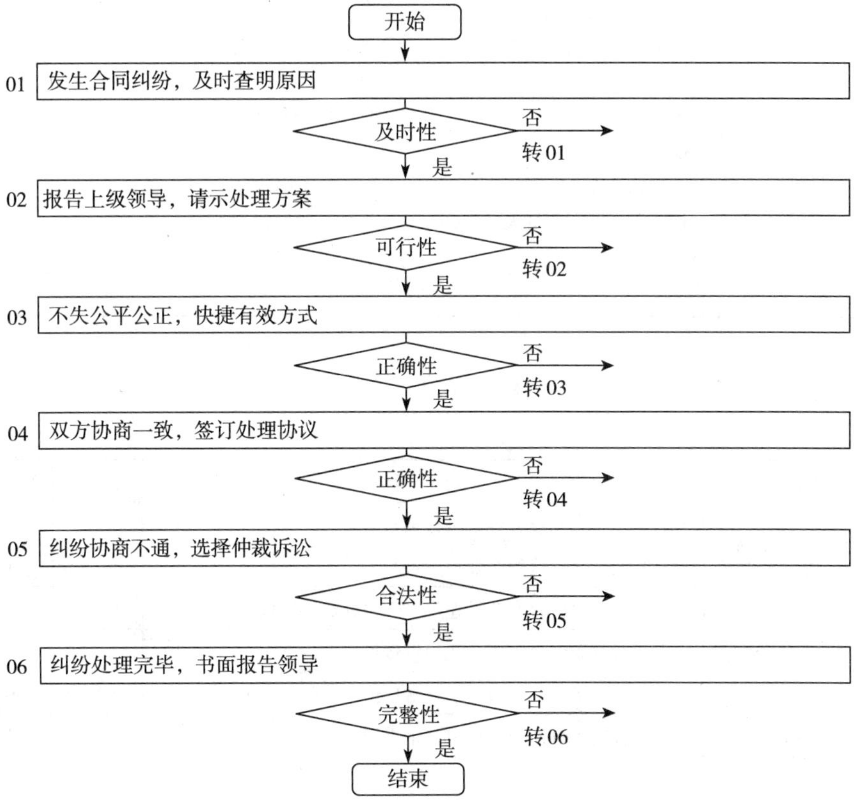

3.27.3 合同履行违规责任追究工作标准

标准编码：092206

标准名称：合同履行违规责任追究工作标准

工作标准名称释义

合同履行违规责任追究工作标准是指企业总经理部或董事会及合同管理部门，对合同履行过程中发生的违约责任进行追究的工作规范。

工作标准基本表格

工作核心目标	完成合同履行违规责任追究工作	
工作开始时间	发生合同履行违规事件	
工作结束时间	合同履行违规责任追究结果书面报告领导	
相关工作地点	财务总监办公地 法律部门所在地 相关业务部门所在地	总经理办公地 客户单位所在地 供货单位所在地
相关工作单位	总经理办公室 客户单位 供货单位	财务总监办公室 法律事务办公室 业务经办部门
相关工作人员	主管总经理 相关业务部门负责人、经办人 供货单位经办人	财务总监岗位 往来单位经办人 法律顾问室主任
备　注		

工作标准所需资料

资料类型	编码	资料名称	单位	原件数	复印数
事前准备资料	01	发生合同履行违规事件资料	份	1	1
	02	发生合同违约企业损失资料	份	1	1
事中产生资料	03	对方单位合同履行违规责任追究赔偿协议	份	1	1
	04	对方单位合同履行违规责任追究起诉书	份	1	1
	05	对方单位合同履行违规责任追究法院判决书	份	1	0
事后结果资料	06	合同履行违规责任追究结果报告	份	1	1

续表

资料类型	编码	资料名称	单位	原件数	复印数
技术要求资料	07	总会计师条例	册	1	0
	08	企业内部控制应用指引第16号——合同管理	册	1	0

相关工作标准

标准编码	标准名称
092201	企业签订合同总体管理工作标准

工作标准流程图

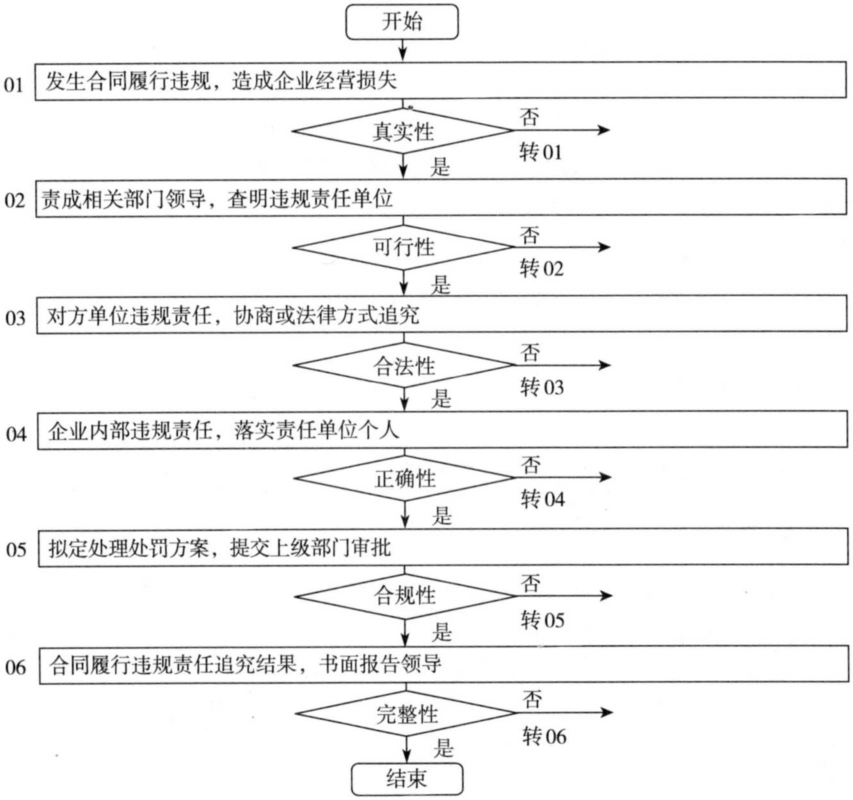

3.28 信息工作

3.28.1 内部信息传递工作标准

标准编码：092301

标准名称：内部信息传递工作标准

工作标准名称释义

内部信息传递工作标准是指企业内部各管理层级之间通过内部报告形式传递生产经营管理信息的工作规范。

工作标准基本表格

工作核心目标	完成内部信息传递工作
工作开始时间	规定时间
工作结束时间	规定时间
相关工作地点	财务总监办公地　各生产管理部门办公地 相关职能管理部门办公室　总经理办公地　董事会办公地
相关工作单位	总经理办公室　财务总监办公室 相关职能管理部门　生产经营管理部门　董事会
相关工作人员	会计机构负责人　主管总经理 财务总监岗位　董事长 各职能管理部门负责人　生产经营管理部门负责人
备　注	

工作标准所需资料

资料类型	编码	资料名称	单位	原件数	复印数
事前准备资料	01	企业战略规划	份	1	1
	02	企业年度预算	份	1	1
事中产生资料	03	内部报告指标体系	份	1	1
	04	内部报告	份	1	1
	05	内部报告传递记录簿	份	1	0
	06	内部报告利用批示	份	1	1

续表

资料类型	编码	资料名称	单位	原件数	复印数
事后结果资料	07	内部报告存档登记簿	份	1	0
	08	内部报告评估报告	份	1	1
技术要求资料	09	总会计师条例	册	1	0
	10	企业内部控制应用指引第 17 号——内部信息传递	册	1	0

相关工作标准

标准编码	标准名称
092303	内部信息书面传递工作标准

工作标准流程图

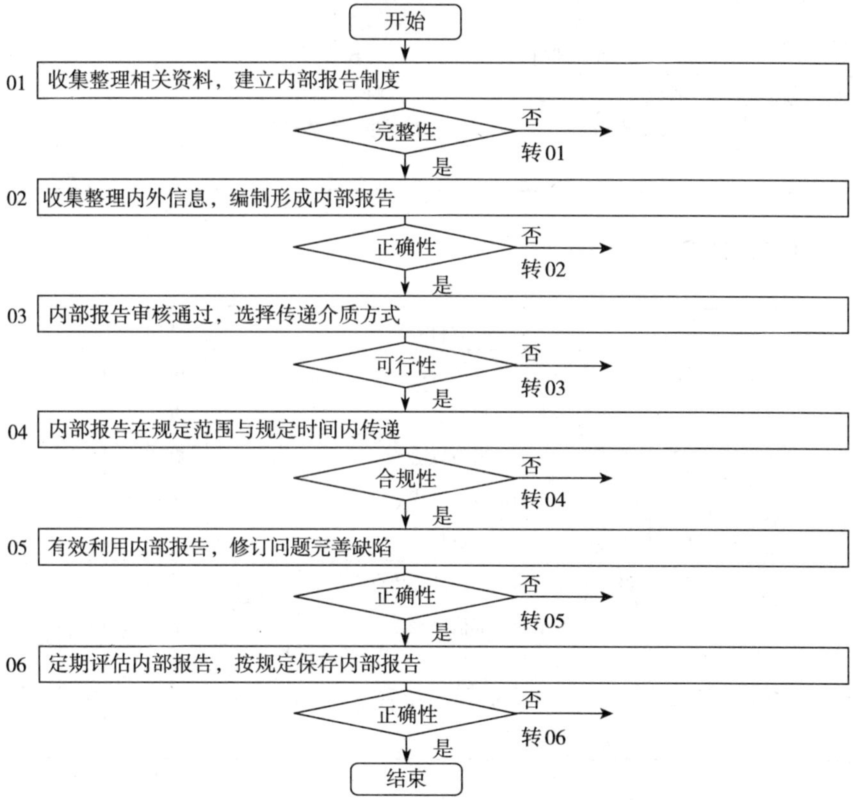

3.28.2 信息收集工作标准

标准编码：092304

标准名称：信息收集工作标准

工作标准名称释义

信息收集工作标准是指企业各职能管理部门根据经营管理需求，建立内部报告指标体系，选择信息来源渠道，收集内外信息的工作规范。

工作标准基本表格

工作核心目标	完成信息收集工作	
工作开始时间	建立内部报告指标体系	
工作结束时间	形成内部信息报告	
相关工作地点	财务总监办公地 总经理办公地	相关职能管理部门办公室 行政部门办公地
相关工作单位	总经理办公室 相关职能管理部门	财务总监办公室 行政部门
相关工作人员	主管总经理 行政工作岗	财务总监岗位 相关职能部门负责人
备　注		

工作标准所需资料

资料类型	编码	资料名称	单位	原件数	复印数
事前准备资料	01	企业内部报告指标体系	份	1	1
	02	企业内部报告传递制度	份	1	1
事中产生资料	03	外部信息收集渠道与方法	份	1	1
	04	内部信息收集渠道与方式	份	1	1
	05	收集的内外部信息资料	份	1	1
	06	经整理鉴别筛选的内外部信息资料	份	1	0
事后结果资料	07	编制并审核的内部信息报告	份	1	1
技术要求资料	08	总会计师条例	册	1	1
	09	企业内部控制应用指引第 17 号——内部信息传递	册	1	0

相关工作标准

标准编码	标准名称
092301	内部信息传递工作标准

工作标准流程图

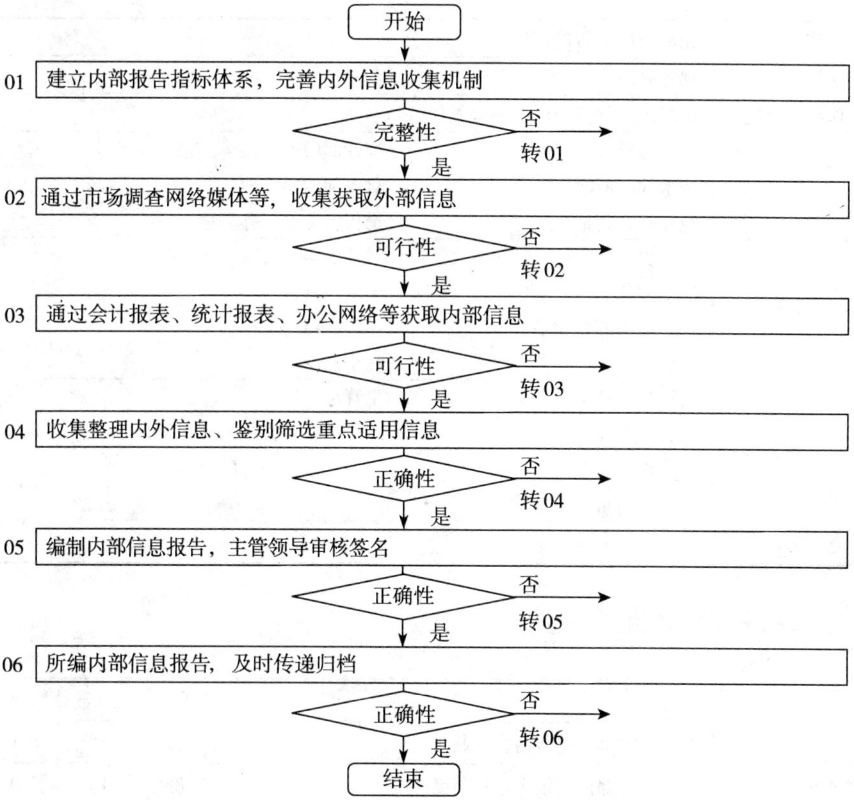

3.28.3 内部报告审核工作标准

标准编码：092306

标准名称：内部报告审核工作标准

工作标准名称释义

内部报告审核工作标准是指企业在内部财务信息传递过程中，对于编制的内部信息报告在传递前实施审核的工作规范。

工作标准基本表格

工作核心目标	完成内部报告的审核工作	
工作开始时间	规定时间	
工作结束时间	编制的内部报告经审核可予传递	
相关工作地点	财务总监办公地 技术部门所在地 总经理办公地	统计部门办公地 财务部门办公地 销售管理部门办公地
相关工作单位	总经理办公室 统计部门 总工程师办公室 财务部门	财务总监办公室 生产经营管理部门 销售部门 技术部门
相关工作人员	会计机构负责人 财务总监岗位 总工程师岗位 销售部门负责人	主管总经理 统计部门负责人 生产经营管理部门负责人
备　注		

工作标准所需资料

资料类型	编码	资料名称	单位	原件数	复印数
事前准备资料	01	内部信息传递管理制度	份	1	1
	02	内部信息报告审核制度	份	1	0
	03	编制的内部报告及辅助资料	份	1	1
事中产生资料	04	相关业务岗位审核的内部报告	份	1	0
	05	相关业务部门审核的内部报告	份	1	0

续表

资料类型	编码	资料名称	单位	原件数	复印数
事后结果资料	06	本部门负责人审核后的内部信息	份	1	0
	07	主管上级领导审核后信息报告	份	1	1
技术要求资料	08	总会计师条例	册	1	0
	09	企业内部控制应用指引第 17 号——内部信息传递	册	1	0

相关工作标准

标准编码	标准名称
092301	内部信息传递工作标准

工作标准流程图

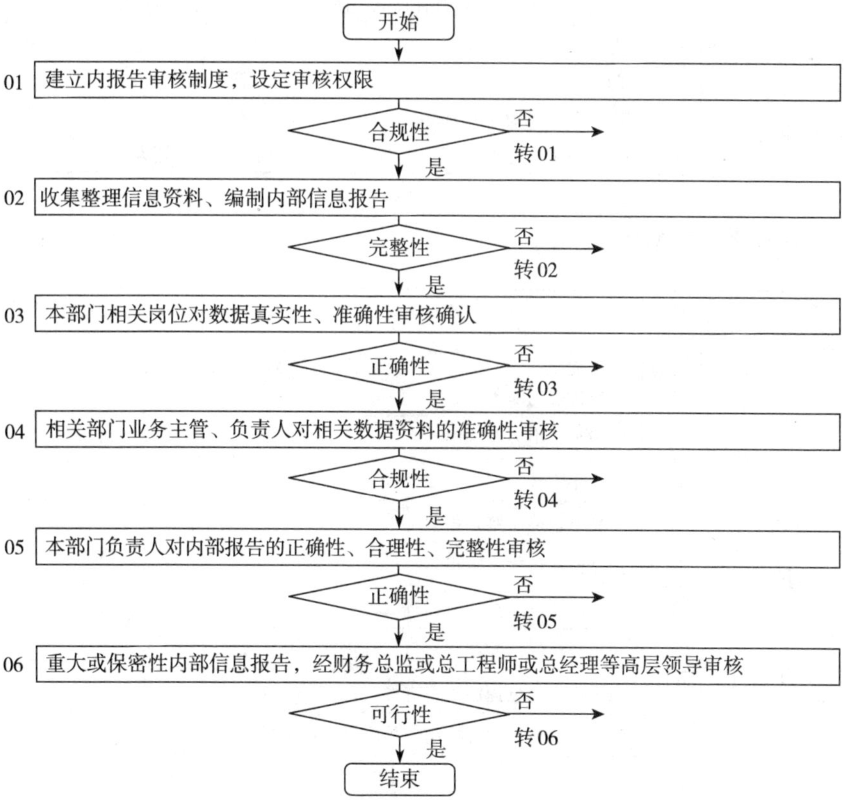

3.28.4 利用内部信息实现企业经营目标工作标准

标准编码：092309

标准名称：利用内部信息实现企业经营目标工作标准

工作标准名称释义

利用内部信息实现企业经营目标工作标准是指企业高层管理机构与经营管理部门利用内部信息，及时改进调整经营策略方针，实现经营目标的工作规范。

工作标准基本表格

工作核心目标	利用内部信息实现企业经营目标控制工作		
工作开始时间	收集整理审核内部相关信息		
工作结束时间	规定时间		
相关工作地点	财务总监办公地 总经理办公地	统计部门办公地 生产经营管理部门所在地	信息部门办公地 总工程师办公室所在地
相关工作单位	总经理办公室 统计部门	信息部门 技术部门	财务总监办公室 生产经营管理部门
相关工作人员	总经理 统计部门负责人	总工程师 生产经营管理部门负责人	财务总监 信息部门负责人

工作标准所需资料

资料类型	编码	资料名称	单位	原件数	复印数
事前准备资料	01	企业战略目标	份	1	1
	02	财务报表与财务报告	份	2	1
	03	内部统计报表及快报	份	1	1
	04	企业年度计划执行进度报告	份	1	0
	05	产品质量检验鉴定报告	份	1	1
	06	产品销售订单进度报告	份	1	0
事中产生资料	07	内部统计信息控制目标进度资料	份	1	1
	08	利用会计信息控制利润目标资料	份	1	0
	09	利用销售信息控制销售进度资料	份	1	0
	10	利用技术质量信息控制产品质量目标资料	份	1	0

续表

资料类型	编码	资料名称	单位	原件数	复印数
事后结果资料	11	生产经营目标实现年末总结	份	1	1
技术要求资料	12	总会计师条例	册	1	0
	13	企业内部控制应用指引第 17 号——内部信息传递	册	1	0

相关工作标准

标准编码	标准名称
092301	内部信息传递工作标准

工作标准流程图

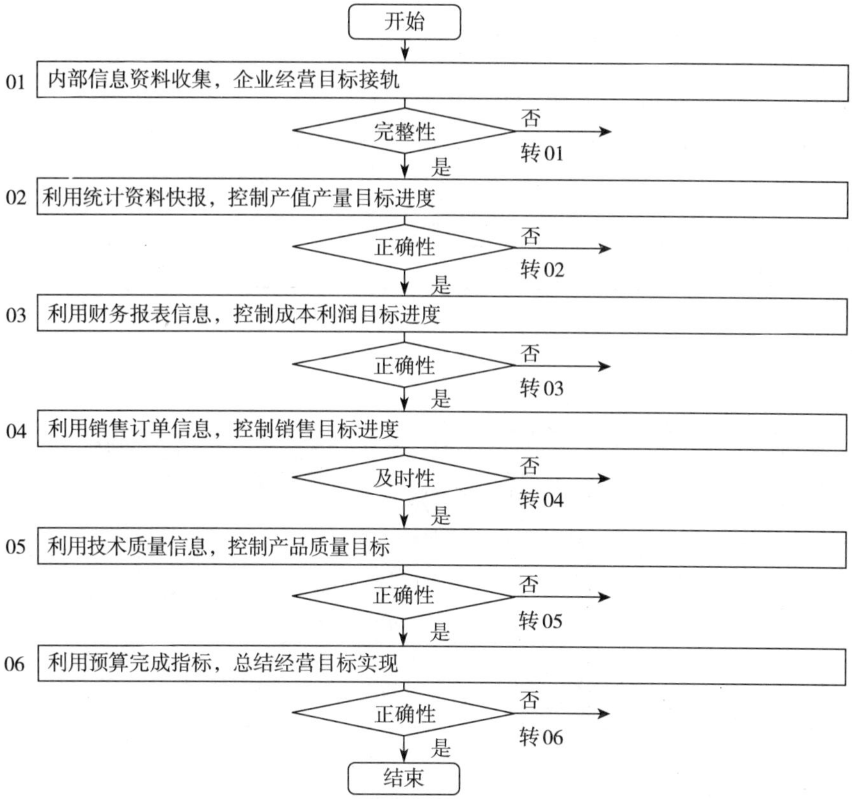

3.29 财务报告工作

3.29.1 财务报告审批工作标准

标准编码：092407

标准名称：财务报告审批工作标准

工作标准名称释义

财务报告审批工作标准是指企业财务总监及授权机构对财务部门编制的财务报告实施审批程序的工作规范。

工作标准基本表格

工作核心目标	完成财务报告的审批	
工作开始时间	规定时间	
工作结束时间	规定时间	
相关工作地点	内部审计部门办公地	财务部门办公地
相关工作单位	内部审计部门	财务部门
相关工作人员	法人代表 会计机构负责人	总会计师（财务总监） 总账与报表岗位
备　注		

工作标准所需资料

资料类型	编码	资料名称	单位	原件数	复印数
事前准备资料	01	编制财务会计报告初稿	份	1	0
事中产生资料	02	财务总监审核的财务报告	份	1	0
事后结果资料	03	经内部审计机构审签的财务报告	份	1	0
	04	经会计师事务所审计确认的财务报告	份	1	0
技术要求资料	05	企业会计准则	册	1	0
	06	企业财务通则	册	1	0

相关工作标准

标准编码	标准名称
092405	财务报告管理工作标准
092406	财务报告审核工作标准

工作标准流程图

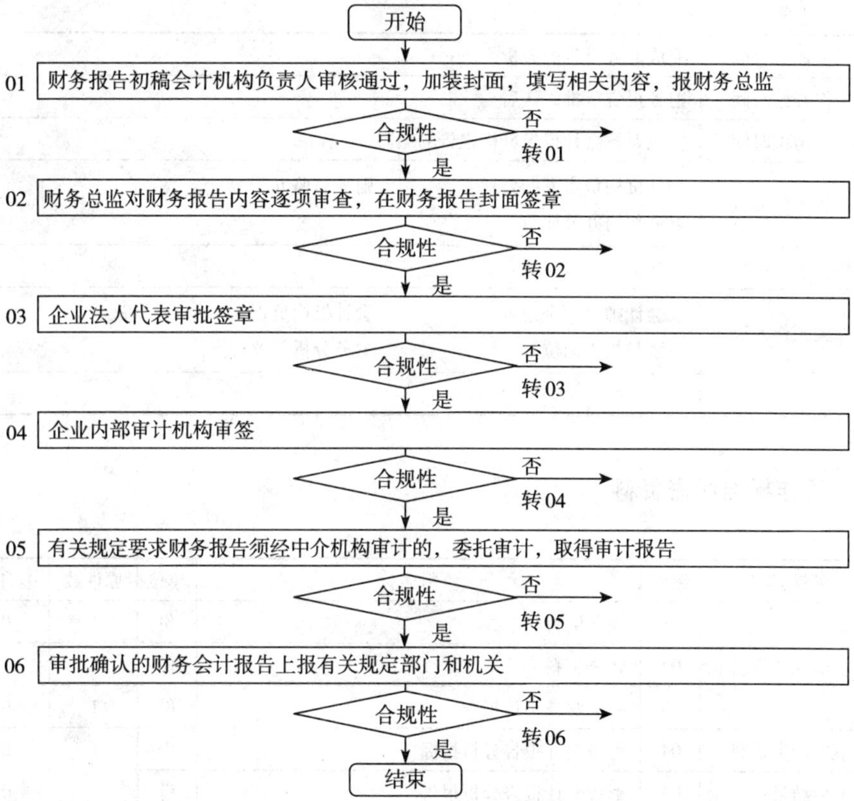

3.29.2 财务报告分析工作标准

标准编码：092409

标准名称：财务报告分析工作标准

工作标准名称释义

财务报告分析工作标准是指财务总监组织对年度财务会计报告反映的财务状况、经营成果等财务经济信息进行分析的工作规范。

工作标准基本表格

工作核心目标	完成财务报告的分析	
工作开始时间	财务报告审批确认后	
工作结束时间	完成财务会计报告分析报告的编写	
相关工作地点	会计机构负责人办公地 财务部门办公地	财务总监办公地
相关工作单位	财务部门	
相关工作人员	总会计师（财务总监） 总账与报表岗位	会计机构负责人 财务分析与评价岗位
备　　注		

工作标准所需资料

资料类型	编码	资料名称	单位	原件数	复印数
事前准备资料	01	业务资料	份	1	0
	02	账务资料	份	1	0
	03	年度财务会计报告	份	1	0
事中产生资料	04	财务会计报告分析指标	份	1	0
事后结果资料	05	财务会计报告分析报告	份	1	0
技术要求资料	06	企业财务通则	册	1	0

相关工作标准

标准编码	标准名称
092405	财务报告管理工作标准

工作标准流程图

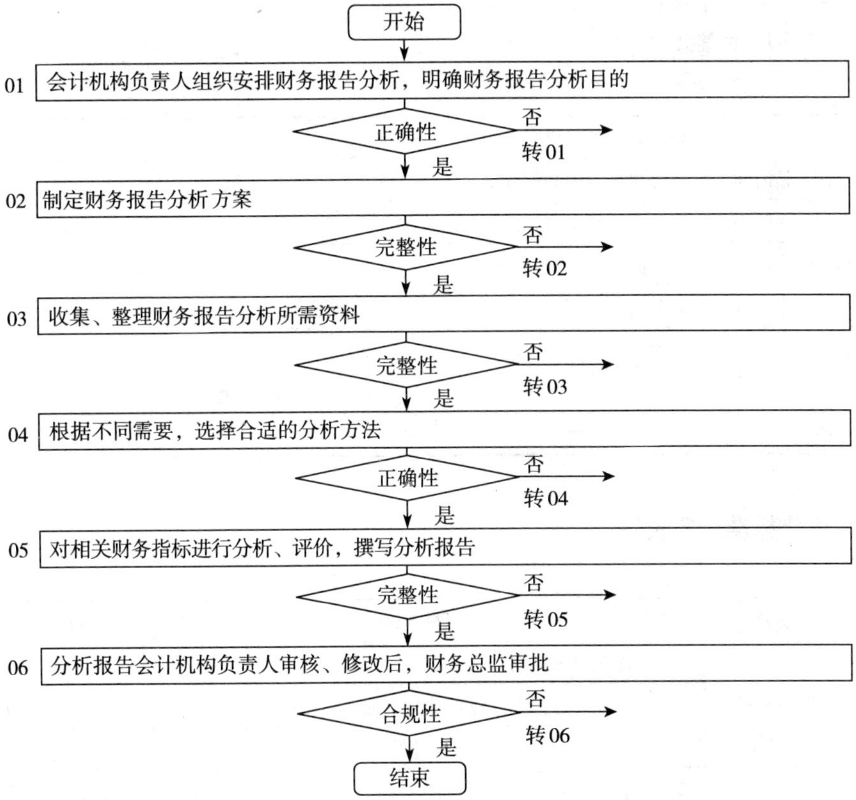

3.29.3 财务报告对外提供工作标准

标准编码：092408

标准名称：财务报告对外提供工作标准

工作标准名称释义

财务报告对外提供工作标准是指企业财务部门编制的财务会计报告经授权审批和注册会计师审计确认后，按照法律法规的规定向有关部门和机关报送与提供的工作规范。

工作标准基本表格

工作核心目标	按规定向外提供财务报告	
工作开始时间	财务报告审批和审计确认后	
工作结束时间	财务报告提供给相关部门或机关	
相关工作地点	财务部门办公地	
相关工作单位	财务部门	董事会
相关工作人员	总账与报表岗位 会计机构负责人	会计档案管理岗位 董事会秘书
备　注		

工作标准所需资料

资料类型	编码	资料名称	单位	原件数	复印数
事前准备资料	01	编制完整的财务会计报告	份	1	0
	02	财务会计报告通过审计与审批	份	1	0
	03	发文登记簿	份	1	0
事中发生资料	04	合格查阅财务会计报告人身份证明	份	1	0
事后结果资料	05	发文登记簿记录	份	1	0
技术要求资料	06	企业财务通则	册	1	0

相关工作标准

标准编码	标准名称
092405	财务报告管理工作标准

工作标准流程图

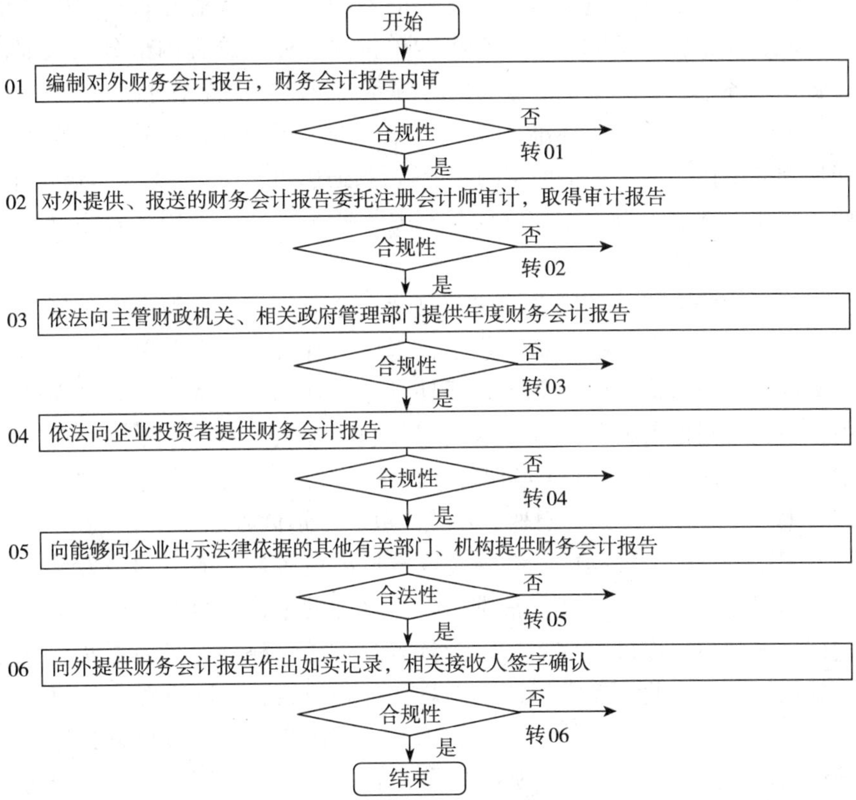

后　　记

我国企事业单位因自身规模、性质的不同，对单位财务管理岗位角色的定位、职责划分有所不同；大型企事业单位财会业务管理内部分工很细，岗位设置比较齐全，中小型企事业单位对财务管理岗位设置相对综合一些。

本书在研究企业工作标准体系和工作标准过程中，将不同企业财务总监可能遇到的工作，集于一个模拟的企业进行描述，由于研究专家理解的不同，因此，工作标准体系与工作标准就会有差异或不一致，希望读者能够根据所在企业，进行参考修正。

根据《中华人民共和国会计法》规定，企业都应设置财会管理岗位；当然社会上财会管理岗位的称谓也很多，诸如国有大型企事业单位称为总会计师、国内上市公司称为财务总监、国外企业通常称为财务执行官，而国内大量中小型企业则称为财务经理。这些职务职能虽然也有很大不同，在实际工作中大家都会遇到许多相同的问题，为论述方便，本书将上述四种不同职务称谓在本书中统一称为财务总监，不当之处，也请读者谅解。

本书在研究编著过程中，编委会成员付出很多艰苦的劳动，为了一个工作标准如何更为科学的表述，常常会发生激烈的争论，目的只有一个，如何在这样一本新的工作标准体系中，为读者提供更为科学、更为真实、更为规范的操作指导。为此，非常感谢中国总会计师协会、中国教育会计协会、陕西总会计师（财务总监）协会、中国工作标准研究院以及参与总会计师工作标准体系研究的数十名总会计师、财务总监、财务执行官、财务经理的热情支持和帮助。

中国总会计师协会非常重视总会计师（财务总监）工作经验的总结工作，非常支持将优秀领导者的丰富工作经验和成功做法传递给财会新人的培训工作，因此，非常感谢总会董锋常务副会长及各位顾问的辛苦工作。中国财政经济出版社本书责任编辑樊清玉老师及会计分社多位编辑为本书系的出版，夜以继日，辛苦操劳，在此表示衷心感谢。

财务总监岗位工作标准体系与工作标准是企业级标准，由于我们水平所限，编制的工作标准错漏在所难免，敬请专家读者批评纠正。

编者

2012 年 2 月 22 日